桐城历史文化丛书

桐城

明清名宦

江小角
吴晓芬　编著

「雁过留声，人过留名」从桐城走出去的历代为官者，无论官职品阶高低，处世安稳与动荡，大都能廉洁自律、秉公直言、勤政为民、兴教育才、尽忠报国，尽显桐城人的智慧与勇气……

安徽美术出版社
全国百佳图书出版单位

图书在版编目（CIP）数据

桐城明清名宦 / 江小角，吴晓芬编著. 一合肥：安徽美术出版社,2011.8
（桐城历史文化丛书）
ISBN 978-7-5398-2920-3

Ⅰ.①桐… Ⅱ.①江…②吴… Ⅲ.①政治人物–列传–桐城市–明清时代 Ⅳ.①K827=4

中国版本图书馆CIP数据核字(2011)第146259号

安徽省桐城派研究会
《桐城历史文化丛书》编委会

顾　　　问：戴　逸
编委会主任：胡连松
编委会副主任：王　强　汪莹纯　吴三九　娄雪松　胡　睿
　　　　　　　徐家涛　何　炜　王靖华
编委会委员：杨怀志　江小角　潘忠荣　方宁胜　唐红炬
丛书主编：杨怀志　江小角
丛书副主编：潘忠荣　方宁胜　唐红炬
丛书统筹：胡　睿

桐城历史文化丛书
桐城明清名宦

江小角　吴晓芬　编著

出版人郑　可　　　　　　责任编辑欧阳卫东　张李松
策　　划田海明　韩　进　　责任校对陈芳芳
项目总监武忠平　陈　涛　　装帧设计武忠平　陈　涛　陈　远
项目助理王爱华　　　　　　责任印制李建森　徐海燕
特约审读欧阳发　吴为奇

出版发行 安徽美术出版社（http://www.ahmscbs.com）
社　　址 合肥市政务文化新区翡翠路1118号出版传媒广场14层
邮政编码 230071
营　销　部 0551-3533604（省内）0551-3533607（省外）
印　　制 安徽新华印刷股份有限公司
开　　本 787×1092　1/16　印　次 2011年10月第1次印刷
印　　张 13　　　　　　　　书　号 ISBN 978-7-5398-2920-3
版　　次 2011年10月第1版　定　价 39.00元

序一

戴逸

　　在中国传统文化的历史长河中，桐城文化真正产生影响应该是在明清两代。明代中后期，桐城文化勃然兴起，硕学通儒不断涌现，达官显宦、文豪诗人接踵而出。他们或以气节名垂青史，或以结社各领风骚，或以文章传诸后世，或以讲学名扬四方，或以政声享誉朝野。清代桐城派是我国文学史上作家最多、历时最长、影响最大、流衍区域最广的散文流派。桐城派的得名是由于它的先驱者戴名世、创始者方苞、发展者刘大櫆、集大成者姚鼐皆为桐城人。再有方东树、刘开、姚莹、戴钧衡、方宗诚、吴汝纶、马其昶、姚永朴、姚永概等后继者不断传播，创下了中国文坛特有的奇观。直到清朝末年，李鸿章还说："今天下古文者必宗桐城。"桐城派的散文创作和文论主张，被清朝统治阶级视为正统文化，对促进满汉民族融合，推动社会发展，起到了积极作用。因此桐城文化在明清时期影响巨大，毋庸置疑。

　　由于编纂清史，我有幸再次认识桐城派。桐城派是清代历史上一个主要的文学流派，它的重要性、价值和影响都不容低估。从历史的发展和演进来看，清代桐城派传承了六七代，前后二百余年，从康熙时期一直到五四运动，从方苞到范伯子，可以说是薪火相传。学术的发展一定是团体的发展，仅仅依靠某一个体是不够的。中国学术的发展要靠学派，这个学派一脉下来，时间要很长，只有绵延不绝，才能发展到一个高峰。中国的文学流派，从散文来讲，《左传》下来是《孟子》、《荀子》，此后隔了几百年转到《史记》、《汉书》。《史记》、《汉书》之后又没有了，转到六朝骈文，韩、柳、欧、苏一代二代而终。韩愈的传人有李翱，苏轼的传人有秦观、黄庭坚，再下去就没有了。所以，中国文坛很少有像桐城派这样的文派，"代有传人"是桐城派在中国文学史上的一个特点。桐城派能够延续下来，并产生那么大的影响，这个特点值得研究。桐城派的另外一个特点是不仅有文学实践，而且有其理论：方苞提出的"义法"，刘大櫆提出的"神气"，姚鼐提出的"义理、考据、辞章"，曾国藩、姚莹再加一个"经世"。桐城派在五四运动中受到抨击和批评，是因为作为当时势力最大的文学流派，有些方面已不符合时代的要求，自然而然也就成为了批判的对象。新文化运动的代表人物发出了一些很激烈的言论，矫枉过正，这也可以理解，毕竟是不破不立。虽然陈独秀等人的言论有片面性，但五四运动的大方向是正确的，功绩是伟大的。至于他们的一些激烈言论，我们今天应该冷静对待。而至于桐城派，我们更不能把他们的文章都当成糟粕，一概扫进垃圾堆。实际上，五四运动人物的古文修养都是很好的，他们也很了解古代文学的精髓。桐城派古文的"义法"，就是"言有物，言有序"，就是内容的充实和形式的美。这些都是文学的要求，不能算是错误的。五四运动中批判"言有物"，实际上批判的是程朱理学。其实桐城派的很多文章都不是讲理学的，而是丰富多彩的，文章讲究形式、讲究艺术、讲究结构和方法，这些还是很有必要的。你可以说它讲得不够，或者不全面、不完整，但你不能说"言有序"有问题。当时将桐城派的文章比作"八股"，但桐城派的文章与八股文是不一样的，虽然桐城派中的许多人（如方苞、戴名世）善于作八股文。桐城派的文章在内容上还是比较丰富的，有讲学理的文章，有叙事的文章，有描写景色的文章，有写人物的传记，并且形式也是曲折变化，不是千篇一律。这也是桐城派的价值之一。

现在强调要重视对桐城派的研究，另外一个原因是桐城派文学创作的力量之源在于它创新求变的进取精神。桐城派既不拒绝和排斥前人的优秀成果，也决不望着前人的项背止步不前；既从传统中汲取有益养分，也对传统实行有限度的"背叛"；既不数典忘祖，也不因循守旧，他们的文论思想始终强调一个"变"字。因此，桐城派从产生那天起，就不是一个故步自封的狭小圈子，而是一个开放的不断完善的系统，能够随着时代的变化而变化。桐城派强调为文章者"有所法而后能，有所变而后大"，桐城派的理论和创作，始终处在不断变化和发展之中。到晚清时期，世变日亟，许多桐城派作家都主张变法图强，反映了新兴民族资产阶级的利益和要求。薛福成主张振兴工商经济，吴汝纶力倡新学，严复、林纾大量翻译西方社会科学、文学名著，这些都是桐城派在新的历史条件下自觉创新求变的体现。所以，桐城文化也好，桐城派也好，都是尚待开发的文化资源富矿，我们应该去发现，去开发，去利用。

我虽然没有去过桐城，但从《桐城派名家文集汇刊》的申报与整理以及同志们的介绍中可以看出，桐城市的领导非常有眼光，支持项目申报，重视研究与弘扬桐城文化，积极承担传承古代优秀传统文化的责任，体现了文化自觉。现在他们又要编撰出版一套《桐城历史文化丛书》，全面介绍桐城文化的丰厚内容和辉煌成就，旨在宣传桐城，提高桐城的知名度，提升桐城的影响力，意义十分重大。现将自己关于桐城派的一些认识写出来，作为这套丛书的序。

序二

戴廷杰[法国]

残冬之晨，寂寥读书窗下，忽得江君小角万里函，云有桐城丛书一编，将刊行于世，请为之序。予虽间握笔伸纸，似有立言之志，才短学薄，远西之微士而已，何敢应江君之请，而为数行以弁扬龙眠盛迹之鸿篇？无乃所谓着粪佛头乎？幡然思之，蒙如此之宠荣，遇如此之笃眷，奚可推辞，而或至蔑江君之友谊，逆东西之交流？昔者潘木厓先生，家藏书万卷，以为书公物也，不能私。今江君等人承先辈之遗风，不惧推其意，以斯文为天下之公物，岂非当世之大快事哉？然则不肖外人，洵无从逃避，不得不讷讷数言以归之。

廿余年前，肄业既毕，敝国史家龙先生巴尔，评予所为南山文祸之论文曰，生之大作，余甚喜之，惟历史与舆地，相为表里，不能分其学，重此而轻彼，生其尝游皖乎？赧然曰未往。退而太息，龙先生展阅拙文，一目了然，知予之足未踏桐城之土，予之口未吞龙眠之气，则岂不杰以南山先生所居之故乡为南山先生所记之意园，即以有名有实之旧县为书生意中之幻景乎？久之始下云楼而东，入北峡关，以至县治，乃皖然盱衡，四眺而叹曰，嘻乎，此是吾书中之桐城欤！若是万户之邑，百里之域，视四海之广，弹丸黑子耳，而其名垂宇宙，数百年之久，人之以巍科达官者，震耀天下，不可胜计，文之以精辞微理处，脍炙人口，曷可胜书，甚至为有清一代之正宗。此诚为中国历朝之所罕有，欧洲诸国之所未有矣。遂往视惜抱先生之树，过千载紫来之桥，东而登南山之墓，西而攀相国之陵，漫游平野，往来阡陌，观农夫之力耕田间，居民之勤治生产。予每游龙眠山之麓，虽不过一二日，犹足以知土田之肥沃、物产之丰夥、天地之神灵，而冥然潜心，溯流穷源，庶达至盛之泉。

夫斯文之兴于富裕，此天下万世之公理也。如大江之南，数百里而遥，即徽州府，以山多田少，人多释未服贾，其商之豪富，士之贤才，遐迩莫不闻，故有商而兼士之说。兹窃其意曰，农而兼士，士而兼农，不亦桐城盛兴之机乎？然此言大旨耳，公理之象也，不足尽龙眠之所独有，善地之所奇特，而尤不克明其所以然者，是则斯文之统，安得存而不绝，累世荟萃，相继绍之以至于今乎？予翻阅龙眠之文久矣，虽稍知其大略，偶窥诸事之故，仅得其一二，而未之详。幸而予之蒙将发，非以恍然之大悟也，先正后学数君实为之矣。盖此数君者，与江君同志，慨然以传文统为任，以守遗绪为责，因博征龙眠之文献，以阐曩日之事、江山之胜、民间之俗、望族之法、登科之术、仕

途之道、文风之变，且无论耀光幽德，穷搜先辈之古文诗词，以拔其尤者。所辑所择诸珍，渐渐满筐，所辨所论诸作，冉冉盈筐，甚至成全璧，乃分若干篇，合为八册，名曰桐城历史文化丛书，而付之刊刷，以公海内。其书若龙眠乡之田园也，郁郁兼茂，有岁熟且丰，有实甘且多，终可止学者无穷之饥渴，兼补海隅书生之意园之所不能殖，岂不天下斯文之大盛事哉？于是书此数言以为序，江君其许之乎？

辛卯春日，戴廷杰拜题于巴黎寓中。

序三

胡连松

　　安徽素称文化大省，安徽文化在我国传统文化中占有非常重要的地位。学术界通常根据区域文化特征，把安徽划分为三大文化圈，即桐城文化、徽州文化和淮河文化。从文化内涵来说，徽州文化内容繁富，涉及面广；淮河文化传统意味浓厚，时间跨度大；桐城文化主流意识强，对人性的关怀和制度的创设具有积极作用。桐城的文派、学派、诗派、书画派，以及丰富多彩的桐城民间文学，都从不同的侧面展现了桐城文化的创造力、吸引力、感染力和无穷的魅力，所以，学术界有人认为桐城文化是精致文化。

　　我们今天讲弘扬优秀传统文化，怎么弘扬，弘扬什么，是大家必须要正视的一个严肃话题。桐城文化的精神实质是什么？我们为什么要研究它、宣传它？这是所有关心桐城文化、热爱桐城文化的人，必须弄清楚的问题。桐城文化始于唐代，成名于宋代，崛起于明代，鼎盛于清代。一代代学者、一批批官宦，他们都坚守传统，热爱自然，心忧国家安危，情系黎民百姓，把中国士大夫、文人阶层"达则兼济天下，穷则独善其身"的处世哲学，表现得淋漓尽致。他们以济世救民的胸怀积极入世，这在他们的文学、艺术创作中体现得十分明显。例如，他们创作的文章，题材丰富，礼、乐、兵、农和国计民生，无不涉及，包罗万象。许多人弃官从教，以传授知识为乐，同时结交百姓，关心民众的疾苦，哪里有苦难，哪里就有桐城文人士大夫发出的呐喊声音。从我个人对桐城文化的认识来看，桐城文化的主要精神在以下几个方面尤为突出：

　　首先，桐城文化体现了爱国主义精神。从历次反抗侵略者的斗争和桐城文人对为国献身者的歌颂来看，无不体现爱国主义精神。特别是到了封建社会末期，在国势衰微的情景下，桐城人表现出来的爱国立场更坚定，不但写出了一大批洋溢着爱国主义思想的华丽篇章，抒发自己的爱国情怀，鼓舞国人团结一致，共同抗击侵略，而且为时贤、名宦献计献策。姚莹"视天下国家之事，皆如己事"，积极建议并全力支持林则徐禁烟，站在人民一边，维护国家和民族利益。他在台湾的抗英事迹，可歌可泣。与此同时，许多桐城人与时俱进，提出了变法图强、富国强兵、富国强民、学习西方先进科学技术的主张。例如，国学大师吴汝纶关注西方国家的科学技术，对进化论在我国的传播表现出极高的热情。他给启蒙思想家严复翻译的《天演论》、《原富》等书作序，还提出修改意见，并四处托人帮助销售，以扩大其影响，通过宣传"物竞天择，适者生存"、"优胜劣败，弱肉强食"的思想，达到救亡图存的目的。

其次，桐城文化体现了追求文明、乐观向上的进取精神。在桐城，读书习礼成为时尚。明清两代，桐城"城里通衢曲巷，夜半诵声不绝；乡间竹林茅舍，清晨弦歌琅琅"。许多贤达智者，淡泊名利，开办乡学，口传笔授，教学相长，革故纳新，在科举仕进方面取得了巨大的成功。"穷不丢书，富不丢猪"的桐城祖训，充分体现了桐城人刻苦励学、知书达理、艰苦朴素、勤俭持家的优秀品质。

再次，桐城文化体现了与人为善、和谐相处的平等精神。在儒家思想的主导下，桐城先贤对父母敬爱有加，笃守孝道；兄弟之间，相互扶持，至老不衰；对宗亲，体恤周济，不遗余力；对朋友，肝胆相照，荣辱与共；邻里相处，以礼为先，以和为贵，以让为贤。日常生活中，处处都体现"人敬我一尺，我敬人一丈"的崇高风尚。乾隆年间，桐城发生严重灾荒，民皆饥乏，草根树皮掘剥殆尽。身为一介穷儒的桐城派宗师刘大櫆焦急万分，建议在乡里建立义仓，主张藏粮于民，要求乡里名流及富户捐资救助贫困交加、求救无门的人。此议被当政者采纳，饥民大受其惠。清代大学士张英谦让邻里，让出一个名扬天下的"六尺巷"。如今，他在家书后亲批的诗句"一纸书来只为墙，让他三尺又何妨。长城万里今犹在，不见当年秦始皇"，早已流传海内外，成为解决邻里纠纷的最好范例。国务委员唐家璇在桐城参观六尺巷时指出："六尺巷在历史上是宰相以宽厚的胸怀妥善解决邻里纠纷留下的，在今天，它仍然具有重要的现实意义，是我们构建和谐社会的生动教材。"

我去年当选为安徽省桐城派研究会会长，思考如何利用研究会这一平台，来宣传桐城文化，研究桐城文化，弘扬桐城文化。这次研究会组织专家学者，编撰《桐城历史文化丛书》，我非常高兴。这不仅为宣传桐城文化提供了很好的范本，也是响应省委、省政府建设文化强省的号召，推动安徽地域文化建设与发展的一件大事，所以我非常乐于为这套丛书的出版宣传、呼吁。通览全书的大纲和篇目，感慨良多，写出上述体会和认识。

序四

王强

　　中国文化在数千年的历史演进中，因为时代的变迁与区域的差异，形成了丰富多彩的地域文化。桐城文化就是其中的典型代表。千百年来，桐城人民以自己的勤劳和智慧，创造了令人惊羡的文化奇迹，催动着恢宏的文学景象不断萌生。尤其是清代以降，桐城派异军突起，一时间"家家桐城、人人方姚"，风骚独领，蔚为大观。后世文人回首这一奇丽的文化现象，也不禁发出由衷的感叹："何意高文归一县，遂令天下号宗师。"

　　历史烟云消散，文化魅力永恒。地域文化的优秀传统，是一个地方精之所存，气之所蕴，神之所附。回眸既往，历史的沧桑与荣耀已被桐城人民深深铭刻在岁月深处，而在发展车轮的滚滚节拍中，桐城踏实而从容的前进步点，又不断叩击着崭新的梦想。在关山飞渡、踏浪前行的历史进程中，桐城文化中所蕴含的忠诚务实的报国情怀，自强不息的进取精神，和谐精致的处世理念，兼收并蓄的开放胸怀，独树一帜的创新风格，仍是桐城人民引以自豪的宝贵精神财富，在经济、政治、社会生活中显现出本质性的推动作用。改革开放以来，作为文风昌盛的江淮名邑、风光秀丽的皖中胜地、百业兴旺的和谐之城，桐城以全方位的改革创新，迎来了全方位的兴盛与繁荣，国民经济健康发展，社会事业全面进步，人民生活蒸蒸日上，城乡面貌焕然一新。这一切都充分证明：文化是引导社会进步的罗盘，是一座城市的精魂，它对思想解放起着引领作用，对经济发展起着先导作用，对社会和谐起着滋润作用。

　　我虽不是土生土长的桐城人，但我对桐城的认识、了解、倾慕由来已久。在我的故乡宿松，至今仍然流传着一代大儒朱书与桐城派开创者戴名世、方苞抵掌论文、击节而歌的动人故事。我在北京大学读书时，常常于不经意间，在校园的某个角落，与吴汝纶、姚永朴、马其昶、朱光潜等桐城名士留下的燕园往事不期而遇，感动之情油然而生。今年初春，我带着组织上的信任和厚爱来桐城工作，更加深切地感受到这片土地上散发的浓郁人文气息和绵延不绝的创造力量。我认为，文化底蕴深厚是桐城发展的优势所在，在桐城，不注重桐城派的研究与挖掘，不重视文化工作，在政治上就是不敏感，在经济上就是不内行，在文化上就是败家子。民族之魂，文以化之；城市之魂，文以铸之。文化一旦"缺位"，就意味着桐城在未来竞争格局中的"失位"。当前，桐城正处在争先进位、追赶跨越的关键时期，为了实现"在安庆当龙头，做表率；在全省争位次，进'十强'；在全国创品牌，树形象"的发展目标，我们必须抢抓融入合肥经济圈和皖江城市带承接产业转移示范区规划实施的大好机遇，发挥桐城的区位优势、产业优势、文化优势，坚持工业立市不动摇，着力推进文化强市，力争早日把桐城建设成为承接东部产业转移的先行区和试验区，成为有全国性影响的现代化历史文化名城。这一宏伟目标的实现，需要我们不断增强实力、激发活力、彰显魅力，需要我们进一步继承、发扬和光大桐城优秀的历史文化。

《桐城历史文化丛书》第一次较为系统地展示了桐城的科举风貌、名宦风采、文学风姿、民俗风情和名胜风光，可谓荟萃众美，通贯古今，图文并茂，雅俗共赏。这套丛书的出版，既是桐城文化建设的一大成果，又是继承和发扬桐城优秀传统文化的重要媒介。文化的延续性在于继承，文化的包容性在于开放，文化的生命力在于创新。我们继承传统文化，当然不是抱残守缺，守旧复古，而是在发掘传统文化的历史意义和现实价值的基础上，去粗取精，推陈出新，创造出符合当下时代特征的新的文化产品和新的文化业态，为经济社会发展催生出新的增长点。《桐城历史文化丛书》的编撰出版，无疑在这方面起到了引导和示范的作用，希望更多的有识之士参与到发掘、研究、宣传、弘扬桐城文化的行动中来，续写无愧于先贤、无愧于时代、无愧于后世的文化新篇！

是为序。

前言

　　学而优则仕，是我国古代官员选拔、成长的重要途径之一。中国古代社会进与退，百姓安居乐业乃至国家长治久安与否，都和官宦有着十分密切的联系。好官、清官，不仅常常作为小说、舞台戏曲中的正面形象去描绘、渲染和歌颂，而且也是百姓寻常生活中常常念叨的话题。所谓"雁过留声，人过留名"，成为古代为官者的座右铭。从桐城走出去的历朝历代为官者，无论官阶高低，身处之世稳定与否，大多数人都能尽忠报国、勤政为民、兴学育才、廉洁自律、秉公直言，体现出桐城人的聪明才智。

　　本书所言名宦，一是指在朝中任职尚书、侍郎，在地方任职督抚的要员；二是指政绩突出，影响深远，对后世有示范作用的府县官员，他们品级虽然不高，但从对后世的影响力来说也堪称是名宦。通过对相关文献资料的检阅、分析，粗略得出桐城古代官员有如下特质：

　　忠贞爱国。爱国是中华民族的优良传统，桐城人同样予以继承和发扬，在一些官员身上表现得尤为明显。无论是抗倭名臣阮鹗，还是保卫台湾的姚莹，从他们身上都可以看出桐城人有强烈的爱国主义精神。明朝嘉靖时期，浙江、福建沿海等地，倭寇猖獗，侵占岛屿，杀人越货，为害甚烈。一些官员为了个人安危，想招抚了事，但阮鹗坚决主张歼灭寇贼，并亲自率领诸生、壮士，斩杀倭寇，深受士民爱戴。后遭御史宋仪望弹劾诬陷，罢官下狱。他在押解途中，经过杭州时，百姓纷纷前往岳飞的岳武穆祠，替阮鹗祈祷，盼望他逢凶化吉。后来经过闽浙官民的多方营救，阮鹗幸免一死。到明朝隆庆时期，终于平反昭雪；万历时期，赐御葬，入乡贤祠和浙江名宦祠。姚莹对台湾地区的开发作出了积极贡献。他先后任职知县、通判和兵备道。他针对台湾境内高山族、汉族杂居引起的一些矛盾，一方面铲除强暴，打击黑恶势力和犯罪分子；一方面改造仰山书院，传播文化知识，教以礼让，引导民众朝着文明的道路前进。道光时期，英国侵略者进犯台湾，姚莹和总兵达洪阿认真分析形势，率领台湾军民抗击英国侵略者，取得了抗英斗争的巨大胜利。后来姚莹因遭到闽浙总督怡良和两江总督耆英等人的诬陷，以"冒功"之罪，革职下狱，这在朝野上下引起了极大震动，台湾军中千余人攘臂呐喊，幸亏达洪阿亲自到士兵中进行开导，才未引起兵变。在强大的舆论压力下，朝廷将姚莹释放出狱，贬官四川。不久，又差遣到西藏。姚莹认识到西藏的重要性，详细考察西藏的风土民情，撰写《康𬨎纪行》一书，揭露英、俄等国企图侵略西藏的野心，建议朝廷加强沿海及边疆的防务。清末江西南昌县令江召棠秉公处理教民事件，遇刺被杀，酿成震惊中外的"南昌教案"。"南昌教案"是近代中国人民反对帝国主义侵略，争取民族独立和尊严的一场伟大斗争，历史把江召棠和这场斗争紧密联系在一起，受到后人的尊敬与怀念。由此可见，这些先辈们在横遭诬陷、冤屈难伸的情况下，置个人生命于不顾，情系国家安危，这种忠贞不渝的爱国情怀更是我们中华民族的宝贵财富。

施政为民。做官要为民做主，是历代情系百姓的为官者的写照，桐城许多为官者更是如此。明代永乐时期，朱善远赴云南，任职鹤庆府同知，刚刚到任，适逢灾荒，民不聊生。下车伊始，首先将自己的俸禄捐出，救济灾民；然后上奏朝廷，请求开仓赈灾；同时，还打击偷盗行为，保障百姓生活安定。康熙年间，姚文熊到陕西阶州任知州。阶州地瘠民贫，百姓生活苦不堪言，每年纳赋之外，还要交附加钱粮。姚文熊理事后，决定免征附加钱粮。上级官吏仍旧派员前来催缴附加钱粮，姚文熊下令将其中骄横跋扈者捆打后，赶出辖区。后遭上官弹劾，降职归里，他泰然处之。康熙年间，倪灏调到湖广南漳任知县，刚到任，就遇到饥荒，下令发仓粮赈灾，仓吏坚决不同意，要见上级批文才能开仓赈灾。倪灏说，公文往来需要月余时间，等批文来了，必有半数饥民饿死，开仓固然要从严把握，但我愿意以官职换取饥民性命。雍正时期，方求义代理安远县事，时值饥荒，上司不许开仓卖粮。他慷慨陈词，仗义执言，认为藏粮的目的就是为了救灾。他说："有灾不卖粮，藏粮何用？"于是倾仓出售积粮。抚军知道此事后，嘉奖他果敢为民，并具文他县，照此为例。他去世后，刘大櫆为其立传，袁枚给他撰写墓志铭。乾隆时期，倪企望任山东长山知县，潜心替百姓办事，任职期满后，长山百姓奔走挽留。当时的两江总督曾布告僚属："为州、县者，俱当以怀宁令左辅、长山令倪企望为法。"嘉庆时期，朱杰在任上开仓赈灾。御史借口其专权，对其弹劾。嘉庆皇帝知道后，说朱杰是"实心任事"，予以褒奖。后来因事革职，巡抚奏请留任，嘉庆帝在奏章上批曰"朱杰得民心"，加恩留任。

为官一任，造福一方。桐城人官做到哪里，就把自己的智慧和创造力带到哪里，做到为官一地，兴业一方。明朝嘉靖年间，赵钺任金都御史，巡抚贵州。他发现当地民风淳朴，但生产力水平极其低下，百姓甚至不懂得引水灌溉，许多肥沃田地废弃抛荒。赵钺至此，"教民引水为田，黔民知水耕自是始"。"公抚黔久，政化流闻"，不仅得到嘉靖皇帝的赞许，而且深受贵州百姓的爱戴。后世有人赞曰：正（德）、嘉（靖）时有两名臣，一为廉使齐公蓉川（齐之鸾），一为中丞赵公柱野。明万历期间，盛世承任职陕西，率众开垦河滩之地千余顷，后成为秦中膏腴之地，百姓受益无穷。其时，孙继垲在江苏海门任职，适逢大旱，他因势利导，疏通沟渠，修建石闸，引水灌溉，根据需要关闭自如；还使泛海商船，都从海门闸进出。第二年又遇洪水灾害，泰州、通州、海门三地及如皋等地的洪水都从此闸排出，田庐无损，百姓称此闸为"孙公闸"。江之湘在四川峨眉任知县，境内有一白鹤潭溪，百姓涉水过溪，常常有人沉溺而亡，成为百姓心头之患。江之湘带头捐资修桥，整治溪水，从此水患消除，百姓改"白鹤潭"为"江公潭"。康熙时期，钱旆任四川苍溪县知县。此地贫瘠荒芜，民智未开。钱旆一面革除苛税，一面招募流民开垦荒地，大兴水利，筑堤蓄水，灌溉农田。还教百姓种桑养蚕，发展家庭手工业，民富税丰，受到督抚褒奖。乾隆年间，姚棻在甘肃靖远县任知县，教百姓置水车溉田，提高农业生产效益，开山修路，发展交通，建立兴靖堡集市，货畅其流，繁荣贸易，使靖远成为当时的殷实之地。张若溎到浙江任职，请求朝廷把陆耀所写的《甘薯录》颁发浙江各地，让百姓学会种植，给百姓生活带来新的粮源，大大提高了百姓抗灾、御灾能力。光绪年间，江召棠在江西上高等地任知县长达十七年，每到一县，整顿吏治，发展生产，兴办新学，教化民众，留下了诸如"江公桑"、"江公堤"、"江公藏书楼"等永远让百姓铭记的"政绩工程"。百姓称他为"江青天"，为他建立生祠，替他祈福祷告。这在贪赃枉法、欺压百姓成风的清朝末年是非常罕见的现象。像他们这样不顾个人荣辱，真心替百姓办事的好官，在桐城的为官者中举不胜举。

打黑除恶。打击黑恶势力，替百姓伸冤，给百姓提供一个安居乐业的生存环境，也是最善良的普通百姓对地方官员的期盼。嘉庆时期，张裕勷任广西阳朔知县。阳朔地处西南边陲，常常有外匪入境行劫，他厉行保甲之法，冒险亲自查缉犯罪分子，没有多长时间，行劫之匪，捕获殆尽，百姓得以安枕无忧。乾隆时期，姚棻到皋兰县任知县，境内有巨匪马得鳌，出则为盗，入则扰民，党羽众多，抢劫官府，掠夺百姓，无恶不作。姚棻深入了解其活动规律，精心策划抓捕方案，终于一举消灭了这个危害一方、让百姓寝食难安的黑恶团伙。百姓闻讯后，欢呼雀跃。乾隆皇帝也为此事下谕旨称赞："姚棻一经委派，即兼程探获巨窝，颇属能事。"后来，姚棻调到武昌等地任职，面对那些横行乡里的黑恶势力，不畏艰险，除暴安民，坚决打击不法之徒，"豪猾敛迹"，百姓生活得以安宁。道光时期，广东揭阳县社会动荡不安，黑恶势力猖獗，"视劫夺杀人为故常"，"强者不输赋，勒税商贾"，境内商人不敢设铺，百姓不敢赶集，集市荒废，货物断流。姚柬之上任后，明察暗访，走访百姓，在掌握土匪活动情况后，当众宣布："吾治斯邑，不爱官，不爱钱，不畏死，有梗吾治者，锄之。"他敢于以狠治恶，毫不手软。从上任之初，就以高压态势，打击黑恶势力。姚柬之铁腕治匪，使揭阳"一境晏然，商贾为通"，成效显著。姚柬之离开揭阳时，"揭民泣走送者万数"。这些以实际行动去爱民为民的亲民官吏，当然受到百姓的拥戴。

注重名节。自古以来，中华民族就非常讲究气节，这些在桐城人身上表现得非常突出。从方法到左光斗，再到张秉文，无不视名节如生命。永乐元年（1403）朱棣称帝，诸藩王及臣僚纷纷表示庆贺。方法此时在四川任都指挥使，他效仿宗师方孝孺，拒不署名，遂遭逮捕，在押解途中，投江自尽。明朝万历年间，张居正独揽朝纲，许多人巴结都唯恐不及，而桐城人张淳，虽是张居正提拔的礼部郎中，但宁可辞官归里，也不接受张居正的请托，违心做事。明熹宗时，宦官魏忠贤权倾朝野，胡作非为，许多桐城人为了国家的安危和百姓生活，和魏忠贤及其党羽展开了一场惊心动魄的斗争。先是巡抚方大任弹劾魏忠贤，反遭其报复、栽赃，流放外地。其次是左光斗置个人安危于不顾，上疏弹劾魏忠贤等"三十二可斩"之罪，也反遭迫害，摧残致死，其兄左光霁株连致死。再有方孔炤，不顾个人安危，蔑视魏忠贤的淫威，在朝堂之上，公开站出来，反对熹宗赐封魏忠贤的侄子魏良卿为肃宁伯，认为这不合国法祖制。此举大大触怒了魏忠贤，其党羽爪牙使出浑身解数，以莫须有的罪名弹劾方孔炤，方孔炤被削去官职。还有时任礼部侍郎的何如宠，眼看杨涟、左光斗等人遭到陷害，想法搭救。魏忠贤及其亲信知道后，立即上疏弹劾何如宠，理由是何如宠与左光斗都是桐城人，同乡好友，交谊深厚，属于同党，因此何如宠也被削职。桐城的这些官员演绎了中国历史上一幕惨烈的忠奸较量的大戏，尽管邪恶势力暂时得逞，但名垂青史的是那些忠贞之士。崇祯末年，社会动荡不安，左德球被选授广西同知，友人都劝他不要去赴任，左德球却说"国家多事，正臣子效死之秋"，携妻儿及时到任理事。后升任湖广沅州知州，清军攻下沅州，左德球以脑触石而死。崇祯时，张秉文在山东为官，清军攻打济南城时，他在给家人信中写道，"身为大臣，自当死于封疆"，"男誓以身报朝廷"。最终张秉文战死济南。清乾隆年间，赐谥"忠节"。

兴学育人。桐城人自古以来就非常重视读书，到了明清时期，读书之风尤盛。许多人依靠读书，走上科举、为官之路。那些外出做官的人，官做到哪里，也把桐城人"穷不丢书，富不丢猪"的优良传统带到哪里。每到一地任职，总是察民风，观民俗，建文庙，兴学校，培养人才。明朝景泰年间，韩隆任福建永安知县，此邑地险民刁，习俗不正。韩隆尽心为百姓办事，修筑城垣，建立学校，教民读书，提倡礼仪；同时，辨判疑狱，审案公正，一时间永安风气为之大变。韩隆也因此受到百姓爱戴。萧世贤到浙江任嘉兴府知府，大兴学校，培养诸生，一府之内，文风蔚兴。朝廷考核，治行位列第一，迁升湖广副使。汪淳在江西玉山任知县，修建端明书院，集合诸生，亲自授课。也因治行突出，升任广西梧州知府。姚之骐到湘潭任知县，宽厚待民，尤其注重学官教育，勤于课士，把教育作为自己施政的第一要务。琚伯昆任江西武宁知县时，政清讼简，兴学课士，选育人才，同时均赋清亩，让百姓得利，以治行征试广东道御史。姚文烈在汉阳为官，打击豪强，平反冤狱，扶危济困，为百姓创造安适的生活环境。他在办理官府公务之余，就到书院去讲经论史，课艺授文，还常常告诫诸生：“读书，当出为名宦，处为真儒。”后因治绩突出，他升任云南楚雄府知府。清嘉庆年间，谢益任河南汜水知县，勤于政事之余，潜心发展教育，课徒授学，亲自担任嵩阳书院院长，后殁于讲舍。还有像张廷璐、张廷瑑这样的地方教育最高长官，更是以兴教为第一要务。张廷璐在正文体、选拔人才等方面，卓有成效。时人赞誉他在学政任上培养的人才，“足备国家数十年桢干之用”，其功尤巨。他任职期满离开江苏时，百姓“皆环泣走送，千里不绝”。张廷瑑在学政任上，亲力亲为，选拔出许多优秀人才，受到朝廷嘉奖和皇帝赞誉。张廷璐兄弟逝世后多年，乾隆皇帝还对身边的大臣说：“张廷瑑兄弟皆旧贤臣者，今尽也！安可得也？”从许多资料来看，明清时期，江南学风大盛，这和桐城人在此地为官，全力推动教育事业的发展，是有很大关系的。

革除旧俗。桐城人在一地为官，除了大力发展教育之外，对有些地方的不良习俗尽力予以革除。明朝隆庆年间，张淳到浙江永康任知县。其时，永康土地贫瘠，百姓穷困潦倒，生下女孩，大多弃而不养。张淳了解情况后，不断训诫弃养女婴者。他说，豺狼虎豹都知道爱子，弃女行为，“狠于豺虎也”，严禁抛弃女婴。同时，针对那些确实无力养活幼童的家庭，张淳捐出自己的俸禄，予以接济，此举救活了许多女婴。永康还有女婢终身不嫁的风俗，张淳召集乡绅商议，凡是检举有婢女不嫁的，给予奖励，同时还要追究女婢主人的责任。此后，"婢尽有夫"。一时间，永康之地，被救活的女孩或婢女所生的女孩，都取名叫"张生"。明朝崇祯年间，依照旧例，宗室子孙的命名及婚嫁，需要经过皇帝钦准。长此以往，一些官吏乘机设关卡，要挟索贿，导致积压奏文逾千份。有的人已经老死了，还没有得到名称；有的人白发满头，仍然未婚待娶。何如宠任礼部尚书后，在朝廷之上，力陈其弊端，请求革除旧例，使皇族中得到命名、婚娶者达六百多人。清顺治年间，吴道观在河南商水县任知县，提倡节俭，移风易俗。该地百姓重男轻女，溺女之风愈演愈烈。吴道观了解情况之后，坚决禁止淹溺女婴，违者严惩不贷，此风渐息。后来，民有生女者，名为"桐女"，以示报答。姚士塾在陕西朝邑任知县，此地民风好械斗，些微小事都互不相让。姚士塾授课讲经，开展礼仪教育，秉公理事，使当地百姓习文明理，谦让和睦。康熙帝赞称："姚文然好官，其子姚士塾亦好官。"雍正年间，方浩任山西隰州知州，当时，许多百姓迷信邪教，纷纷茹斋吃素，身体素质下降，许多人不能自食其力。方浩针对这一情况，把有影响的士民，召至州府内廷，赐食酒肉。后来邪教蔓延数省，而隰州未染。这些为官者敢于破除旧俗，为民造福，体现了桐城人与时俱进的风格和不断创新的精神。

谨守孝道。中华民族的优良传统是"百善孝为先"，这在桐城许多官员身上都体现出来。许多人不管到哪里做官，都把自己的父母、长辈牵挂在心。得知父母身体不适，不管路途遥远，也要亲自回家探视、侍奉；有的人弃官归里，伺候父母。父母病故，都依例回籍守孝三年。何如宠和哥哥何如申同年考中进士，后入翰林院，闻父亲在家生病，立马回家探视。其父去世后，因老母健在，向朝廷告假回家奉养。兄弟二人约定，二人不同时外出，如需要外出当差，必留一人在母亲身边陪护。明万历三十九年（1611），何如申督征军饷，办完公差，立即回家，何如宠才离家赴京就职。明朝崇祯末年，张秉文和

清军血战济南城下，临行前，致书家人："老母八旬，诸弟善事之。"方孔炤蒙冤下狱后，其子方以智怀揣血疏，跪在朝门外，乞求上朝官员将他的血疏呈交皇上。方以智的孝心感动了文武百官，也最终感动了崇祯皇帝，并说"求忠臣必于孝子之门"，随即下诏书"孔炤护陵寝功多，免死，戍绍兴"。方孔炤得以平反昭雪。京师陷落后，方孔炤立即侍母南归，隐居白鹿山。康熙年间，姚文燮在云南任职，因母亲年高，上奏朝廷，乞求回家侍母。获准后，立即辞官归里，隐居黄蘖山。后母丧，哀伤成疾，不治而终。方苞侍父孝母，亲兄爱友，颇有一段佳话。其父尝说："吾体未痛，二子已觉之；吾心未动，二子已知之。"由此可见他们父子情深。方苞侍母尤孝，尤为感人。方苞参加礼部科举考试，考中进士，位列第四。当时满朝官员都以为方苞可能夺魁。其时，得知母病，他谢绝李光地等人挽留，立即南归，侍候母亲。他年届四十，在母亲身边"婉转膝下如婴儿"。方苞因《南山集》案，被逮下狱。当时，其母老疾多悸，为防止母亲忧愤过度，特地邀请江宁县令苏墥一道面辞老母，还谎称："安溪李公荐入内廷校勘，不得顷刻留。"告别母亲，即逮下狱。直到康熙帝赦免其罪，把母亲接到北京赡养，其母都不知其曾犯罪入狱。张若霭非常孝顺父母，这也是张廷玉极为得意之处，夸他"性至孝，能曲承予意"。其母吴夫人生病，张若霭伺候身旁，衣不解带达数月之久，夜里还"露祷求代"。时值盛夏，"蚊虽瘁肌，不觉也"。姚棻在外地做官，老母年遇八旬，每每念及年迈的老母，便潸然泪下。乾隆帝被姚棻的至孝所打动，将其擢升江西巡抚，以便就近侍奉老母。清嘉庆时，方维甸擢升闽浙总督，君命难违，他为了侍奉母亲，请求皇上另选他人接替，奏称"臣母不能顷刻离臣，臣又不能奉母就道，恳辞新命"。后来，嘉庆皇帝满足其心愿，并说"朕以孝治天下，不忍拂人子至情"，同意方维甸回籍省亲，"以示体恤"。诸如此类，对后世影响很大，时至今日，身处外地的桐城人恋乡情结尤重，父母之命不违，恐怕与此不无关系。

廉洁至上。古代桐城人做官，把勤政为民，克己奉公，居官廉洁，作为自己分内之事。他们在所官之地，都留下了赞誉之声，这也是桐城长期以来享誉全国的原因之一。许多人在贫穷的地方为官，不仅洁身自好，而且把应得的俸禄都捐出赈灾济民，乃至回家无路费，病卒官府，无钱买棺入殓。这在常人看来简直无法相信，但事实确实如此。朱善为官二十载，俸禄几乎全部捐出赈灾，回家后，筑土室而居。萧世贤曾任浙江嘉兴知府，迁任途中病卒，囊无余资，以旧服入殓。吴一介官至河南右布政使，为政清廉，常常自励说："自有生以至盖棺，无一日不可死；自筮仕以至宦成，无一日不可罢休。"邓士美任知县时，在县署中挂铭联："平反袖有阳春笔，清白堂无暮夜金。"姚之骐任湘潭知县，累死任上，与其素不融洽的兵备副使前往县署奔丧，见其囊中仅有府给路费一百二十金，也感动得抚尸大哭。程芳朝之子程松皋曾任内阁中书、福建建宁知府等职，辞官后，囊无长物，百姓以薪米相赠。吴逢圣在乾隆年间曾任保定府、台湾府知府等职，从台湾回来途中，突然与盗匪相遇，盗匪见其行囊空无一物，乃叹息曰"确是好官"。姚士塾任县令时，当地豪强千方百计拉拢他，刚刚到任，就要送给他下车费千余金，"其岁值编审，又有编审费千余金"。面对重金诱惑，姚士塾不为所动，坚决拒之，使不法之徒无机可乘。张英认为做官要以勤政清廉为第一要务。他要求子侄辈为官务必做到："使我为州县官，决不用官银媚上官。"他把皇帝给予的赏银，都用来扶危济困，帮助他人。张廷玉认为，为官第一要"廉"，养廉之道，莫如能忍。他要求子孙后人为官时，务必要"拼命强忍"，"不受非分之财"。他言行一致，把皇帝恩赐的银两用来修建家乡的紫来桥。难怪乾隆皇帝作诗赞扬他"两朝重望志逾坚"。曾任总督高官的汪志伊，素以清正廉洁，享誉朝野。官至高位，两袖清风，外出考察，轻车简从，每到一地，不讲排场，不扰民。膳食费自付，常常只吃豆腐一菜，时人称他为"豆腐总督"。这给嘉庆时期日益腐败的官场注入一股清新之气，以至当时名流大家阮元、铁宝、姚鼐等数十人都为之景仰，著文吟诗，题匾作词，勒石歌颂。

翻开明清时期桐城人为官的历史，不难发现，他们无论官阶品级高低，都能以"廉"字当头，做到廉洁自律，两袖清风，很少有人因为贪腐而罢官。掩

卷之余，心情难以平静。他们留给今人的这些特殊财富让子孙后代永享荣光。

明清时期桐城为官者多，好官多，高官多，在当时当地有影响力的官多，薄薄一册，无法尽揽其中。有些名宦资料一时难以搜集，像朱邑、叶灿、吴用先等名宦未能作传，非常遗憾，只能等到修订时一并补上。此外，为了展示明清时期桐城人为官的情景，压缩列传者文字，增加表格，权作本书的一个特色。

本书在写作过程中，参考了古人、今人的诸多成果，我们在此一并致谢。为了按时完成撰写任务，邀请吴晓芬同志撰写了部分内容。由于我们手头掌握的资料有限，加上时间仓促，书中难免存在这样那样的缺点或讹误，敬请方家指正。

目录

桐城明清名宦人物志

附录一

附录二

后记

桐城明清名宦人物志

刑部尚书钱如京

钱如京（1478—1544），字公溥，因崇拜桐城东乡周家潭先师周京，故名如京。钱如京的父亲钱应祥，热爱自然，喜欢吟咏作诗，因此常常以诗勉励钱如京进取好学，谨守情操。钱如京自幼才华出众，加上又受到良好的家教熏陶，矢志攻读，明孝宗弘治十五年（1502）中进士，授海盐县知县。初到海盐任职，甘于职守，敢于自责。"尝醉酒挞一胥，醒而悔甚，遂称疾不视事。"称病不出，闭门思过。同僚登门看望，僚佐入问，乃谢曰："吾病非他，奉天子三尺，期称平，今顾以酒逞刑，故闭阁自责耳。"众人闻之，深为感动。

钱如京为官清廉，深得皇帝器重，仕途通达。调到京城任监察御史不久，接着又升任副使，派往天津充任兵备道。又经屡次升迁，任右副御史、保定巡抚。在任巡抚期间，时值北方大旱，百姓颗粒无收，饥民遍野。钱如京立即上奏疏，请朝廷准开国库，发放国库钱数万缗，用以赈灾济民，让无数灾民得以保全性命。其后，改任兵部侍郎。钱如京虽然是书生出身，但在武官任上，凭借自己的智慧，广施仁治，多次不费一兵一卒，化险为夷。有天夜里，大同府兵内讧哗变，竞相逃遁。他镇定自若，端坐督署，下令大开城门，听任士兵自由进出，还密令守门军士："群出者纵之，独出者擒之。"意思就是对那些结队出城的士兵，一律放行，独自逃跑的士兵，予以拘留。许多逃出城的兵士，见无人追杀，情绪稳定下来；半夜时分，集体离营者相继返回，军心安定。第二天，钱如京亲自审理夜间被拘军士，只从轻惩处了两名带头扰乱军心的士兵，其余概不追究。军民都敬服他英明果断，威信倍增。因功兼左副御史，提督两广军务。

明代，两广境内的少数民族土司常常互相械斗、仇杀，叛服无常，影响地方安定和百姓生活，有些官员主张用武力征剿。钱如京认为："夷性不常，徒驱良民于锋镝，彼朝服暮叛，可胜诛乎？"倘若使用武力，只会使百姓遭殃，并不能改变和制止土司首领们反复无常的心理与习性，反而更容易激化矛盾。于是，他深入调查，走访土司首领和地方贤达，将自己了解到的真实情况详细地呈报朝廷，出台相关政策，互相牵制，对那些制止械斗的土司首领予以重用，对为首聚众械斗者予以革职，并准许他们改过自新，给予他们立功赎罪的机会。结果不费一兵一卒，平息了民族之间的械斗，缓和了长期以来难以解决的民族矛盾，地方很快转为安定，百姓生活安宁。此后，钱如京政声益著。

钱如京总督两广军务。建功颇多，很快，被提拔为南京户部尚书，不久，又改任刑部尚书。其间，适逢审理皇室宗庙失火案。宗庙失火后，被派去清理火场的士兵，在瓦砾灰烬中捡到一些碎金残珠，没有上交，被检举告发，逮捕下狱。朝廷要按盗窃皇家宗庙祭祀宝器定罪。若定此罪，性命难保。卷宗送到钱如京手上，认为定罪不当，批曰："金非器，器非珠也。拾与盗同罪，不亦谬乎？"一律从轻发落。少数宦官据此攻击钱如京，说他一贯轻刑，意在笼络人心，居心叵测。钱如京不愿跟此辈小人计较，更不想和他们同朝为官，于是连上六疏，以病老请求致仕。

辞官归里后，钱如京简居桐城县城桐溪塥畔，不履公门，对于亲朋故友，往来如常，平易近人。他的居地依山傍水，背靠着西北群山，门前流过的是桐溪塥水。那桐溪塥正好在他门前绕了个"凹"字形，所谓曲水流觞。他就在这山水之间，安享天伦，"款曲亲旧，觞咏自娱"。如今还留下一条小巷，名为"钱尚书院巷"。

明嘉靖甲辰年（1544）九月二十三日，钱如京去世，享年76岁。卒后，与夫人合葬于县城西门内山坡东麓，朝廷追念其功，加赠太子少保，并谕赐祭葬，祀"乡贤"。有《钟庆堂集》、《桐溪存稿》存世。

骨鲠之臣齐之鸾

齐之鸾（1483—1534），字瑞卿，号蓉川。齐之鸾出生时，其父梦见"五色青鸾集庭"，遂给他命名"云鸾"。自幼聪颖过人，九岁颂习《毛比诗》，即能属文。太仆袁宏经过其读书的私塾，恰逢老师外出，其他小孩看见太仆大人驾到，吓得一个个逃走，而唯独齐之鸾朗读如故。袁以探询的口吻问他，客人来了你还坐着不起来，合乎礼仪吗？而齐答曰："奉师命读书，不奉揖客。"且声音洪亮，脸不变色。袁公"大奇之"。有人劝袁公把自己的女儿许配给他。后来袁公非常看重他，并为他改名"之鸾"。正德六年（1511）中进士，不久改庶吉士，授刑科给事中。他身居谏职，敢于直言。正德十一年（1517）的冬天，明武宗朱厚照受权奸诱惑，欲在紫禁城的西边开设倡优馆舍，方便自己和群臣玩乐。消息传出之后，举朝皆惊。紫禁城乃皇权重地，在封建礼法等级森严的社会，在其周边开设倡优馆舍，不仅是对皇权的亵渎，更为国体所不容，它关系着朝廷在天下百姓心中的威望，更关系着大明王朝在国际上的形象。当时朝中有许多大臣纷纷上奏正德皇帝，极力阻止开设倡优馆舍，其中刑科给事中齐之鸾言辞恳切，剖陈利弊："……陛下贵为天子，富有四海，乃至竞锥刀之利，如倡优馆舍乎？"正是在一片反对声中，正德皇帝遂止此事。中官马永成生前即为其兄弟子任谋官争禄，死后，明武宗诏授其家族官爵达90余人。齐之鸾上疏直言："永成何功？不宜恩滥如此，臣恐天下闻而解体也。"力主裁减马门官爵。这两件事让人们见识了这位敢于直谏的刑科给事中，佩服他敢捋虎须的胆识。

齐之鸾奏议卷首

在明代皇帝中，明武宗（即正德皇帝）也是少见的喜欢放鹰逐犬、巡游作乐的皇帝。他身边的奸佞小人，如宦官刘瑾、谷大用等"八虎"等，陪其玩乐，想方设法为其找乐，使得武宗整日沉湎于嬉戏玩闹，无心朝政。在江彬的怂恿下，自正德十二年（1517）始，武宗曾多次北上巡游，所到之处，大肆搜刮，民不堪累。朝中大臣如御史袁宗儒等，均表示强烈反对，大学士杨廷和、蒋冕、毛纪甚至以辞官相抗议。齐之鸾并不赞成杨廷和等人的辞官做法，"乞陛下以社稷为重，亟返宸居，与大臣共图治理。"皇上误国，朝臣愤辞，齐之鸾可谓悲忧交加，恨自己无回天之力。

桐城志略

奏議

清理蘆課疏

正德九年八月初三日題時授刑科

桐城齊之鸞瑞卿著

奏议文

正德十四年（1519）二月，刚刚巡游回京的武宗，在宁王朱宸濠的蛊惑下，又下诏将巡游山东和南直隶。受封在南昌的宁王朱宸濠早有篡权谋逆之心，这次他借口为武宗造了龙舟，力邀武宗南幸，趁机以图不轨。而对于宁王的不臣之心，武宗全然不知，诏令一下，"举朝惊惧"，满朝文武大臣一片反对之声。为了阻止武宗南巡，齐之鸾"偕同官及御史杨秉中等交章力谏"。可是，武宗对朝臣一再阻挠他南巡，早已心生不快，不但对群臣的上谏置之不理，而且还对所有劝谏的官员都予以残暴的处罚，"公在给事中，谏南巡，几死杖下"。尽管这样，面对群臣的冒死相谏，武宗仍不为所动，直到后来"会诸曹郎黄巩等联章力谏，乃止不行"，武宗南巡的事就这样被暂时搁置下来。

正德十四年六月，宁王朱宸濠终于起兵叛乱。这年八月，武宗下诏，广告朝野上下，他要御驾亲征，南下平定宁王叛乱，齐之鸾以从军纪功随行。可是，武宗一行人还未到达南昌，巡抚王守仁就已经平定了宁王叛乱。宁王叛乱虽然平定了，但逞勇喜功的武宗却为没能亲自擒获宁王而感到遗憾，他身边的张忠、许泰等人对此心领神会，欲夺其功，竟然诬蔑王守仁私通反贼，并"广搜逆党相株引"。为此，齐之鸾"力白其诬，请以一家数口为王守仁赎"。齐之鸾在上书中非常气愤地说："王守仁忘身殉国，功在社稷，而为仇人攀诬如此，将使英雄豪杰戒前车，国家缓急，何以使人？"在齐之鸾等人的奔走呼号、全力营救下，王守仁才得以免祸。而一心想要巡游的武宗在得到捷报后，并不肯就此折回，而是一路莺歌燕舞，花天酒地，继续南下。因迷恋于江南的大好风光，武宗干脆在南京住了下来，不肯回京，朝政无人过问，各部门处于虚空状态。众大臣曾多次上书要求武宗返京，在多次上书未果的情况下，齐之鸾作《回銮赋》以谏。武宗在南京住了将近一年多的时间，才返回京师。

在武宗时期，齐之鸾还特别关注民生、为民请命，做了很多有益于百姓的好事，如"请蠲田租、停力役、宽逋负"。幸运的是，这些建议，"帝颇采纳"，百姓得以休养生息，社会经济有所发展。

武宗逝世后，世宗即位。满朝文武大臣都把恢复朝纲、振兴大明王朝的希望寄托在世宗身上。而在这些大臣中，齐之鸾无疑是此心最为殷切的一位。他第一个上疏，言语犀利但措辞恳切，直言不讳地指出了武宗时期朝政的弊病在于奸佞当道，导致"忠义不闻于耳，媟亵日陈于前"，"志士蓄愤，苍生蒙害"，建议世宗广开言路，罢黜"文武不肖大臣，及非军功冒封拜者"，"覆核先朝佞幸诸奸置之法"。这封奏疏洋洋洒洒几千言，矛头直指武宗朝祸国殃民的宦官、宠臣。这封奏疏呈上后，嘉靖皇帝明世宗非常高兴，并对其建议一一采纳，那些奸臣、宦官受到惩处，或被处死，或被贬谪。

不久，"其秋大计京官"，齐之鸾因逆权贵"被中伤"，"谪崇德丞"，后来又迁长兴令、青州同知，转南京刑部郎中，嘉靖八年（1529），改陕西、宁夏佥事。在宁夏任职期间，齐之鸾将自己自舒霍过汝宁，经汝州、河南、陕州等地来宁夏途中所看见的百姓疾苦，专门撰写《陈言疾苦疏》上奏。在这封奏疏中，他尤其提到在宁夏的一些地方，如隰宁、小盐池等处"骄阳五年，赤地千里，亩无植禾"。在这5年中，这些地方的居民一直靠采集一种蓬科植物充饥，赖以活命。齐之鸾亲口尝过之后，只觉得"苦恶辛涩，螫口贯心，呕逆数日"，但百姓却整整吃了5年，可见民间疾苦之深！为此，齐之鸾特地将两枚蓬子封入题袋中，一进於帝，一以贻阁臣。世宗在看完奏疏后，"付之所司"，要求相关部门立即采取措施，全力向灾区百姓施救，解民困苦。

在明代，宁夏始终是西北地区的军事重镇，处在对付鞑靼势力的边防线上。但宁夏的黑水沟、南山口、花马池一带，由于年久失修，"城堑久湮"，进而导致宁夏的边防松弛。为此，世宗时期，"时方大修边墙，之鸾董其役"。但由于缺水，土质坚硬，工程进展缓慢。为了如期完工，就必须找到水源。在勘察了附近的地形后，齐之鸾终于在百里之外找到了一座山，"往凿之，果得泉"。有了水源之后，用木枧将泉水引过来，润解硬土，这样大大加快了工程的进度，结果比原定期限提前了两个月完工。黑水沟、南山口、花马池一带的边墙修好之后，"终明之世，屹然恃为金汤"。齐之鸾在西北边陲构筑工事，为西北边疆的稳定，百姓生产的发展和生活的改善，起到了积极的作用。

齐之鸾的才干得到了当时巡抚胡东皋的首肯，并多次向朝廷举荐他。在其后的几年中，齐之鸾先后调补河南提学副使，后改任山东临清兵备副使，召为顺天府丞，不久被擢升为河南按察使，到任后，不顾夏天酷暑，到处视事。后因积劳成疾，病死在任上。齐之鸾以敢于直谏闻名于当世，人称"骨鲠之臣"。朱彝尊在《静志居诗话》中说："蓉川在给舍，最敢言，侃侃不阿……尤为言人所不敢言。"而武宗一朝，"阉竖用事，纲纪陵迟"，但明王朝却并未因此葬送在武宗手上，而是向后又延续了一百多年，究其原因，在一定程度上，正如清末桐城派代表人物马其昶所言："岂不以犯颜敢谏之臣未绝，犹足以维系之与？"

齐之鸾的为官之道、为官理念，深深地影响了后世桐城入朝为官者。他们中大多数人都以齐之鸾为榜样，心系国家安危，情系百姓冷暖，为上排忧，为民解困，出现了一批又一批的好官、清官。在文学方面，"公诗文开吾乡风气之始"，"公诗文慷慨宏丽，类其为人"，"而县人第进士、入翰林为庶吉士者，亦自公始"。他的著述大多和他的为官经历有关，著有《蓉川集》7卷，留传至今天的有《奏疏》二卷、《南征纪行》、《入夏录》各若干卷，这些为了解明朝中后期的社会历史，提供了极有价值的史料。

抗倭巡抚阮鹗

阮鹗（1509—1567），字应荐，号立峰。阮鹗少有大志，推崇王阳明学说。明嘉靖二十二年（1543）中进士，授南京刑部主事。不久，提升为御史，巡按顺天。进士王联检举中丞胡缵宗诽谤皇帝，世宗大怒，革胡职。阮鹗独自替胡明辩申冤，王联以诬告罪处死。当其督学顺天，在涿州校试诸生时，倭寇迫近京城，阮鹗率诸生登城助守。寇退，他奏御寇十策，皆被采纳。

明嘉靖年间，倭寇猖獗，浙江沿海一带经常遭受倭寇骚扰与洗劫，倭寇侵占岛屿，杀人越货，为害甚烈。当时还是浙江提学副使的阮鹗，敦促诸生习弓矢，练阵法，准备随时参与进剿。时隔不久，忽传盗警，杭州戒严，城门紧闭。数十万民众逃至城外，哭声震野，而杭州守城官兵以防倭寇乘机袭击为由，拒不开门接纳。阮鹗知道后非常生气地说："为官本在为民，奈何坐视而不救？贼尚在数十里外，坐弃吾民于贼乎？"于是不顾同僚劝导，执剑督开武林门，令辎重在左，妇孺老弱者在右，依次而入，毋相践踏。吃饭时，"兵卒更番传餐，而公则自饭于马上"，整整用了四五天时间，方使避难的乡民全部进城，无一受害。百姓感其恩德，焚香祝天："安得阮公开府以活百姓耶！"此后，百姓又在武林门外建生祠，以彰其德。不久，倭寇又来

袭扰，阮鹗亲率诸生、壮士出城迎击，斩杀者甚众，倭寇溃败逃走。朝廷嘉其功，升迁浙江巡抚兼理福建。

阮鹗任事浙江、福建时，海盗首领徐海、陈东等率寇3万余人，围攻乍浦。阮鹗募壮士破阵突贼围，夜间潜兵袭贼于嘉兴临平山，解乍浦之围。贼败逃桐乡，攻打县城，阮鹗已先敌驰入，与知县金燕死守，相持40余日。总兵胡宗宪得以从容布置，设计诱贼，捕斩其首领徐海、陈东。当时倭寇势力甚大，诸人欲以招抚了事，阮鹗坚决主张歼灭寇贼。他遂督兵从缙云勇往直前，恢复仙居；再移兵雁门，乘雪夜登舟山重创倭寇。浙江平定，朝廷将其晋升一级，赐金币五枚。

阮鹗墓前石像

阮鹗任福建巡抚时，倭寇依然猖獗。为保障福州百姓安全，他移师洪山桥，构筑坚垒防守。其时闽军闻寇丧胆，临阵即溃。阮鹗上任伊始，募壮兵，造战舰，加强操练，以重振军威，但不轻易出战。不料却遭御史宋仪望弹劾，奏其懦怯畏敌，糜费储饷，图谋不测。朝廷轻信此言，将阮鹗去官解京下狱。阮鹗为官，勤政爱民，深受士民拥戴，途经浙江时，杭州城里的百姓纷纷前往岳武穆祠为之祈祷。他带兵，以身作则，"公行军身衣白袷，或臂印而出，或策骑而前。士蓐食则各撤其釜，上饭少许尝之，饱则挹田中水荡口即行"。他爱士卒，"戚继光部兵梁庄时，有一人角中而立，从后曳之，惊见公，顿首，劝无蹈死地。公拊继光曰：'死地我不畏，所爱者，汝良将耳。'光感奋所至，愿捐躯报公"。阮鹗骁勇善战，"兵不及额，饷不及时"，然"小战则小胜，大战则大胜"。而阮鹗被逮后，福清陷、福安陷、兴化陷，路过兰溪，听说倭寇围攻福宁，仍同官兵直扑倭垒。"火光中望见公红氊白号带"，倭寇惊呼："浙江阮门提兵亲至矣。"不等天明，纷纷"夺渔舟以遁"。这样一位抗倭英雄，饮恨于权益纷争之中。李春芳在《右佥都御史立峰阮公鹗墓志铭》中，对阮鹗蒙冤也作了客观阐述，他认为一方面是由于阮鹗与赵文华、胡宗宪等主抚策略相左，因而受到掣肘；另一方面是阮鹗后来在福建抗倭捷报频传，"上大加奖异，奈何忌之者力谋倾公，乃指摘公糜费储饷，肆为蒌菲，风闻论列，遂被逮至京"。后来经过闽浙仕民多方营救，才幸免一死。不久离京归里。

阮鹗乡居和去世后，其子不断为其蒙冤申诉。长子阮嵩上书朝廷为父申冤，"大

司徒马公森、大司马霍公冀读而悲之，合疏陈功状，趣两省台使者勘报"，终于在隆庆丁卯年（1567），昭雪平反，官复原职。不料阮公竟在这年去世，享年59岁。次子阮自华再次泣血疏陈其冤，万历四十二年（1614），皇帝下《谕祭文》，命安庆知府宣读，赐祭葬、祀乡贤祠及浙江名宦祠。

阮鹗不仅是明朝一代明宦，也是崇尚王阳明"心学"的学者。他早年师从明嘉靖年间礼部尚书、著名学者欧阳德，对"心学"颇有研究。现存《心问》一文，内容崇尚王阳明"心学"，极具哲理与研究价值。离京回乡9年，在桐城东乡（今枞阳县）聚徒讲学，孜孜不倦。有《礼乐要则》2卷、《枫山章文懿公年谱》2卷存世。

嘉靖名臣赵钺

赵钺（1512—1569），字鼎卿，一字柱野，别号鹨林子。嘉靖二十三年（1544），中进士，步入政坛，先后任刑部主事，擢礼科给事中，转吏科左给事中。

赵钺在任吏科左给事中时，咸宁侯仇鸾取得世宗的信任，世宗于是诏令由仇鸾统领五军、神枢、神机三大营，总督京营戎政。仇鸾曾拜奸相严嵩为义父，仗着严嵩的权势，一直胡作非为，如今又大权在握，越发专权暴横，飞扬跋扈。这一时期，蒙古的俺答汗势力日益强大，并屡次侵犯明朝边境，但是仇鸾统领三大营后，并不把主要精力花在训练军队上，而是与严嵩勾结，蛊惑世宗在大同等地开设马市，以此讨好俺答汗，并趁机在马市中大发横财，还不断把京营中的兵卒调往大同，为其管理马市。另外，仇鸾在京城中还有大量的庄园田地，为了节省开支，仇鸾经常让三大营的士卒为其服劳役。这些情况被赵钺在一次巡视京营的时候发现。京师三大营，本是大明王朝最核心、最精锐的部队，若长此以往，营政必将废弛，三大营的战斗力必将荡然无存，那么国家的危亡将系于何处？又何谈抵御蒙古的入侵呢？于是，赵钺几次抗疏力争，勒士归伍。他还专门写了一道奏疏，向世宗陈述在仇鸾总督下的京营，存在六大弊政，世宗看后深感事情不妙，于是勒令仇鸾整改。经过整改后的三大营，"戎政大饬"。由于赵钺的揭发，动摇了世宗对仇鸾的信任，仇鸾为此对赵钺怀恨在心，但"众危钺，钺不为动"。

不久，赵钺迁官至南京太仆寺少卿，掌管国家马政，负责饲养、训练马匹以及皇帝出巡时随从人员、车马的安排、调配等事务。据《明会要》卷62记载：国之大事在戎，戎之大事在马。因此，明朝十分重视马政的建设，一直把充实战马摆在重要的地位。战马的来源有两种途径：官牧和民牧。民牧的马匹由太仆寺统管，主要供给负责京城安全的京军使用。南京太仆寺负责南方的民牧事务。由于是向京军供应马匹，一直以来，负责巡查验收的官员苛刻极严，只要百姓所养的马身上有蹭痕，不仅马被没收，马主人还要接受相应的惩罚，轻则罚款，重则入狱。百姓养马，不仅无利可图，还要承担风险，久而久之，百姓便不愿养马，导致京军的马匹供给不足。作为太仆寺的少卿，赵钺定期要按季出巡，检查各地的马政。在多次走访养马户后，赵钺了解到了问题的症结所在。为此，他大声疾呼："畜马不乘，是赘物也。"他的呼吁得到了当时很多官员的认同，自此以后，"弛令自便，民德之"。

此后，赵钺晋升为佥都御史。巡抚贵州时，赵钺刚到任没多久，播州容山的土司副长官韩甸攫取正长官张问的司印，纠集境内苗人公然叛变，并波及云南、湖南两省。赵钺会同总兵石邦宪，合力征讨韩甸。在最后一次与韩甸叛军交锋时，赵钺主张水陆并进，在陆路上佯装与其抗争，而在水路上则布下重兵，出其不意，攻其软肋，终于擒获了韩甸，平定了容山之乱。容山之乱虽然平定了，但由于贵州地处偏远，境内苗族、布依族、侗族、土家族等各少数民族杂处，民俗彪悍，尤其是其东北界与广西乌撒诸土府相连，"民性轻躁易动"，叛乱的隐患始终没有消除。为此，赵钺"条陈六事备善后，皆议行"。

贵州由于长期处在土司的统治之下，民风虽然淳朴，但民众的文明程度不高。于是，赵钺在每次出巡郡县时，都亲自到各少数民族的居住地了解民俗民情，"诱其俗之近古者，导以礼义，夷情大悦"。另一方面，土司的统治制约了当地生产力的发展。当时，贵州地区的生产力水平极其低下，人们甚至不知道引水灌田进行农业生产，导致大量的肥土膏腴被废弃不用。赵钺见此，"乃教民引水为田，黔民知水耕自是始"。在赵钺巡抚贵州时期，贵州社会的各个方面皆有了长足的进步和发展，"公抚黔久，政化流闻"，不仅得到了皇帝的肯定，更得到了贵州人民的爱戴。为官期间，不惧权贵，不畏叛民，教化苗裔，授民永业，所至之处，政皆有声，民皆咸服。然而，正因为赵钺在贵州治化有功，遭到了朝中权臣的嫉妒，一些人千方百计攻击赵钺，导致赵钺被降职，调往南京。不久之后，他便辞官还乡。

致仕后的赵钺，其性本爱丘山的个性显露无遗，他曾自制一顶油纸帐篷，带着儿子赵鸿赐跋山涉水，一路走来一路诗，诗如其人，《四库全书总目》的编纂者认为：

"（赵钺）文颇磊落自喜，而亦微近七子之派。"在学术上，赵钺出自姚江学派，主张知行合一，而他也用自己的实际行动，践行着他的学术思想。早在他任礼科给事中的时候，有一年正值母亲80大寿，他便放弃担任会试考官的机会，回家为母亲祝寿。任职南京太仆寺时，他捐款修葺滁州阳明书院，并另建宜秘洞于其中，"聚诸儒，阐良知之学"。致仕后，他倾其所有，建祠堂五座祭祀先祖，又置义田一区供祭费，多余的部分则用来周济身边生活有困难的邻里乡亲。

在明朝正德、嘉靖年间，赵钺可谓是名重一时的朝廷高官和文学家。姚康伯曾说，正、嘉时有两名臣，一为廉使齐公蓉川（齐之鸾），一为中丞赵公柱野。此话虽不免有溢美之词，但从另一侧面，也可以看出赵钺在当时政坛的地位及影响力。他的诗文皆率性而为，绝无蹊径匠心而作，颇为时人所仰慕。人们把他和陈树声、余文献、朱日蕃并重，称为嘉靖四杰。经他言传身教，他的儿子赵鸿赐继承了他的学术，他的弟弟赵锐与他同年乡试中举，后又拜何省斋为师，一时间，"父子兄弟，遂皆为名儒矣"，为远乡近邻所景仰。

赵钺存世著作主要包括：《古今原始》15卷，此书提纲列目，类似考据之学。《无闻堂稿》17卷，系其子赵鸿赐所编，收其文12卷，诗5卷。《晏鸟林子》5卷，是赵钺在致仕后所撰写的一部无韵《离骚》式的作品，其中包括作者写的许多注解，即使在今天看来，也很有见地，并且一直为后人所称道。

户部侍郎盛汝谦

盛汝谦，字亨甫，号古泉。盛汝谦为诸生时，就非常关注国计民生。青少年时代在白兔湖畔一家私塾读书，有一官员乘船夜泊河岸，问："此间有佳士能共饮乎？"汝谦登舟叩见，畅谈海防、盐铁、丝麻、交通、贸易之事，津津有味，言之有理，二人交流至深夜，言犹未尽。此官极为惊奇，赞曰："君学究时务，异日必为国士。"

明嘉靖二十年（1541）中进士，初授行人（明代专职捧节、奉使之事的官吏），后迁任御史。盛汝谦奉命巡视陕西少数民族茶马贸易，恰逢关中大旱，一些灾民迫于生计，啸聚山林，相互掠杀。盛汝谦目睹其惨状，喟然感叹："治，孰有急于民命者乎？"于是，搁置巡视茶马贸易任务，布置当地官员，每30里设一厂，每天以糊粥赈济灾民。继而盛汝谦巡按畿辅，又遇灾年，上疏请求朝廷发放国库储金6万两，购粮赈济，使饥民得以度过灾荒。巡视回京后，迁光禄寺卿，每年裁减皇室开支库银十余万两。时奸相严嵩专权，盛汝谦不愿和他同朝为官，更不可能去和他同流合污，有人劝他："相公（严嵩）甚贵公，顾一出其门，华阮可立致。"盛汝谦回答："丈夫具须眉，肯为此邪？"遂拂袖而去，请假归里。

嘉靖四十一年（1562），严嵩被御史邹应龙弹劾罢官，盛汝谦才肯进京任职。历任南太仆卿、操江佥都御史。其时，沿江一带，峰障水阻，芦柳丛生，盗贼丛出。盛汝谦上任后，洞察官匪一家之弊，制定官员失事连坐之法，设置哨船，分段防守，从严治军，以军扼盗，收效显著，被提升为户部右侍郎。其时盛汝谦已70高龄，长年累月奔波，多有力不从心，故告老还乡。

盛汝谦晚年移居桐城县城，生活俭朴，热心乡里公益事业。同邑学者方学渐常过门拜访，每次留餐，均是粗茶淡饭。冬天，身披出巡陕西时的旧羊皮袄，迎风兀立，宛如老丐。但对公益事业，则尽力赞助。桐城城墙，旧为土筑，历经兵燹雨蚀，倒塌破损，不堪防卫。明万历四年（1576），盛汝谦不顾年老体弱，争取知县陈于阶的支持，与乡贤一起，日夜筹划，募银21000余两，起窑40余处，终于将桐城县城的土城墙改建成砖城墙。建成后的桐城县城城墙，周围六里，高三丈六尺，雉堞一千六百七十三垛。城门六座，四正门分别为东祚门、西成门、南薰门、北拱门，二偏门西北曰宜民门、东南曰向阳门。这是桐城县城有别其他县城之处，整个城池呈椭圆形，俗称龟形城，六门分别代表龟的四爪和首、尾。除依势而建外，还有负山瞰河、龟寿绵长之寓意。盛汝谦倾心县城城墙改造工程，把桐城父老乡亲的安危放在心上，体现出他热爱家乡、关心百姓的博大情怀。此外，无为土桥河与桐城东乡接壤，驻兵防守，每年所需700两俸银，随赋征收，由桐城百姓承担。后土桥河划入无为州境，但征银已成定例，仍由桐城百姓负担，显然不太合理。盛汝谦多次具文，备述原委，终于取消了桐城百姓此项负担。卒后，乡民感其德，镌"万姓碑"于桐城东门外。

桐城老城西面有条古旧的巷子，叫做"操江巷"，其实"操江"是官名，系明朝设置的长江提督，领上下江防事。到了清朝顺治时干脆兼摄安庆、徽州等地府事，直到康熙年间，置安徽巡抚，才废了操江一职。此"操江巷"实是得名于住在此巷中的操江大人盛汝谦。如今，人们走过操江巷，思古忆贤之情，油然而生。

品高才茂张淳

张淳（1545—1612），字希古，号怀琴。其祖上"自豫章徙于桐城，世渐殷繁，遂成望族"。张淳自幼敏惠殊绝，读书一经目诵，辄终身不忘。常常到书肆中看书，一待就是一天，每次读到好的文章，就能立马背诵下来，乃至许多书商都说"文勿令张秀才见，见即不复购也"。22岁试邑诸生，再过3年，丁余宜人艰，哀毁过礼，邑人贤之。服丧礼结束后，参加郡试。黄琮阁见到张淳的文章，以为奇才，并说："此卷云蒸霞蔚，行且飞骞矣。何目中素未见此？询之，知从起服来也。"学使耿公认为其文采乃"六皖之冠"，黄、耿二公皆首拔张淳。遂于明穆宗隆庆元年（1567），领丁卯科南京乡荐。隆庆二年（1568）中进士，任命为浙江永康令，开桐城张氏家族走上科举、仕宦道路之先河。

永康是个山区，自古就有"俗叼胥猾"之称，每次新县令到任，衙吏都要拿来好多陈年积案让县令审阅，有时审看数月都无法看完，让新任官员疲惫不堪。张淳到任之前，就有七任县令被告罢免。张淳走马上任，日夜检阅供状、文书，一目数行，知其领要。遇到受状之日，"裁决如流"。他把告状者的姓名张贴在后堂，写清楚某人告某事，"曲直若何"。对那些乱告状的人，予以检举并鞭打惩罚。这样，告状的人迅速减少，"永俗顿易"。他还规定，来官府申诉的，都当即定下审判日期，诉讼双方按照预先约定的日期到官府，很快审结案件。他在官府门口设小锅数十口，薪火毕具。百姓案子审结，自带饭食也刚刚热好，这样正好吃饱肚子回家。这一做法，让百姓打官司既无需住店，又节省请人护家之费，还不收取一分钱诉讼费。百姓相互间称他为"张一包"，是说"裹粮一包，可毕讼也"；也有的是说他断案公允严明，类似于包拯。此事至今"侈为美谈"。张淳任永康县令时，永康县土地贫瘠，百姓贫穷，生了女孩大都不抚养。张淳说，豺狼虎豹都知道爱子，弃女行为，"狠于豺虎也"，严厉禁止遗弃女婴。对那些确实无力养活的家庭，张淳就捐出自己的俸禄帮助他们。永康有女婢终身不嫁的风俗，张淳召集乡绅商议，凡是检举有女婢不嫁的，予以奖赏，并追究那些女婢主人的责任，此后，"婢尽有夫"。一时间永康之地，被救活的女孩或婢女所生的孩子，都取名曰"张生"。

永康有个大盗匪叫卢十八，能飞檐走壁，"攫金省库，抚按集兵围之，须臾遁去"。人们都知道他是永康人，但10余年都没有抓到。张淳到任后，拜谒院府大人，院府大人私下告诉张淳，让他来抓捕卢某。张淳乞限3个月，院府大人笑之。张淳要求院府每月下十几道命令，就可以抓到。等到命令经常下达后，张淳佯骂曰："此盗未必是永康人，即使是永康人，逃出去这么长时间了，要是能抓到，也不会等十几年时间了。"张淳故意把檄文放置一边，不予执行。有个官吏的妻子与卢十八私通，这个官吏经常给他通风报信，听到张淳的话后，就把情况告诉了卢十八，于是卢思想上就放松了警惕。张淳于是就让差役诬告某吏欠了钱财，把某吏关到监狱里，然后暗地里喊来那个县吏，以他私通强盗应判死罪来责问他，又暗示他可以请求用自己的妻子代替自己抵押，而自己出去筹钱赎妻。张淳认为卢听说吏妻被押，一定会来施救，因此便让某吏陪卢喝酒，暗地里派健丁跟随。卢十八果然来到吏家，健丁乘卢醉酒之时，先斩断他的手脚，"盗技穷受缚"。等到上报院府，时间才过了一个多月。

有一年，永康大旱，抢劫掠夺公然盛行，张淳张贴告示，抢劫掠夺的人将处死。有个人抢了别人5斗米，按照告示应当处死，但张淳拿来死囚，杖杀之，就说此人是抢劫米的人，抢劫犯罪得到制止。张淳的座右铭是："为宰而教化不行，心志不通，虽事功高千古，终俗吏也。"所以，张淳在永康期间，先施教化，再以刑名，膏以雨露，济以风霜。在永康任职刚满两年，"决疑狱数十事"，他劝农兴学，"抚之以仁，裁之以义"。百姓"仰之如神明，爱之如父母"。朝廷考察官员，数他治行第一。在离开永康、赴京任职时，当地百姓"扳辕流涕，肖像创祠而俎豆之，岁时不绝"。临走前，有位70多岁的老人跑来求他，说自己的老母100多岁了，哥哥也年且90，自己是小儿子。其老母敬爱张淳，想见他一面。因其母目盲废疾，行动不便，请张淳屈车驾而往。张淳当即许之，轻骑快马，直趋其家。老人将老母从里屋搀扶出来见张淳，连声称赞："好官、好官，永康百年来无如公者。"老妇颤巍巍地从袖筒里拿出缕丝，说这是自己亲手缫的，已经收藏很久了，现将它送给张淳，祝张淳长寿。张淳接过丝线，感动不已。

回到京城，当时的宰相张居正让他任礼部主事，次年，升礼部郎中。适逢张居正老母去世，欲得名士属词。朝中人都认为没有谁比张淳更合适了，暗地里派人去找张淳，张淳当天去见张居正，说自己病了。张居正问他："既然病了，怎么没有看到你的病疏啊？"第二天，张淳就借口生病请假回家，辞官归里。在乡下居住7年，才重新回到朝廷中任职理事。

张淳被任命为建宁太守，他认为任太守和做县令不一样，只抓大事，不管小事。"务先教化，而后刑名。"在建宁为官5载，"政简民安，治醇俗厚"。他所选拔出来

的士子，都先后掇魁科，建宁人一直建祠祭之。后升湖广荆岳兵备副使，三湘之地，灾荒严重，盗贼盛行，张淳认为盗贼多，是由于赈灾不力所致。他带头捐出俸禄，要求富商大户捐钱出谷，赈济灾民，被其救活者，数以万计。不久，再次请假告归。两年以后，巡抚、按察使都推荐他出山任职，特起张淳为杭严道。当时浙江有招募的士兵，巡府准备解散他们，军中传出暴乱之声，抚按之臣皆以为患。张淳认为，如果是剽悍的士兵，留下他们就有用处，解散他们就难以控制。他建议淘汰那些年老体弱的，留下那些年轻体壮的，这样食足兵强，也就不会再出现暴乱了。巡抚听从了他的建议，局势得以安定。后来迁升陕西临巩道参政，以病请归。吏部疏云："品格甚高，才华并茂，遽尔乞休，深为可惜。"等到他病好之后，抚按具奏起用，在家居住一年多，举荐他任职的奏疏达14份，他坚辞不起。

张淳辞官居家后，从不干预县衙及地方政事，以讲学化俗为己任，熟谙典故，洞达机宜，邑中士大夫大都以他为榜样。教授子侄犹如自己孩子，考能中试，提笔能文，一个个走进科举，走向成功，为张氏在科举道路上取得辉煌成就，立下启沃之功。范子若孙以俭素，居家不忘济贫困，族人多贫瘵者，立义田赈济之。乡党以及亲邻没有不受其渥泽的。张淳一生，无论是居官，还是居里，"未闻以一过失"。长孙张秉文与盛方伯子可藩同举于乡，乡人立万人旗，题曰："张不张威，期秉文文名天下；盛有盛德，愿可藩藩屏王家。"这在桐城一直传为美谈。

张淳于万历四十年（1612）正月十一日卒。邑中士大夫和学使表其行曰："古行古心，有容有执。历士清贞不染，居乡孝友可仪。"后来张廷玉在纂修族谱时，发出由衷的赞叹："吾曾王父功德在生民，勋业在国史。俎豆在里社，教泽在子孙。百余年间，振振绳绳，得以不陨家声，皆食曾王父赐也。释褐而起田间，玉简金章荣及父母；蝉联鹊起，启我后昆。岂偶也哉！"桐城张氏家族自张淳起，走出一条读书、科举、做官的学而优则仕，使张氏家族声震朝野、誉满天下。

清廉巡抚方大任

方大任（1552—？），字思仁，号赤城。在明代官至巡抚的官员中，方大任是比较特殊的一位。他65岁才中进士，等到他步入官场，因弹劾魏忠贤而遭其报复、栽赃，后被发配。崇祯初年，方大任被朝廷重新召回，委以重任，虽已年过古稀，仍然披甲上阵，保疆守土，为国筹划，尽心竭力，崇祯皇帝赞其："真忠臣也。"

万历四十五年（1616），方大任中进士，初任元城知县，后擢升广西道御史。明熹宗即位后，荒于朝政，宦官魏忠贤因此朝纲独揽，权倾朝野，胡作非为。天启二年（1621），福建道御史周宗建上奏直接点名弹劾魏忠贤。魏忠贤怀恨在心，伺机报复。在天启三年的京察中，魏忠贤指使户部给事中郭巩上疏诋毁熊廷弼，并攻击周宗建、邹元标、杨涟等人举荐熊廷弼是结党误国。周宗建奋起反击，连上两道奏疏揭露魏忠贤、郭巩的卑劣行径。闻及魏、郭勾结企图加害忠良，方大任义愤填膺，随即上了《为直纠通阉科臣》的奏疏。在这篇奏疏中，方大任慷慨陈词："臣为国击奸，实不敢容默，为家世羞。"随后，他痛斥了郭巩与魏忠贤，说郭巩以科目之选，吐荒谬之词，以此阿附权珰；并指出魏忠贤除了在京城内外广置田园、住宅外，还在香山碧云寺大肆营造生圹，其规模和等级不输皇陵。方大任的这篇奏疏，证据确凿，咄咄逼人，击中了魏忠贤的要害，魏忠贤为此向熹宗哭诉，昏庸的熹宗竟然对魏忠贤的罪行不予追究，仅仅下诏惩处了郭巩。

方大任的这篇奏疏，虽然没有使魏忠贤得到应有的惩罚，但是在当时朝野中引起了很大的反响，人们无不佩服这位花甲御史的大无畏精神。而魏忠贤及其阉党从此对方大任恨之入骨，想尽一切办法对其进行中伤、打击。天启五年（1624），魏忠贤的义子、户部尚书冯铨在魏的指使下，教唆御史王烘诬陷方大任贪赃，在魏忠贤的精心密谋之下，天启六年七月，方大任被含冤发配。方大任被发配后，朝廷中许多正直的官员为他鸣不平，刘宗周曾说："虽以方大任之贤而不能免焉，臣窃痛之。"

熹宗死后，魏忠贤及其党羽被铲除，方大任又被朝廷召起，补官升为佥都御史，巡山海关，这年，方大任已经是76岁高龄了，但他不顾年高体迈，仍然出关数千里，巡查山海关沿线的军事布防情况，与袁崇焕一起为国谋划方略。此时，后金八旗兵的战斗力如日中升，相比之下，明朝军队的布防十分简陋，官兵士气低沉，战斗力明显不足。为此，方大任据实上奏朝廷，指出"蓟兵无一可恃，惟有关宁可用"，要求朝廷增派援兵，坚守山海关。

崇祯二年（1629）十月，大明王朝自恃固若金汤的长城，终被后金部队突破，后金大军直逼京师，北京城告急。为了保全北京，崇祯皇帝一方面急调袁崇焕回京，加强全城的布防守卫。另一方面，传旨兵部尚书孙承宗防守通州，方大任为顺天巡抚，出守通州。通州是守卫北京城的最后一道防线，北京城的安危系于通州的得失，

因此，守卫通州的任务之巨，可想而知。方大任虽已近耄耋之年，但报国之志弥坚，做好了为国捐躯的准备。他老来得子，倍加珍爱。为了以防不测，他写下了一封决绝书，托人带给儿子。这封家书后来不幸遗失，被明军队巡逻的士卒拾得，辗转呈给了崇祯皇帝，崇祯看完这封家书后，嗟叹许久。方大任的信中没有一句家长里短、儿女情长之言，有的全是教育儿子要尽忠报国，为国分忧，为民谋福之语。为了有效抵御后金军队的进攻，方大任与孙承宗、保定巡抚解经传、总兵杨国栋一起，登上城墙，指挥加固城墙，修建防御工事。后来，在多方努力下，通州城终于保住了，北京城的危机暂时解除。

在方大任任职顺天期间，有人上奏揭发蓟门巡抚王应豸克扣军饷，以致引起军中士兵闹事，王应豸为平息事态，竟然在士兵的饭菜中下毒。崇祯皇帝下诏命方大任彻查此事。因王应豸在前朝曾党附魏忠贤，并且曾经助魏忠贤迫害方大任，崇祯皇帝担心方大任趁机公报私仇，于是暗中又派了另一名宦官前去调查此事。事实证明崇祯皇帝的担心是多余的，方大任没有落井下石，而是站在一个客观、公正的立场上，将调查到的事实如实上报：王应豸克扣军饷导致军中变乱是实，但以药毒军乃是被人诬陷，这与宦官所说如出一辙。崇祯皇帝因此感叹："（方大任）真忠臣也。"

通州之围解除后，由于多年来忧心为国，积劳成疾，方大任便奏请告归。方大任为官，虽累官至督抚，但两袖清风，"家无千金之资"。这在贪污腐败成风的明朝末年，实属罕见，让人由生敬意。有《霞起楼集》存世。

公廉御史方大镇

方大镇（1561—1631），字君静，号鲁岳。其父方学渐是桐城崇实会馆（书院）的创建者，他主张兼容儒、释、道三家，力主用朱学弥补阳明心学的空幻，是方家《易》学的创始人，在当时名震皖江、东吴一带。方大镇承传家学，28岁即进士及第。后虽屡任要职，但正如他自己所说"仕途百折如浮海"，尽管如此，为官期间，仍能做到"公廉惠爱，所至有树"，实属不易。

明万历十七年（1589），方大镇中进士后，授予大名府推官，协助知府掌理刑名，赞计典。上任不久，就平反了一起冤案，涉案中的130多人被免去死刑。方大镇公正严明，严格依律办案，没过几年，大名府"案无滞牍，狱无淹系，罪无深文"。此后，方大镇就被擢升为江西道御史，但不久因病辞官。

明万历三十二年（1604），在家休养的方大镇，又被朝廷重新召回，巡盐浙江。明朝为了有效地防御蒙古贵族南下，在从东至西的辽东镇、蓟州镇、宣府镇、大同镇等九镇设重兵把守，俗称"九边"。明初九边所需的军饷大多仰给于屯田，盐课（盐业税收）仅作为补充。但是到明中后期，国家财政日益拮据，"九边"的军饷却逐年增加，到万历此间，每年则高达380余万两，而万历二十八年（1600）国家岁入仅有400万两。为了减轻国家财政负担，盐课成了"九边"军饷的主要来源之一。自万历二十七年（1599），朝廷又新增了盐税，而这些新增的盐税全都加在了2.6万多号的盐商和灶户头上。盐商和灶户因税太重，无利可图，大部分都歇业了，从而导致盐价飞涨。由于官盐价格太高，百姓不堪承受，只好改吃价廉的私盐，一时间民间私盐泛滥。这样一来，不仅"九边"军饷无法保证，就连每年朝廷的盐课也无法足额完成。为此，"公立法清厘，释私贩应配者数千，疏请蠲商灶新税之半"。方大镇的举措收到了立竿见影的效果，此后，盐业归于正常，"民食不壅……而商不告病"，从而既保证了朝廷军饷的供应，又没有影响百姓的生活与生产。

万历四十年（1612），方大镇巡按河南。河南是福王朱常洵的封地，他是万历皇帝最宠爱的儿子。万历四十二年，福王向上请赐庄田四万顷，并按每亩田收3两银子的标准收取赋税，总计是12万两。方大镇此时巡按河南已经两年了，他对河南的情况很清楚。河南境内良田本来就不多，一下子要赐给福王4万顷的田地，无疑是要剥夺很多老百姓的土地，而3两起科的标准远远超出了百姓的承受范围，百姓将不堪重负。鉴于此，方大镇屡次上奏，要求将福王的封地和田赋减半，万历皇帝最终诏准其奏。

此后不久，方大镇晋升为大理寺少卿，"奉命使蜀，既还而珰祸作，遂具疏乞休，隐于白鹿山"，方大镇就此解甲归田，了结仕途。

为官期间，尽管政务繁杂，但方大镇却没有因此废学，他认为为官和为学是可以相济相成的，主张仕优而学，学优而仕，随学随仕，随仕随学。在为学上，方大镇以性善为宗，立足于心学，调和心学与理学。在为官上，由于受父亲方学渐的影响至深，带有很强的理学色彩。他曾经以其父的《治平十二篇》上呈皇上，并要求恢复经筵日讲。早在他任浙江巡盐御史时，他就曾专门上疏要求为陈献章、胡居仁两位理学名家加封谥号。在此之前，明朝有惯例，只有朝臣才有资格在其身后获得朝廷加封的谥号。陈、胡二人虽是理学大家，自万历时期便从祀孔庙，但因为不是朝中大员，所

方大镇石刻

以未封谥号。方大镇在奏疏中说："祀
与谥，典礼均至重。……今二臣祀而不
谥，于典有阙。……臣愚以为：谥者，
正为贤者设也。……既同祀庑位，奈何
独靳于易名之典？……前朝贤者赐谥，
不论品位崇卑，臣至愚陋，敢以献章、
居仁二臣赐谥为请"。万历皇帝于是分
别为陈、胡二人赐谥号"文恭"和"文
敬"。巡按河南时，他又上奏请求召用
被贬谪的邹元标、周汝登等理学名臣。
任大理寺少卿时，应邹元标之邀，讲学
于北京首善书院，大力提倡经世致用，

方氏书法

反对魏忠贤"阉党"的胡作非为，书院后被阉党焚毁。

归隐后，方大镇在其父方学渐的明善祠旁建"荷薪馆"，为弟子讲述理学，为
家学的传承作出了很大的贡献。他在父亲《易蠡》的基础上，又潜心研究，完成了
《〈易〉意》4卷，这是方家《易》学研究的又一个新成果，为日后其子方孔炤的
《〈周易〉时论》、其孙方以智的《〈易〉余》的写作和研究奠定了坚实的家学基
础。桐城理学始发端于方家，在当时确为进步学派。此外，在其他方面，他的著述也
颇丰，有《〈诗〉意》、《〈礼〉说》若干卷，《奏议》6卷，《荷薪义》8卷，《田
居乙记》4卷，《宁澹居诗集》13卷等存世。

知县楷模姚之骐

姚之骐（1562—1609），姚文燮的祖父，字汝调，号渥源。幼年时因家贫无钱买
书，便亲手抄书诵读。虽然久蹇于科举，但仍坚持不辍，时年46岁的姚之骐，终于在
万历四十四年（1607），考中进士，被授予湖广湘潭县知县。在湘潭知县任上，姚之
骐"洁己爱民"，廉洁从政，终因"以劳瘁卒官"，年仅48岁。

姚之骐任职湘潭知县的时间虽然不长，但在这短暂的3年之中，却创下了他人生辉
煌的业绩，写就了他人生中最为精彩的篇章。他"治事精核，发摘如神"，受到了湘

潭百姓的普遍赞誉，成就了一代清官的千古美名。

　　姚之骐为官不徇私情。他会试时的房师是李腾芳，对姚之骐有提携知遇之恩。李腾芳是湘潭人，在即将去湘潭赴任之前，姚之骐专程登门拜访李腾芳，听取老师对故乡施政的意见与建议，并请老师放心，他一定会竭尽全力，治理好湘潭，为民造福，为国分忧，并以此来报答老师的培养之恩。他说："之骐此去，所以报师恩者，但使吾师名重乡里，有长者誉。"到湘潭后不久，不断有百姓状告李腾芳的某家奴。原来此家奴在李家服侍多年，近年来倚仗李腾芳的权势，无端滋事，祸害百姓，横行乡里，百姓视之如虎。此人在得知姚之骐任湘潭令后，鉴于李腾芳和姚之骐之间有着师生之情，以为自己又多了一个靠山，变本加厉，更加为所欲为。姚之骐深入民间，向受害百姓详细了解情况，在全面掌握证据和其出行规律后，立即带人将其抓捕归案。在庭审时，此家奴仍然桀骜无礼，认为姚之骐抓他不过是做样子给别人看看而已。他万万没有想到，姚之骐秉公处理，绝不徇私，按律笞杖此家奴，并语重心长地告诫他说："吾于尔主，谊同子弟，安有父兄远宦而子弟顾纵其家人为不法者？"从此之后，此家奴收敛守法，再也不敢欺压乡民、为非作歹，百姓为之叹服，"自是境内悚然，刚以为治，民且颂且谤之"。

　　姚之骐任湘潭知县期间，在洞庭湖一带，水灾不断，盗患严重。由于洞庭湖水域广阔，盗贼又谙熟洞庭湖四周环境，因而常常神出鬼没，抢劫过往商船，侵扰附近百姓，当地官府虽几经惩治，都收效甚微。姚之骐主动请缨，要求前往洞庭湖治理盗患。由于洞庭湖不属于湘潭县的管辖范围，姚之骐身边的人就劝说他多一事不如少一事，但姚之骐却不这样认为，他说："湖，潭人之所经也，可异视耶？"而对于此行的成功与否，姚之骐则胸有成竹，"吾越境，往出不意，盗必成擒"。于是，姚之骐带着几名健卒，乔装深入盗贼的老巢，乘机接近盗贼首领。终于有一天，趁其不备，生擒了盗贼首领。盗贼首领做梦也没有想到，一个文弱县令，居然有如此"不入虎穴，焉得虎子"的英雄气概，在愤恨之余，不免对姚之骐平添了几分敬佩。因作恶多端，盗贼首领按律被诛杀，从此以后，洞庭湖四周"远近以宁"。

　　姚之骐为官，"待人宽厚，不为己甚，禁绝苞苴"。在其上任之初，当地有一绅士前来造谒，试图行贿他，但姚之骐不为所动，未加理会。长此以往，在百姓中享有"只饮湘潭一口水，不染长沙半点泥"的清誉。正当朝廷意图提拔重用他时，他却因病卒于湘潭知县任上。姚之骐病逝的消息传出后，湘潭百姓悲痛万分，"父老子弟

奔哭，声彻天"。兵备副使王志远一直以来与姚之骐的关系都不融洽，前来悼念姚之骐时，"见公停正寝，尚未含殓，所衣卧具极寒俭"，顿生敬羡之情；更让王志远感到震惊的是，姚之骐穷其一生，所有的积蓄"仅百二十金，盖府给路费"；家中更是没有一件像样的物件，"四壁书钱谷出入及当兴革事"，"扃以木箧，甚固。启视，则疏邑中善士、奸民册"。当得知姚之骐的妻儿因缺钱，无力为其备棺入殓时，王志远再也按捺不住，放声恸哭道："咫尺有名贤，而我不知，冥冥之中负此良友，姚公独为君子，我独为何如哉？"后来有一老翁将自己的寿棺捐献出来，使姚之骐得以收殓，一代清官才得以入土为安。

姚之骐的清廉作风也深深地影响了他的家人。在他逝世后，为了表达哀思，上至湖南抚按、官僚同仁，下至湘潭百姓，纷纷解囊相助，所捐的财物价值数千金，但是其家人分文未取，全部用于在家乡桐城购置田地，用来赡养遗孤。姚之骐的事迹及其家人的义举，深深感动了家乡百姓，为了纪念他，桐城士民将其奉入乡贤祠，以祀之。

急公爱民姚之兰

姚之兰（1562—1624），字汝芳，号芳麓，清朝康熙年间刑部尚书姚文然的祖父。明万历二十九年（1601）进士，历官海澄知县、杭州知府、汀州知府。为官期间，多树惠政，"所历海澄县，杭州、汀州二府，民皆为祠以祀"。万历皇帝曾下诏称赞他说："无有如汀州之守急公爱民者，加按察司副使以荣其归。"在将近两个世纪后，清（嘉庆）己卯（1819），后世子孙姚莹为龙溪令，在将去台湾之前，因感于先祖功德，专程"至海澄谒祭公祠"，"绅士耆老至者百余人，言邑中祀公甚虔，水旱祷辄应"。在得知姚莹乃姚之兰的后世子孙后，"邑人大喜"，设盛宴款待姚莹，"士民老幼先后至者络绎不绝于途"，当时的海澄县令见此大为感叹，"然后知公之德被人深远也"。

万历三十一年（1603），姚之兰赴海澄任知县。当时有矿税使周庆、张嶷等人妄言吕宋（注：即今菲律宾）遍地是金，任人采掘，并且上折蛊惑万历皇帝，说开采一年，可得黄金10万两、白银30万两。一生爱财如命的万历皇帝闻此大为兴奋，便下旨让张嶷等人前往吕宋勘察，并让福建巡按张嶷等人办理相关出海事宜。但是这一切并未遵循两国交往的正常途径——先移文照会吕宋，而是在吕宋毫不知情的情况下进行的。因海澄县地处九龙江下游，是当时明朝对外贸易的著名港口之一，并且海澄与吕宋隔海相望，福建巡按便把此事交给了海澄县具体操办。时任海澄知县的姚之兰对此持强烈反对的态度，他说："是骇外国也。且吕宋即产金，请贡犹当却之，奈何示贪外夷？"在多次上书劝阻抚按无果的情况下，姚之兰只好奉命行事。此时有一富商受利益驱使，表示愿意为周庆、张嶷备船并随之一同前往吕宋。姚之兰在请示抚按后，同意了富商的请求。但此事毕竟事关国体，涉及大明王朝在当时国际上的形象，况且"昔年倭患，正缘奸民下海，私通大姓，设计勒价，致倭贼愤恨，称兵犯顺"。为了防止此类事件再次发生，也为了防止周庆、张嶷二人"不过假借朝命，阑出禁物，勾引诸藩，以逞不轨之谋"，几经斟酌之后，姚之兰特意精心挑选了几名县丞随张嶷等人前往吕宋，以监督张嶷等人的行动，避免他们做出有损国体与国格的事情。在为张嶷等人践行的席间，姚之兰告诫富商说："二人不得金，倘蹈海死，何以报天子？汝拥重赏必不肯死者，吾以二人付汝矣。"

张嶷一行到达吕宋后，引起了吕宋人对他们此行的不满。吕宋人说："天朝欲遣人开山。山各有主，安得开？譬中华有山，可容我国开耶？"再加上张嶷出言不逊，又狂妄自大，吕宋人曾一度扣留张嶷并准备将其诛杀，在随行县丞的多方斡旋下，张嶷获释并随行回朝。然而，吕宋人对此怀恨在心，第二年，即万历三十二年（1604），借口"华人将谋乱"，攻击在其境内的华人，造成25000多华人不幸遇难。此事传到朝廷，举朝震惊，"帝惊悼"，随后将肇事的张嶷、周庆二人正法，并下旨说："嶷等欺诳朝廷，生衅海外，致二万商民尽膏锋刃，损威辱国，死有余辜，即枭首传示海上。吕宋酋擅杀商民，抚按官议罪以闻"。幸运的是，由于姚之兰的未雨绸缪，精心安排，避免了更大的流血事件的发生，万历皇帝对此甚为满意，专门下诏书称赞他说："吕宋一役，可为寒心。汝能消衅弥危，讵惟入闽，将东南冯之。"

海澄县由于地处海滨，"市镇繁华甲一方，港口千帆竞相发"，贸易十分繁荣，与此同时，"矿税使横，甚有珰（按：太监）据海口港，厉民"，往往在正税的基础之上，加收十倍的数额，商民不堪重负，最终群起而反抗，"一日，有数百舟环珰廨汹汹，珰大惧"。面对这些骄横的矿税使太监，有些知县虽视之如虎，但迫于其是朝廷特使，往往只能听之任之，别无他法。但姚之兰"为人强毅内敏，有方略"，他在得知商民围堵矿税使的官署后，按兵不动，伺机用计赶走这些矿税使。在得到矿税使寻求搭救后，姚之兰见时机已成熟，遂告知县尉说："速备舆夫百人，今夕有所调

发。"姚之兰坦言商民群起而反抗的根源在于加收的浮税太重，商民不堪承受。矿税使迫于民怨压力，同意从此以后不再加收浮税，于是"众解散"，一场一触即发的官民冲突，就这样被轻松化解。然而，只要矿税使不走，就还会有再征收浮税的可能，姚之兰乘机说："海口去邑治远，恐令归而众复逼，君盍不从我往乎？"心有余悸的矿税使便随姚之兰回到县衙，其辎重物品也"并舟至县"。到达县衙后，姚之兰以县衙房屋条件简陋，易于失窃为由，建议矿税使将行李运往福州，矿税使不解其意，连声称赞："善。然安所得舆者？"于是，"公立召百人至，即夕发"。等到矿税使醒悟过来，"然行李已前发，即去"，自此以后，海澄县"惟取上供如额，珰不复至"。这样彻底解决了百姓心头之患。

姚之兰在海澄县的任职时间虽然不长，却赢得了海澄老百姓的爱戴，在其离开海澄的时候，"老幼焚香泣送者数千人"。在汀州，由于汀州地处福建山区，地少人多，遗风陋俗严重，姚之兰上任后，"清河税、戒溺女、严锢婢，民称善政"。在姚之兰任职汀州知府期间，适逢朝廷加征辽饷，用以弥补对辽作战军费的不足。然而，"江州僻处山陬，田仅一万四千余顷，终岁勤动输常后，何堪额外议加？"为了不给百姓造成新的负担，姚之兰"乃搜府库余积，得五千金佐饷完额，民不以病"。姚之兰的这种做法得到了朝廷督饷使者的认可，并上报万历皇帝，请求重用姚之兰。正当朝廷准备为之迁官时，姚之兰却以母亲年迈需人照顾为由，请求回籍归养，后被加封按察司副使衔致仕。天启四年（1624）卒于家，享年63岁。

明末重臣何如宠

何如宠（1569—1641），字康侯，号芝岳。幼年在许静斋家私塾读书，勤奋好学，聪明颖慧。有次随塾师出游，行至白鹤峰下，见一位白发苍苍的老者，挑着白菜去赶集。塾师有感而发："白鹤峰下白发老翁挑白菜。"塾师本无对对之意，但年仅九岁的何如宠默记心中。下午回家经过县城东北的黄泥岗时，何如宠看见几个幼童在路旁地里采摘黄瓜，便脱口而出："黄泥岗上黄毛小儿摘黄瓜。"塾师听罢，大为赞赏。

明神宗万历二十六年（1598），何如宠与兄如申同举进士，未廷对，因病回家。何如宠博学多才，后被选入翰林院，授庶吉士。闻父病，回家探视。其父病逝，依例守丧。服丧期满，回京就职，授编修。因老母健在，告假回籍奉养。并与其兄何如申约定，兄弟二人不同时外出，如需要外出办事，必留一人在母亲身边陪护。万历三十九年，何如申督征军饷，办完公差回家后，何如宠才赶赴京城就职，升中允，迁右庶子。

明熹宗天启元年（1621），升礼部左侍郎，因老母病故，守制服丧，未赴任。守制期满，就任原职。时阉党魏忠贤专权，东林党人士杨涟、左光斗等遭陷害，何如宠想法搭救。魏忠贤亲信魏广微骄横跋扈，上疏弹劾何如宠，说何如宠与左光斗都是桐城人，是同乡好友，交谊笃厚，属于同党，因此，天启五年何如宠也被夺职闲住。

崇祯元年（1628），何如宠被朝廷重新起用，授吏部右侍郎。在赴京途中，再拜为礼部尚书。上任后，每日拂晓起身理事，至漏尽不休。何如宠上任后，对过去的一些陈规陋俗，进行革除。依照旧例，宗室子孙的命名及婚嫁，须经朝廷钦准。长此以往，一些官吏乘机设关卡，要挟索贿，以致积压奏文逾千份。有的已经老死了，还没有得到名称；有的白发未婚。何如宠力谏其弊，革除旧例，使皇族中得到命名、婚娶者达600多人。何如宠对同朝官员，肝胆相照，深得同僚的尊重和敬佩。例如，大学士刘鸿训因守关士兵缺饷，怕影响军心稳定，奏请发储金30万两，崇祯皇帝没有同意此奏，退朝时刘鸿训叹曰："主上究竟年青。"崇祯皇帝听见后，大怒，必欲置之死地，何如宠甘冒危险，上下斡旋营救，终使崇祯帝稍有宽容，改死罪为放逐。

崇祯二年（1629）十一月，清军逼近北京，京城戒严。城中一些富商大户愿意用私财募兵，帮助守城，许多大臣认为此举是忠勇豪壮的行为。何如宠觉得不妥，认为此举如果被奸人利用，势必导致内讧。皇帝召见时，何如宠仍坚持己见。崇祯帝派员勘察，得知私财所募兵勇，参与守城，心怀叵测，果如何如宠所言。从此崇祯帝更加信任何如宠。十二月，皇帝命他和周延儒、钱象坤等以本官兼东阁大学士，入阁办事。其时，清军绕道古北口越长城至北京，崇祯帝中反间计，误以为兵部尚书袁崇焕与清军达成密约、引清军来逼和，下诏将袁崇焕逮捕，一怒之下，要诛杀其九族。袁崇焕为明末一位悲情将领，他为保卫明朝立下赫赫战功，却被生性多疑的崇祯帝下令处其磔刑，抄家灭族。何如宠知其蒙冤，冒死为袁氏一门九族300余口，苦苦求生。崇祯帝在何如宠的求情下，终于收回灭族成命。当时朝廷大小官员都大赞何如宠之仁德，冒险救人。何如宠从此备受皇上信任，赢得同僚景仰。不久，提任吏部尚书、中枢殿大学士。后累加赠少保，改任户部尚书兼武英殿大学士。

崇祯四年（1631）春，何如宠奉旨协助周延儒总裁会试，会试录取工作结束后，请求致仕，9次上书才获批准。回家后，何如宠想到崇祯皇帝性狭多疑，忠奸不分，

滥杀无辜大臣，寝食难安，遂上疏进言："帝王治国之道在于虚心纳谏，明理乱，察忠奸，朝纲不紊，法制严明。"崇祯帝深以为然。崇祯六年，首辅周延儒被温体仁排挤，召何如宠进京接替。何如宠素知温体仁阴险狡诈，向以阿顺帝意获宠，自料难以和他有善谋事，在赴京途中，6次上疏皇上，坚辞不就。

崇祯末年，桐城被张献忠的起义军弄得不得安宁，而南京作为陪都还维持着它最后的稳定和繁华。何如宠致仕后，寓居南京。其时方以智、冒辟疆等复社诸公子经常出入其门下。不过，在桐城，何家也有一处很大的庄园，叫做"泻园"，园址就在龙眠山中。历经风雨，泻园早已不存。如今，仅存的何氏家庙—别峰庵，却成为龙眠山中的一景。

崇祯十四年，何如宠在金陵官邸去世，享年73岁。南明福王赠太傅，谥"文端"。《明史》称其"操行恬雅，与物无竞，难进易退，世尤高之"。著有《奏疏》3卷，《后乐堂集》若干卷存世。

铁骨御史左光斗

左光斗（1575—1625），字遗直，一字共之，号浮丘。明代东林党主要成员，著名的水利专家。其父左出颖迁家于桐城县城（今桐城市区啖椒堂），出颖生九子，光斗排行第五。据说左光斗出生时，正值"月宿在斗"，其父便替他取名为"左光斗"。纵观左光斗一生，确实也是人如其名，他所做所行皆光明磊落，铮铮有声。

左光斗自幼潜心读书，虽然天资不是特别出众，但学习异常刻苦，年轻时就在同辈人中享有盛名，除了精通文史外，还留心时务，对经世致用的思想非常赞赏，对涉及国计民生的学说表现出极大的兴趣。因此，他很早就满怀报国之志，希望自己能扶危济困。明万历三十五年（1607）与杨涟同中进士，左光斗被授中书舍人。万历四十七年，升授浙江道监察御史。在明朝中后期，御史的品阶很低，但其职责很重要。做一个称职的御史，不仅要具备公正无私的品格，还要具有敏锐的眼光，超人的胆识，不畏权贵。而左光斗则是御史的不二人选。当时，"天子怠荒不视朝者三十余年"，从而导致当时的政治极其腐败，尤其是吏部，卖官鬻爵现象非常严重，吏部的一些无良胥吏勾结在一起，形成了一个造假集团，专门制造假官印、假官符等，以榨取钱财，扰乱秩序。左光斗上任之初，便着手调查此事，当时搜出伪造的官印70余

左光斗画像

枚，逮捕通过造假升迁的官员100余人，造假集团的幕后主使金鼎臣也被检举逮捕，最后依律处死。此外，左光斗还不畏权势，矛头直指当朝权贵——内阁首辅方从哲和兵部尚书黄嘉善，上书弹劾他们渎职、贪赃受贿之事。此事一出，朝野震惊，贪赃枉法之流，他们见到左光斗就闻风丧胆，惶惶不可终日。人们也初步认识了这位干练的年轻御史。而接下来左光斗在"移宫案"事件中的表现，则让人更加佩服他的胆略和胆识。

泰昌元年（1620），明光宗朱常洛在位仅一个月便因"红丸案"而暴毙，成为明朝历史上在位时间最短的皇帝。而在其病重时，侍寝宫女李选侍被召入居乾清宫服侍，李选侍趁机大讨光宗欢心，得到了光宗的信任，逐渐掌握了后宫的部分实权。李选侍曾多次乞求光宗封其为皇后，均遭到拒绝。光宗皇帝死后，按照明朝祖制，李选侍应该立即搬离乾清宫，入住宫女养老处——仁寿殿。但李选侍

左光斗墓

野心勃勃，仍越制居乾清宫，已继位的熹宗朱由校只好继续居在慈庆宫。居在乾清宫的李选侍俨然以"太后"的身份自居，并假传先帝遗命"母天下"，声言要"垂帘决事"。为了实现她的政治野心，她勾结宦官刘朝、魏忠贤等人，挟持年仅16岁的熹宗，企图朝纲独揽，凡"群臣笺奏，令先进乾清而后进慈庆"。熟谙历史的左光斗深知这种"后宫+宦官"的模式必定会给朝政带来巨大隐患，他上疏力陈李选侍居乾清宫不合祖制，强烈要求熹宗入主乾清宫，并痛斥李选侍的无耻行径："且闻李氏侍先皇无鸡鸣脱簪之德，待殿下又无抚摩养育之功，此岂可托圣躬者？乞令移置别殿，俾殿下得守丧次成大礼。"李选侍看到左光斗的上疏后，盛怒之余，数次派人宣召左光斗入宫，欲拉拢左光斗。而左光斗对此嗤之以鼻，不予理睬。后来，给事中杨涟等一大批正直的朝臣均支持左光斗，李选侍万般无奈之下，只得移到仁寿殿，明熹宗得以顺利入主乾清宫。"移宫案"后，左光斗的名声大震，"由是朝野并称杨（涟）、左（光斗）"。

明熹宗即位后，左光斗被擢升为直隶屯田监察御史。当时北方由于缺水，使得绵延上千里的土地荒芜，造成土地资源的大量浪费。左光斗为此上疏条陈"三因"、"十四议"，尖锐地指出水利对于大明生存的决定性作用，建议"请一切有司，首课农政，兴水利"，并把兴修水利作为考察官员的一项标准，若"田野不治，即异才高等，亦注考下下"。他的上疏得到了熹宗的肯定，并下诏实施。左光斗自己则"亲巡阡陌，督官吏，教民种植桑麻藁秸"。左光斗在兴修水利的同时，特意把南方的水稻引到北方种植，并从桐城老家带人过去亲手教种水稻方法，使得北方增加了粮食品种，大大促进了北方农业生产的发展，北方"水利大兴"，"北人始知艺稻"。随着水利设施的建设，百姓抗灾救灾能力增强，北方的水稻种植面积也日益扩大。

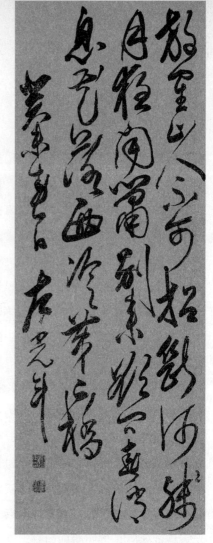

左光斗手迹

天启二年（1622），左光斗再次被擢升为佥都御史。但由于熹宗即位后，痴迷于木工，荒于朝政，委信乳母客氏和宦官魏忠贤，此二人到处网罗党羽，掌控东厂，大肆迫害忠良。左光斗对此深恶痛绝，置自身安危于不顾，上疏弹劾魏忠贤等"三十二可斩"之罪。可是左光斗的奏疏还未到达熹宗手里，魏忠贤等人就假传圣旨，先将左光斗削职为民，继而又捏造罪名将左光斗与杨涟、魏大中、袁化中、顾大章、周朝瑞等6人逮捕入狱。

左光斗在遭奸人构陷蒙冤下狱后，仍然铁骨铮铮，绝不低头。在监狱内，左光斗惨遭炮烙之刑，生命危在旦夕；在监狱外，他的学生史可法忧心如焚，以重金买通狱卒，扮成家丁到狱中探望左光斗，谁知左光斗却大声斥责史可法："庸奴！此何地也，而汝来前！国家之事糜烂至此，老夫已矣，汝复轻身而昧大义，天下事谁可支拄者？不速去，无俟奸人构陷，吾今即扑杀汝！"这看似极不通情理的举动，实际上蕴含着左光斗对学生史可法的一片拳拳爱心，一份沉重的期望，也是他救国无门的无奈之举。他何尝不想与自己最器重的学生共叙师生之情，何尝不想问问家人境况，何尝

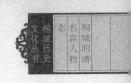

不想问问故人的消息……然而，奸人当道，上不御朝，国家危亡之际，使得这位心忧天下的御史心无旁系，即便是身陷囹圄，时刻萦绕心头的仍然是怎样御敌于边疆，以救天下；怎样锄奸于朝廷，以救国家。他深知自己已出狱无望，便把救国救民的重任寄托在学生史可法身上，在此时的左光斗看来，史可法就是明王朝的希望，所以他得尽全力保护史可法的安全，这就有了上述对史可法的无情斥责，这表现出古代爱国之士护才、爱才的急切心情。

左光斗在桐城被捕时，家乡父老头顶明镜，手端清水，拥马首嚎哭，声震四野，"缇骑亦为之涕零"。天启五年七月左光斗被摧残致死，成为历史上重大的"明末六君子"冤案。左光斗被迫害致死后，其长兄左光霁也株连致死，其母哭子身亡。其父左出颖时年84岁，接旨后端坐瞑目，不语不食而亡。

而这一切，随着左光斗活活被狱卒整死，更让人为之扼腕叹息。然而，他的忠义、他的为国为民之心，却永为后人所铭记，为家乡人所景仰。左光斗被害两年后，崇祯皇帝即位，铲除了魏忠贤及其党羽，左光斗终于得以沉冤昭雪，并被追认为太子少保，谥号"忠毅"。消息传到桐城，家乡人奔走相告，旋即在他的故居"啖椒堂"西侧建造左公祠，永世纪念他。

左光斗生性耿直，形象威武，少时好读节义传记，后精研程朱之学，有《易说》、《左光斗奏疏》等存世。

抗清殉难张秉文

张秉文（1585—1639），字含之，号钟阳。生而魁梧，朗秀颖异，其祖即许为远器，每每抚之说："大吾家者，此子也。"稍长，授之以书，日诵千言，常常过目不忘，且"解悟超绝"。13岁，补邑诸生，涉猎艺林，日构数篇，移晷而脱稿。为文端雅醇茂，稍加揣摩，即为简练之篇。其祖父见之辄曰："福泽之气迎人矣，是必售。"明万历三十七年（1609），益攻制举业，刚入门，就有才思飙发之势。张秉文参加南京乡荐考试，未出发，张淳断言"长孙今年必售"。考试刚结束，张秉文先回到家，给其爷爷背诵自己所写的考试文章，张淳听后说："吾言不爽也。"发榜之日，考试成绩果如所料，张秉文领南京乡荐。传说阅卷官在评阅张秉文试卷时，刚刚铺开试卷，"有光如金花浮纸上，惊阅之，果佳"。阅卷官仔细审阅数遍，然后丹铅。等到走出房间时，已是深夜了，他还抑制不住自己喜悦的心情，"再秉烛，因遍语同辈。咸以为阴德所致"。

明万历三十八年（1610），张秉文中进士，授浙江归安知县。因县衙事务繁巨，坚决要求辞官，并禀告愿意就"学舍"，遂改任徽州府教授。在此任上，益肆力于诗、古文辞，慨然以师道自任，倡明正学，奖励多方；他所简拔之士，皆先后登贤书，为一时名俊。次年，擢国学助教；不久，迁户部山东清吏司主事，剔厘利弊，多所裨益。督榷临清关，勤于政事，为官清廉，以"廉能"著称。其时，黄河水久涸，商舡不能运输，商业往来中断，税额减少很多。张秉文刚到一日，而黄河水暴涨，那些久滞的商船，纷纷开出，因此税额大增，前任许多缺额也得到弥补。一时咸称"下不病商，上无缩额。廉能之誉，溢于口碑"。万历四十六年，迁户部郎中。次年，出守抚州。在抚州期间，张秉文仁慈敦厚，廉静寡嗜，依理施政，务崇宽大。选拔出许多国用之才，如艾千子、陈际泰、吴仲升、罗万藻、王化澄等，后来都成为文坛大家，文章冠盖一时。在抚州任职五载，亲民爱民，抚州人为他建祠祷祀，"勒石纪功，至今不替"。

明天启三年（1623），其父病逝，依例守制。服丧期满，起用为湖广荆襄道。一年之后，迁升福建建宁兵巡道。其时，建南诸郡县，不轨之众，啸聚萑苻。汀寇流突，海氛告警，漳、澄之间，没有安宁之地，只有张秉文所管辖的区域，安枕无忧。主要是因为他采取了许多防御措施，抵御流寇、盗贼进犯。他选拔武士，以壮大军队；严控私自贩粮，杜绝盗粮之风，筹饷募士，以佐军需，全境乃安。他还兴利除弊，解民疾苦。当时，福建百姓苦盐沙之害，长期不能革除。张秉文秘密侦察其原因，知道其弊端出自船户，很快出台了"洗盐去沙"之法，再有违犯的船户，严惩不贷，"奸蠹顿息"，百姓立石歌颂其功。他到任第二年，福建发生大瘟疫，张秉文捐资设立"惠民药局"，千方百计地拯救百姓，被他救活的民众数以万计。其时，建宁之地，火灾严重，张秉文一面劝告百姓，注意自身防火；一面制造灭火工具，以备急需；三是对那些不顾个人安危，奋勇救火者，予以奖励。这些措施，减少了辖区内百姓财产的受灾损失。

明崇祯元年（1628），升广东按察司使，巡视海道。"粤俗恃海为险，民多跳梁。大者，逞志捍纲；小者，窃发公行，出没波涛，无虚日"。有时官匪勾结，其势益张。张秉文排除阻力和干扰，毅然"申约束、布威信、核功罪、讲训练"，打击扰民大盗。有海酋李之奇从福建来到广东，大肆侵犯百姓，攻城掠邑，气焰嚣张，其时

张秉文墓

抚军退保羊城，命令将帅出兵防守，让张秉文为监军。他不避艰险，身披胄甲，督练官兵。许多刚刚招募来的士兵，不习水性，不谙水战，两战失利。张秉文驰檄督造海艘，令部队驻扎在虎头门，训练水师，修造器械，鼓舞士气，激励官兵积极备战。等到开战之日，张秉文亲自披甲上阵，"时海雾四塞，飓风大起，疑有神助，我师贾勇百倍，生获李之奇，平海盗数万"。此战之后，张秉文要求继续巩固海防设施，布置防御力量，"集文武将吏，讲求善后之策"，增加战舰，修筑水城，建设炮台，派大将抗要害之衢。此后，百姓休养生息，安居乐业，"全粤获安"。广东的士大夫纷纷属文以贺，称他身兼数器，屡建巨功。张秉文在福建、广东任职多年，俱有勋伐，百姓屡倡勒石不朽，而此次在广东平盗事迹，影响更大，"尤称俊伟"。朝廷闻其事迹，进阶一级，擢福建布政司右布政使。不久，张秉文因病告假回桐城。

明崇祯八年（1635），起用为江西布政司右布政使。刚任数月，又迁调山东布政司左布政使。山东是许多省份到北京去的必经之路，凡是向朝廷进贡的钱粮，大多数都要经过济南，因此布政使一职，要办的事情繁多。这期间，军兴旁午，朝廷需要的军事储备也非常多，张秉文为了确保军队、朝廷需要，精心谋划，合理调度，有序组织运输，让朝廷和部队的钱粮供给，有了可靠的保障。刚到山东时，适逢久旱无雨，他率领各官，冒盛夏酷暑，草履徒步，不张盖遮阴，围着趵突泉祈雨，不到一个月，大雨盈尺，旱灾消除。第二年，山东大闹饥荒，张秉文捐出自己的俸禄，买谷赈灾。他还亲自到各县督查，在灾区内设粥糜，以济饥民。有个县令在粥糜时，按照籍贯登录姓名，张秉文得知后，飞檄制止这一行为，并且说："设糜本期博济，今登籍记名，彼稍顾廉隅者，却步矣。且吾捐俸入，非动额赋，设此何为？"足见张秉文居官，非常了解民情，更能体察民意，处处都为百姓考虑。

明崇祯十一年（1638）冬，清兵分几路入关，其中一路为大将军多尔衮所率领的人马，最为剽悍，从河北青山口一直打到山东济南，临近春节时，将济南城团团围住，济南告警。此时，山东巡抚颜继祖移师德州，精锐部队全部调出济南，标兵远戍，济南成为孤城。张秉文只得仓猝布置，捐费数千金，募兵犒士，率众坚守，昼夜登陴，亲冒矢石。崇祯十二年（1639）正月初二，南下的清军攻下济南。此时，济

南城"内鲜同志，外绝救援"，张秉文涕泣誓师，誓死一搏，失城巷战，终因寡不敌众，孤军难支，身负箭伤，以身殉难。此前，他沥血奉书给家中的太夫人："身为大臣，自当死于封疆。老母八旬，诸弟善事之。男誓以身报朝廷，不得复侍太夫人侧矣。"词义慷慨，没有一句话谈及家事。同时战死于济南城的官员还有御史宋学朱、副使周之训、参议邓谦、盐运使唐世熊及济南知府、同知、通判、历城知县等。

其妻方孟式得知张秉文殉难后，妻妾无不以殉节为志，但方夫人临危不惧，对家中后事做了精心安排，要求怀有身孕的陈夫人带领子女赶回桐城老家，并说"吾辈当佑汝地下"。自己和另外一位陈夫人相互牵手，投大明湖殉节，婢仆"感而殉者数十人"。陈夫人带着一帮子女，躲进"尼舍"，等到战事平息之后，找到张秉文和两位夫人的尸体，具棺含殓，率子女扶榇南归。方夫人的德操节义，后来也得到朝廷表彰，赠一品夫人，赐国祭。方孟式著有《纫兰阁集》12卷，载《明史·艺文志》。

张秉文就义后，朝廷褒恤，赠太常寺正卿，敕有司建祠造坊，旌之曰："一忠二烈"，在大明湖畔建专祠祭祀。清乾隆年间，赐谥"忠节"。张秉文去世的第二年，礼部侍郎钱谦益为其撰写行状，并赞誉："公之官四方，循声直节，望重都门。……未尝不悲公之死，而状公之志也。"清代济南著名诗人任弘远作七律诗一首颂之，诗云："历下城崩昼夜昏，投缳伏剑后先奔。夫妻但得全清节，裙履何妨溅血痕。岳色惨愁悲烈性，济川鸣咽泣忠魂。文孙话到前朝事，泪湿衣襟不忍论。"并曾多次拜谒祭祠，景仰之至。

兵部尚书张秉贞

张秉贞（？—1655），字元之，别号坤安。传说张秉贞出生时，其母梦见两个身着朱衣的人，捧着一尊长尺许、光彩灿然的小金佛纳其怀中，然后张秉贞出生，并且异香满室，伟秀英异，瞻视非常。张秉文5岁就能诵读《论语》，敏悟超轶，廿日辄毕，塾师考问书中所载若何，他一一道来，无所不知，"师骇，异之"。稍长，惠益开，诵六经、子史，一目十行。驹齿未落，即负盛名。为文朗秀灵快，标新领异，不屑支言。13岁补邑庠生，与光时亨一起，受到当时学使的高度重视，以葩经冠本房。后参加科举考试，落第南归，更加致力于经史百家之学。

明崇祯四年（1631），张秉贞考中进士，授户部主事，奉命到临清查验官府仓储情况，时仓蠹百出，吏胥爪牙窟穴于其中，张秉贞到任后，彻底清除弊端，斟酌损益，并把情况报告朝廷。不久到本部饷司任职，计析秋毫，那些贪官污吏无不畏之。他还与史可法殚心筹划，以佐军储。那时，他们二人都以"清慎"著称。当时战事不断，调食方急，张秉贞都予以详审，认为可以拨发就立即发出，不能发的坚决拒发。有人曾以征饷不应边督疏来揭发他"阻挠军需"，他一一陈述其冒领滥用，部议时，群臣都认为张秉文"直性清俭"。在部任职时，所有俸禄除留自身口粮外，剩余的全部分给那些从家乡来京城的亲戚、族人。其穿戴物品全由家人织纺。朝廷很快又调张秉文到蕲黄任监司，驻扎在蕲州。蕲州乃荆楚孔道，城孤势弱，起义军往来频繁。当时农民起义军侵扰中原地区，张秉贞素有经略国家之大志，其时农民起义军占据湖北中部，但张秉贞不畏艰险，亲自披甲督阵，昼夜视师，鳞次无脱，了解情况。他还发动民众筑城浚濠，在他任职的数年之中，农民起义军都不敢靠近蕲黄之地，湖北民众赖以安堵。几年之后，张秉贞以卓异之能，被荐举到京畿任职，频行之时，蕲州父老子弟拥道遮留，哭声震天动地，张秉贞也被感动而泣，只好暂停邮亭，然后从小路跑走。蕲州人为了永记其功，"伐石纪功，以诒不朽"。入都之后，他向皇上陈说农民起义军的情况，自辰抵申，朝廷听之忘倦，命赐茶果。退朝后，又疏陈关于户曹七事，认为洞悉漏孔，所奏内容皆达大体，不事苛细，全部予以采纳并赐宴。因他在蕲、黄之地，抵御农民起义军有功，擢升为广顺道，让张秉文担任此职，旨在确保京畿之地的安全。张秉贞到京畿就任后，从容制定对策，在规定的时间内，清剿了农民起义军，并将那些被掠夺、流离失所的妇女，悉访郡县，知其家室，送其还家，救活的人数以千计。崇祯十四年（1641）四月，闻父母卒，悲恸几绝，日夜兼程，披发还里。

张秉贞在居家其间，适逢张献忠收其余党，星夜奔驰千里，来攻打桐城。农民起义军共六家，东西南北环城而处。时官军不受约束，还时时挟农民起义军为渔猎百姓之计，就是那些士大夫家也在所难免。当时官府军队和张献忠起义军交困，人情汹汹，而张献忠及其部下奸狡百端，往来如织。一日之内，多次受到城危的惊吓，防守的人"几无固志"。张秉贞非常镇静，桐城的百姓把他恃为长城。在孤城危难之际，百姓都推举张秉贞出来统领军队和百姓与张献忠作战，不得已，张秉贞着麻衣草履，出按孤城。率领百姓议兵筹饷，建敌楼、修火器，讲求防御之法。数月之中，张秉贞"焦心劳思"，率众打退了张献忠起义军，使桐城"危疆获安"。不久，桐城遭遇大蝗、大旱、大疫，饥民嗷嗷，道殣相望。张秉贞和侍御方孔炤倡议发廪，每人给粮食一升，用以救急。但流民日众，只好广设粥糜赈济灾民。张秉贞丁忧期间，"全桐、活桐"成为历史上的一段佳话。服丧期满，任江西南瑞兵备副使。南瑞山高水险，土瘠民贫，其地西控衡、沙，东接闽、广，俗既健讼，又多剽贼出没。张秉贞莅任后，不事刑威，抚以恩信，风俗为之丕变。次年，晋升两浙巡抚。

清顺治二年（1645）起，在清廷任职。清初，顺治帝传谕在朝大臣，佥议可任尚书、侍郎的人才，大学士范文程、陈名夏举荐张秉贞为兵部左侍郎。皇帝要求他在兵部任职，要言兵事，让他详述古今兵制。张秉贞退而具疏，凡千余言，上称善久之。一个月之后，迁升为刑部尚书。张秉贞向来熟谙典故，"善推情隐，而宅心仁恕"，所以，他从事治狱，能秉公执法，"号称平允"。顺治帝认为刑部工作关系民命，责任重大，相对于其他部务来说，尤为重要。顺治帝经常降旨垂询，张秉贞都能仰承旨意，解枉释滞，平反冤狱，让数千人获得自由，囹圄顿空。一时间，人们将他比作汉代的于张、唐代的徐杜。不久，拜为兵部尚书，此时，枢府事务繁剧，但张秉贞"运筹军国，综理中外，夙夜不遑，寝室具废"。顺治十二年（1655），终因积劳成疾，卒于官任，年仅49岁。

张秉贞去世，对刚刚建立的清初政权来说，是极大的损失。"朝廷震悼，命二行人护梓视丧，驰驿还里"。谕赐祭葬，谥曰"僖和"。一时恩遇之隆，"莫与加矣"。

张秉贞理政，勤慎廉静，每天都是鸡初鸣即起，秉烛盥栉，无间风雨；晦明，纸窗透光，必焚香一炷，读书百页毕，然后入朝，综理庶务。居官京华，饮泉茹蘖数十年，敝车羸马，经费俭约，皆取给于田畴内院。所以范文程在奏疏中称颂他："张某服官清慎，素性冲和。内外勤劳，口不言功伐。"他历官豫、楚、燕、越之地，其间又逢四方多事，其治国安邦的才华得到了充分展示，也受到同僚的尊敬与感佩。刑部、兵部尚书，在清初实属要害之枢，这既是顺治帝对他能力的充分肯定，也是对他为人的高度信任。身居要职，从不利用职权办理私事，偶有私下请托，坚决予以拒绝，不徇私情。不计功名得失，他参与谋划的国家大政决策奏章很多，存留下来的很少。每每奏疏进呈之后，草稿立马焚毁，"章疏所存，仅吉光片羽耳"。英年早逝，举朝惜之。

张秉贞早岁精于禅理，晚年酷嗜程朱之学，其所制古文辞，雄劲明快，出入八家诗体；尤长于奏议。有《即心即佛说》、《石林问答》、《石林漫语》等书存世。

乱世忠良方孔炤

方孔炤画像

方孔炤（1590—1655），字潜夫，号仁植，著名学者方以智的父亲。明万历四十四年（1616）中进士，从此，踏上仕途，直到甲申国变（1644），明朝灭亡归隐白鹿山为止，在不到30年的时间里，他经历了四次皇位的更替，最后又经历了亡国之痛，对于以忠君为第一要务的封建官员来说，没有比这更痛苦的了。他生性秉直，疾恶如仇，不畏权贵。即便生逢乱世，他也要为民去争，为家乡去争，为国去争，但却始终不为自己去争。即便是在九战八捷，遭人诬陷，蒙冤下狱的情况下，他不但不为自己辩解，反而上疏自劾。获释后，他仍然忠心耿耿，为国效力，可是大势所趋，国运已尽。

方孔炤手迹——石刻

马其昶曾感叹："呜呼！八捷之功，不能当部将违制之一挫，效忠乱朝，才用未尽，可胜慨哉！"

嘉定是方孔炤仕途的第一站。在嘉定州任知府期间，有一孝廉高某被当地权贵范某诬陷，范某勾结前任知府，多方作伪证，谳定高某为死刑大辟。高家人屡次上诉均无果而返，在得知方孔炤来此任职后，高家人抱着试试看的态度，前来申冤。范某乃当时朝中要员，一些人对其极尽逢迎巴结之能事。许多人劝方孔炤不要过问高某之事，但方孔炤却不以为然，在多方搜集证据、传唤证人的情况下，终于判定高某无罪释放。范某为此恼羞成怒，认为方孔炤故意跟他作对。此后，"范多方倾公，遂改川而闽之福宁，两地共庆神君焉"。

明天启初年（1621），方孔炤被擢升为兵部职方司郎中，其职责之一就是掌管武职官员叙功、核过、赏罚、抚恤等事宜。天启一朝，熹宗不理朝政，政权旁落到魏忠贤之手。魏忠贤在大力培植党羽、残害忠良的同时，还大力为自己的兄弟子侄邀功请赏，加官晋爵。天启六年，辽东人武长春在京城的某个公众场合因醉酒大放厥词，并且还大谈辽东边境的作战情况。魏忠贤的侄子魏良卿当时也在现场，便命东厂把武长春抓获。魏忠贤一口咬定武长春是后金间谍，将其磔死。随后，魏忠贤又以魏良卿为国立功的名义向熹宗邀功，要求诏封魏良卿为肃宁伯，赐给宅第、庄田，并颁给铁券。昏庸的熹宗诏令一下，朝野哗然，因为这严重违反了明朝祖制。明代曾规定除了

外戚、曲阜孔氏可以封爵外，其余非有社稷军功者，一律不得加封爵位。魏良卿既非外戚，又无军功，为其封爵不仅不合祖制，而且难以服众，因为刚刚在辽东战场大败后金努尔哈赤十万大军的指挥官袁崇焕，因军功仅晋升为金都御史。但是迫于魏忠贤的淫威，朝中大臣大多数人敢怒而不敢言，而方孔炤却不顾个人前途和安危，公开站出来表示反对，他曾多次在朝堂之上，力陈晋封魏良卿不合国法祖制，甚至要求熹宗收回诏令。方孔炤的举动大大触怒了魏忠贤，其党羽爪牙以莫须有的罪名弹劾方孔炤，方孔炤终被削去官职。

崇祯帝即位后，魏忠贤及其"阉党"被惩办，方孔炤被召回京，仍然被委以兵部职方司郎中一职。几年后，方孔炤回桐城为父丁忧守制。在此期间，桐城人黄文鼎、汪国华因不满富家巨族的欺凌，揭竿而起，烧其宅第，掠其金钱，一度还曾与官兵相对峙，气焰十分嚣张。但是，由于方孔炤在桐城一直深得人心，黄文鼎等人心存敬畏，一直不曾对方家有所伤害。为了安定桐城的社会秩序，官府要求方孔炤协助平定这次民变。方孔炤因此设计让黄、汪等人来方家议事，官府趁机将其抓获。黄、汪之变平定后，桐城的社会生活又恢复正常。

崇祯八年（1635），张献忠在荥阳之会后便率起义队伍攻打长江流域。张献忠的队伍一路凯歌，在攻下庐江后，剑锋直指桐城。此时，方孔炤正在桐城，为了保全全城的百姓，方孔炤"因益议广储积，备器械"，由于有了充足的准备，再加上桐城官兵的拼死抵抗，张献忠铩羽而归，"城赖以全"。

崇祯十一年（1638），方孔炤以右金都御史巡抚湖广。湖广是当时对李自成、张献忠农民起义的主战场之一。方孔炤上任之初，农民军李万庆、罗汝才等已经率部自郧阳东下，形势十分危急。方孔炤当即亲自率领部队迎战。其时，方孔炤的队伍虽号称万人，其实仅有3000人，骑兵数量更少，"骑兵不及十一"，但方孔炤就凭着这些人马与李万庆、罗汝才的大军鏖战了几天几夜，"击贼李万庆、马光玉、罗汝才于承天，八战八捷"。后来，方中履在《中丞公集跋》中谈到方孔炤何能以少胜多，八战八捷时说："公，书生也，亲出入行间，日冒矢石，与士卒同甘苦，士卒无不愿为公死。"

当时，张献忠在部队遭遇明军总兵左良玉部的重创，自己受重伤的情况下，表示愿意接受朝廷招安。"时文灿纳献忠降，处之谷城。"对此，方孔炤强烈反对，在"条上八议，言主抚之误，不听"的情况下，他只好自己暗中厉兵秣马，作好备战张献忠的准备。果然，张献忠在投降后，既不遣散自己的起义部队，也不参加对李自成的战斗，而是固守谷城一地，暗自操练队伍。崇祯十二年（1639）五月，正如方孔炤预料的那样，张献忠又倒戈相向了。方孔炤奉命在荆门、当阳阻击张献忠，并取得了来家河、神通堡之战的胜利。鉴于方孔炤杰出的军事才能，惠王常润上奏说："孔炤遏献忠，有来家河、神通堡之捷，射中贼魁马光玉，陵寝无虞。请增秩久任。"

可是不久，这年的冬天，起义军罗汝才、惠登相屯兵兴山，夷陵等地告急。时任兵部尚书、总理军务的杨嗣昌命令川、沅、楚三师夹攻，在取得胜利后，方孔炤命令所属部队原地待命，止屯勿进，但刚愎自用的杨嗣昌却把方孔炤调往襄阳，又命令方孔炤的部将杨世恩、罗安邦各率大军继续深入兴山。杨、罗二将分两路进攻，沿途皆有小胜，没想到这正是罗汝才等人诱敌深入之计，杨、罗两支军队进入了包围圈后，在香油坪遭到了罗汝才、惠登相大军的围堵，杨、罗二将皆战死，全军覆没。在得知杨世恩、罗安邦战死的噩耗后，方孔炤为之惊愕，随即写下了《香油坪行》一诗，诗中写道："二龙久淬荆江水，八捷一败败即死。死尚杀贼嚼牙齿，恨无救兵发一矢。"从这首诗前作者写的小引上，可以窥见整个事件的来龙去脉："川、沅、楚三路进剿房县贼，杨世恩、罗安邦先进战胜，贪功深入，而余又奉阁部调回守襄，相去八百里，鞭长不及，川、沅近而不救。二将阵亡，烈哉！为之哭祭，特疏自劾。"杨嗣昌安排杨世恩、罗安邦出兵兴山的目的是为了剿杀李自成，但是孰不知这次他却对形势作出了错误的判断，李自成在这之前早已进入了巴东地区。为了推卸责任，杨嗣昌"遂劾公失机"，方孔炤就此革职并被逮下刑部狱。

方孔炤被逮下狱后，其子方以智正好会试中举，为了替父申冤，救父出狱，方以智便以会试举人的身份，写了一道《请代父罪疏》上呈皇帝，其中写道："父孔炤，万历丙辰进士，巡抚湖广，为时相所忌，以失律逮下狱……"在这封奏疏中，方以智向皇帝详细陈述了父亲方孔炤巡抚湖广一年多以来，与农民军八战八捷的战功，香油坪兵败，是由于其部将迫于兵部的檄调所致，责任并不在其父。他还希望代父受罪、代父一死，以白其冤。但崇祯帝对方以智的上奏没有理会。痛苦的方以智在心力交瘁中参加了殿试，中二甲进士。成进士后，方以智心无旁骛，一心只想救父出狱。于是，在多方求救无门的情况下，方以智每天清晨便怀揣血疏，双手蒙额伏地，跪在朝门外，不断地叩头哀号，乞求能有官员将他的血疏带给皇上。方以智的孝心感动了文武百官，也最终感动了崇祯帝，当时朝廷正是用人之际，崇祯帝感叹"求忠臣必于孝子之门"，随即下诏"孔炤护陵寝功多，减死戍绍兴"。方孔炤终于得以沉冤昭雪。不

久，方孔炤"用荐复官，命督山东军务。未行而京师陷，遂奉母南奔，归隐白鹿山"。

归隐后，方孔炤潜心于学术研究，留下了丰富的著述。有《〈周易〉时论》22卷，《〈尚书〉世论》2卷，《〈诗经〉永论》4卷，《〈春秋〉窃论》2卷，《全边纪略》12卷，《抚楚疏稿》4卷，《环中堂集》12卷，《礼节论》若干卷存世。

刑部尚书姚文然

姚文然（1620—1678），字弱侯，号龙怀。姚文然出生于仕宦世家，父亲姚孙棐，明崇祯十三年（1640）进士，官至兵部职方司主事。姚文然幼承家学，崇祯十六年中进士，授翰林院庶吉士。李自成攻陷都城后，姚文然从小路赶回桐城，隐居桐城小龙山。

清王朝初建，下诏求贤。顺治三年（1646），经安庆巡抚李犹龙荐举赴京，授国史院庶吉士，顺治五年三月，迁任礼科给事中，这给其论述政事提供了方便。其才学无所不通，特别是关于钱谷、刑律方面，尤其精通，务为国家崇宽仁、惜大体、巩固基本。七月，充山东乡试正考官。顺治六年，疏请"严敕抚、按、道遵恩诏清理刑狱，勿任有司稽玩。或条赦之外，有可矜疑原宥者，许专疏上陈"。又请重定会试下第举人选用条例，以广任使。又言直隶与山东、河南接壤，两省各有疆限，盗贼窃发，东西窜匿，难以越境追捕。请改保定巡抚为总督，统一管辖直隶、山东及河南怀庆、卫辉、彰德三府。这样捕捉盗贼就可以不受越境限制，便于彻底消除贼患。又请严敕各省督抚，不要乱派自己的人到州、县任职，以免败坏官场风气。诸疏皆下部议行，寻转工科给事中。

顺治八年，世祖亲政，疏请令都察院大臣甄别各省巡按，下部院会议，分六等考核，对官员的升调作出规定。这年江苏、安徽、浙江水灾严重，姚文然奏请将灾地漕米减免或改征折色（银两或他物代征之税粮），并视灾情重轻而定折色多寡。又言："折漕规则新定，小民不能周知。官吏或改折外重征耗银，或先已征米而又收折价，或私折重价而以轻价运解，弊端不一。请敕漕臣密察严劾。"这些建议都被顺治帝采纳，既减轻了百姓负担，杜绝赋税征缴环节中的弊端，也为清初制定相关政策提供了借鉴。顺治十年，疏言大臣负罪，押解京师时，可以免于锁禁，以存国体。得旨允行，迁兵科给事中。不久，请求辞职归养。

康熙五年（1666），起补户科给事中。康熙六年，疏言："四川、湖广诸省官吏，借采木为名，或搜取民间屋材、墓树，宜申饬止。"又言："采买官物，其由官发价者，如有驳减余银，例贮司库。若价出自民，余银宜还之民间。"又言："案牍烦冗滋弊，一部可径结之事，即应一部径结；一疏可通结之事，即应一疏通结。若各省钱粮考成已报完者，部臣宜于议覆时，即予开复，以省奏牍。"上述奏疏均被康熙皇帝采纳。九年八月，考满内升，命以正四品顶戴食俸任事。按照惯例，由给事中内升，都要还籍候补。而由给事中内升直接留任，自姚文然始开先例。姚文然与魏象枢皆以给事

姚文然集封面

中敢言负清望，时称"姚魏"。康熙十年四月，两江总督麻勒吉坐事逮诣京师，仍用锁系例。姚文然复上疏论之，上谕："自后官员赴质，概免锁系。"五月迁任副都御史，十一月，再迁刑部侍郎。康熙十二年二月，调任兵部督捕侍郎，充会试副考官。京口副都统张所养弹劾将军柯永蓁徇私纵恣，谕令姚文然前往按察，经姚文然审定，弹劾内容属实，遂依律给柯永蓁定罪、罢官。十一月，迁左都御史。康熙十三年四月，疏言："福建耿精忠、广西孙延龄皆叛应吴三桂，中间阻隔，赖有广东。精忠将士旧驻其地，熟习山川形势，倘与延龄合谋相犄角，则广东势危。江西境与福建、广东接，倘侵据赣州、南安，驿道中断，饷阻邮梗。宜驻重兵通声援。"此奏康熙帝大加赞赏，并予以采纳。十二月，陕西提督王辅臣在宁羌（今陕西宁强）叛变，杀死经略莫洛，陕西大震。此时，河南巡抚佟凤彩引疾辞归，康熙帝已经批准；姚文然认为河南靠近陕西，流言方甚，佟凤彩又很得民心，宜令力疾视事。康熙帝采纳此奏，留用佟凤彩，这为迅速平息王辅臣叛变打下了基础。姚文然屡有论列，尤推本君身，请节慎起居。孝诚皇后崩，权攒巩华城，上数临视，文然密疏谏，且引唐太宗作台望昭陵用魏徵谏毁台事相拟，上亦受之，不怫也。

康熙十五年，姚文然升授刑部尚书。时方更定条例，姚文然说："刃杀人有限，例杀人无穷，吾曹可无慎乎？"乃推明律意，钩稽覃讨，虚衷详议，去其太甚，必剂于宽平。决狱有所平反，归辄色喜。尝疑狱有枉，据理力争，仍无法替犯者开脱罪责，回到家里之后，长跪自责。又以明朝末年用刑惨酷，为了消除那些残酷的刑罚措

施，姚文然上奏皇上，请求废除廷杖及镇抚司诸非刑，使清朝有关刑事处罚的条规宽严相济，体现出人性化的特征。

姚文然为官，不徇私情，对门生秉公办事，总是予以表扬。其子姚堂参加会试，被总裁官王清所黜，而王清是姚文然所举之士，撤卷后，王清才知道师子落选，登门谢过，姚文然笑曰："此足明我两人无私也。君报我厚也，何谢为？"

康熙十七年卒，享年58岁。赐祭葬，谥"端恪"。雍正八年（1730），入祀贤良祠。

有《奏疏》8卷、《虚直轩文集》10卷、《诗集》12卷、《白云语录》6卷、《杂著》12卷存于世。

为民请命姚文燮

姚文燮（1627—1692），字经三，号羹湖，又号黄柏山樵。清顺治十六年（1659），姚文燮中进士，被授福建建宁府推官，执掌狱讼之事。官衔虽然不大，但由于其掌握监禁与生死大权，其重要性不言而喻。而建宁地处闽西南的山区，"其俗尚节义，重族氏……杀人偿命，闵不畏死，大抵山峻水急，其人类多负气"，生活在此种环境中的民众，大多悍勇好斗，轻则拔刀相向，重则聚众械斗，由此而引发的民众伤亡流血事件，屡见不鲜。地方官府为了平息事态，息事宁人，往往草率从事，凡参与者无论罪行轻重，一律被逮下狱，久而久之，建宁监狱里便人满为患。这其中，固然有按律该严惩的主犯及其同伙，但也不乏被冤枉的民众。姚文燮上任后，明察秋毫，对于每一案件中的主犯、从犯及参与者区别对待，依罪定刑；对于同一性质的案件，逐案分析，不作程式化的处理。例如，有一起杀人案件，杀人者方秘按律杀人偿命，被姚文燮的前任谳定为大辟。但姚文燮经过审问方秘得知，方秘也是受害者，其杀人事出有因，与一般的杀人案件有着不同之处：被杀者方飞熊曾是为害一方的大盗，打家劫舍，无恶不作，曾因盗窃未遂，恼羞成怒，将方秘全家统统杀害，仅有方秘幸免于难。方秘死里逃生后，为报家仇，一直潜伏在方飞熊身边，终于有一天乘其不备将其杀死。据此，"公得其情，活之"。姚文燮上任之初，"案山积"，姚文燮到任后，挑灯夜读，"未数月囹圄为空"，"大吏谓文燮明允，凡疑狱辄委决之"。

康熙八年（1669），姚文燮任直隶雄县知县。此时，清朝大规模的圈地虽已结束，但零星圈地、以薄易肥的活动仍然在继续，特别是康熙五年（1666），"鳌拜专柄，欲以正白旗屯庄予镶黄旗，而别圈民地待补"，从而掀起了大规模的圈换土地的活动。雄县地处京畿，沃野千里，因而成为此次圈换土地的核心区域之一。旗人尽占百姓的膏腴之地，即便偶尔圈占了"污莱"之地，"不受，交有司收籍，更择他沃壤以偿"。而"拨补"给百姓的土地往往是边远地区"碱薄囹地"，这种田地多为不毛之地，无法进行农业生产，百姓等于变相地失去了土地。土地乃百姓安身立命之本，失去土地的百姓"离其田园，别其坟墓"，生活无着，无以为生，陷

姚文燮庚申（1680年）作　山水立轴　　姚文燮画

入了悲惨的境地。在圈占土地过程中，旗人飞扬跋扈，强行掠夺，"凡圈田所到，田主登时逐出，室中所有皆其有也，妻孥丑者携去，欲留者不改携"，"圈一定，则庐舍场圃悉皆屯有，而粮籍以除"。面对强势的旗人，一般民众即使有心但也无力与其争曲直，只好任其宰割，敢怒而不敢言。而县令姚文燮不畏强权，"民勿敢争，公争之"，他强烈反对圈地，在其所作的《圈占记》中，一开篇即指出"圈占非古也"，进而鞭挞了旗人强行圈占土地的恶劣行径，抨击其产生的不良影响。而在户部司官来进行田亩统计、牵绳量地时，"绳所定处，民不得有"，情急之下，"公拔佩刀断绳，辞不稍屈"。而清廷此时也已经意识到圈地的危害性，"被圈之民，流离失所，煽惑讹言，相从为盗"，所以在剪除了鳌拜集团后，康熙于八年六月下令："嗣令永

姚文燮墓

行停止，其今年所圈房地，悉令还给民间"。在姚文燮任雄县县令期间，他还从许多方面减轻百姓的负担，如"请免狐贡，报垦地，蠲耗羡，减盐引，恤驿政，清逃人，抚循疮痍"，在他的治理下，雄县"境内获安"，百姓夜不闭户，安居乐业。

由于在雄县的出色表现，姚文燮很快就被擢升为云南开化府同知，摄曲靖府阿迷州事。在云南期间，适逢吴三桂举兵反清，吴三桂欲以高官厚禄引诱姚文燮归附，姚文燮不为所动，"密与建义将军林兴珠有约，林不及期发，事觉，系之狱"。在狱中，面对严刑拷打，姚文燮仍然不改本色，坚强不屈。后来，"乘隙遁，谒安亲王岳乐军中，王以闻，召至京，赐对询军事甚悉。"吴三桂反清被荡平后，因母亲年高，姚文燮上折乞求归家侍母，获允后回桐城，隐居在黄蘖山，以诗画自娱。后因母丧哀伤成疾，"年六十余忽病不识字，即其姓名亦不自知，医不知为何症也，竟以是终"，一代名宦就这样走完了最后的人生，年仅66岁，不禁让人扼腕叹息。据徐璈《桐旧集》记载，潘蜀藻曰："羹湖为吏，治繁理剧，设施欲如其诗文书画，皆独辟堂奥，冠绝流辈。"

据《桐城麻溪姚氏宗谱》记载，姚文燮博古通今，工文辞、书画，号称名家。他曾经以同乡大学士张英的赐金园为蓝图，绘制了《赐金园图》，朱彝尊为之题诗，一直为世人所珍爱，是历史名画之一。而姚元之在《竹叶亭杂记》中写道："先七世祖开化公讳文燮……与王渔洋先生善，先生《居易录》称公诗画皆有名。"施闰章也说："经三……挥毫染翰，驰骋挽强，无不欲以空古今，所为诗、乐府、歌行，周秦钟吕，宛然在焉。"

姚文燮热爱自然山水，他走到哪里，便写到哪里，讴歌自然，抒发人生感悟，可谓宦游半生，著作等身。主要存世著作包括：《无异堂文集》12卷、《剃薙吟》6卷、《〈昌谷集〉注》5卷，还有《黄蘖山房诗》、《雄山草》、《滇行草》、《史论》、《龙眠诗传》、《泳园诗集》、《羹湖诗选》各若干卷等等，在雄县和云南任职期间，又主持纂修了《雄县志》和《滇省通志》，并得以流传于世。可以说，姚文燮在艺术和文学上的造诣和成就，当时一般人很难望其项背。

才品优长张英

　　张英（1637—1708），字敦复，号乐圃，晚年更号圃翁。家世儒业，幼读经书，过目成诵，日记千言，沉毅有伟度。康熙二年（1663）中举人，康熙六年中进士，选庶吉士。因逢其父张秉彝病逝，乞假归里。守丧期满，诏回京城，改授编修。康熙十二年（1673），以编修充日讲起居注官。累迁侍读学士。康熙十六年（1677），清廷颁诏，开始选拔一些作风朴实、学问精深的人，每日侍从皇帝左右，以备顾问或征诏；康熙皇帝谕告掌院学士喇沙里、陈廷敬曰："尔等每日进讲，启导朕心，甚有裨益。嗣后天气渐寒，特赐尔等貂皮各五十张、表里缎各二十四。"同时设立南书房，张英奉命被诏选入内，并赐居西安门内。由此，开了清代词臣赐居禁城之先河。

　　康熙初年，吴三桂、耿精忠、尚之信等在云南、福建、广东等地起兵，广西、陕西等地督抚也相继反叛。康熙皇帝为了寻找应付方略，常常召集张英等大臣商讨对策。张英总是晨入暮出，勤恳供职，凡有关民生利弊、四方水旱之情事，皆知无不言。康熙帝对张英的才华、智慧、人品，极为赏识，备加器重，每亲临南苑及巡行四

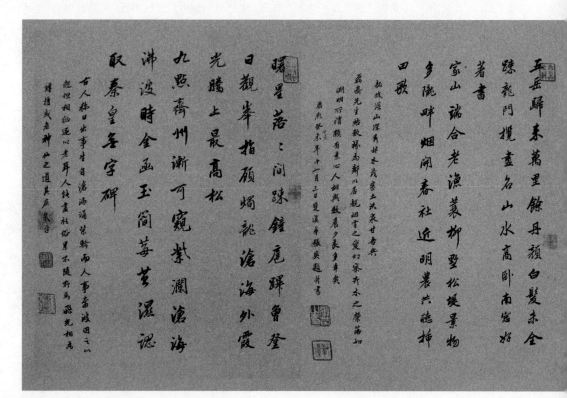

张英手迹

方，都诏令张英侍从。方苞说："公自翰林历卿贰，践政府，虽任他职，未尝一日去上左右。"其时典谟文章，多出张英之手。康熙皇帝"益器重之，以为可大用矣"，乃迁为翰林院学士兼礼部侍郎。

康熙二十年（1681），张英为安葬其父而乞假归里，皇帝优待尤加，不但准行，而且还赐给白金五百、绸缎二十匹，"既旌尔勤劳，兼资墓田之用"。并依照张英的官职，确定他父亲葬礼的礼仪。四年后，被特诏起用，授兵部侍郎，摄刑部事。后来调任礼部侍郎，充经筵讲官，奏呈《孝经衍义》，被康熙诏允，下令刊布。康熙二十八年（1689），晋为工部尚书，兼翰林院掌院学士，仍管詹事府。不久，调任礼部尚书，兼管如故。其时，身绾三绶，兼领史馆、书局，"端凝清粹，为朝廷仪表"，一时典礼制作及庙堂制诰之文，皆出手定。"搜讨典籍，折中群言，笔削所加，罔不精当。"他奖掖后进，让许多人有所成就。发现有才能的人，他极力予以举荐，有的受荐者，终生不知。方苞称他："公为人忠实无畛域，自同官及后进之士，皆倾心相向。"其间，由于编修杨瑄撰写都统、一等公佟国纲的祭文失辞，皇上责怪张英作为礼部尚书，对文稿审察不细，把关不严，罢免了张英的礼部尚书衔，但仍由张英掌管翰林院、詹事府，教习庶吉士。康熙三十一年（1692），官复原职，先后充任《国史馆方略》、《一统志》、《渊鉴类函》、《政治典训》、《平定朔漠方略》等总裁官。康熙三十六年（1697），任会试正考官。康熙三十八年，拜文华殿大学士，兼礼部尚书。康熙四十年十月，以衰老为由，再次请求休归，得旨"卿才品优长，宣力已久。及任机务，恪勤益励，眷依方殷。览奏，以衰病乞休，情词恳切，准以原官致仕。"并且，"上念笃老，恐不任风寒，命春和始行。"正月，康熙帝赐宴畅春园，为其饯行。命次子张廷玉扶侍归里。谕部："令沿途驿递应付，勿限常额。"

康熙四十四年（1705），康熙皇帝第五次南巡，张英迎驾淮安，侍从到江宁（即南京）。御书"谦益堂"、"葆静"匾额和联幅画卷，赐予白银千两。由于张英恳奏，在南京多住一日，当时总督阿山想借机加征钱粮耗银作皇帝南巡费用，知府陈鹏年持议不可。总督阿山心怀愤恨之情，欲借此加罪于陈鹏年，加上康熙皇帝的随从侍卫，对陈鹏年的接待多有指斥，陈罪在不赦。但等到皇上诏见张英时，问及江南有哪些廉洁官吏，张英首荐陈鹏年，总督阿山等大失所望。陈不但因张英推荐而得以免罪，而且还被康熙皇帝委以重任，成为清代名臣。1707年，康熙帝第六次南巡，张英迎驾清江浦（1951年置清江市。1983年改为淮阴市。2001年改为淮安市。），随侍皇帝到江宁。

次年，张英病逝，享年72岁。赐祭葬，谥"文端"。

张英立朝四十余年，忠敬诚直，表里如一。受知康熙，推心置腹。凡军国重事，悉依裁决。"一心知有社稷，不为身家荣禄之计；而利害毁誉卒不能撼耿介廉静。""绝远权势，门无私谒。或渎以私，辄正色拒之，而绝口不言其人。"临政处事，"不为表襮之迹，一行其心之所安"。"每奏一章，上未尝不称善也。"所以康熙帝常夸奖张英"有古大臣风"。

张英才高识广，学问过人，为官之余，致力于经学研究，且在诗文书画诸多方面均有较高造诣。张廷玉称："先公在帝左右历三十载，启心沃心既久且密，虽天下不见施为之迹，而辅仁道义以裕万世无疆之休者，勋业为至钜也。"

张英一生以"敬慎"处世，将"立品、读书、养身、择友"奉为座右铭。他以自己官宦仕途、为人处世方面的亲身经历和切身体会，结合古圣时贤的言行事例，教训子孙如何持家、治国、读书、立身、做人。他告诫子弟要"务本力田，随分知足"。常常用自己生活中所见、所闻、所思、所感的些微小事，透析深刻的人生哲理，言简意赅，深入浅出，器宇弘深，引人深思。

他认为，做人首先要读书。读书可以增长道心，可以养性。"书卷乃养心第一妙物"，"为人生颐养第一事"。同时强调读书要讲究方法，如《六经》、秦汉之文，词语古奥，须从小读起。"毋贪多，毋贪名，但读一篇，必求可以背诵。"他非常反对死读书，认为光读书不行，必须学会运用知识；做文章要有"光华"，要做到理明气圆。书读过之后，必须全面掌握和运用，若不能举其词，那无异于"画饼充饥"；如果能举其词而不能运用，也是"食而不化"，与枵腹无异。可以说，张英子孙在科场之中，屡取功名，是与他的悉心教诲分不开的。

古往今来，持家是人生中极为重要的课题。张英主张持家要以"俭"为宝。张英把"俭"的内容归纳为"俭于饮食"、"俭于交游"等8个方面。他从自己做起，身体力行，以致他在致仕归里之后，仍"誓不著缎"，"不食人参"。不管是暂住乡里，还是久居京城，他都要求家人，把一年的动支费用，精心筹划，分为12股，一月用一股，每月底总结所余，"别作一封"，用来应付贫寒之急，或者"多作好事一两件"。到了晚年，虽处优养尊，仍不改节俭之习，极力反对浪费。他对京师同僚"一席之费，动逾数十金"，深感不安。在他六旬之期时，反对家人、学生、同僚为他贺寿，与妻子商量，用设宴之资，"制绵衣袴百领，以施道路饥寒之人"。扶危济困、

帮助他人，成为张英一生重要的社会活动内容，也处处体现出他"无忤于人，无羡于世，无争于人，无憾于己"的人生追求。

张英认为做官要以勤政清廉为第一要务。他30余年的官宦生涯，偶有挫折或被降职，最终仍因为其才华过人、处事廉俭而被重新起用或提拔。许多清正廉明的地方官员，因为有他的保护或举荐，不但免遭不测之祸，而且得到皇上重用。但其亲朋故友、邻里子弟，中进士者多达数十人之众，没有谁因为他的提携而升迁。他要求入流子弟做到："使我为州县官，决不用官银媚上官。"就连皇帝颁给他的赏赐，也用来济困赈急，或用于修桥筑路，以利他人。

张英主张做人要以谦让、益人为本。他言传身教，自己居乡时，"厚重谦和"，与人相交，一言一事，考虑"皆须有益于人"。他晚年在龙眠山构筑"双溪草堂"，与乡民相处，不以达官自居，而以一位山间老人与百姓交往。往来山中，遇到担柴人，他便主动让路，与人方便。他说："如果人能处心积虑，一言一动皆思益人，而痛戒损人，则人望之如鸾凤，宅之如参苓。"他要求子孙从点滴小事做起，"治家节用，待人接物，事事合于矩度，无有乖张"，告诫子孙要常以席丰履盛为可危、可惧、难处、难全之地，勿以为可喜、可幸、易安、易逸之地。他认为每个人所言所行不可能"全是"，遇到别人"非之、责之"或"不以礼者"，要"平心和气"，做到有理"恕人"。他训诫子孙要明白"满招损，谦受益"之义，并说："天地不能常盈，而况于人乎？"不仅如此，他还要求后人做到"终身让路，不失尺寸"。特别是邻居吴氏建房子，要侵占张家宅基地，家人向在京城为官的张英求助，张英接到家书，在上面批诗一首："一纸书来只为墙，让他三尺又何妨？长城万里今犹在，不见当年秦始皇。"家人遵照张英要求，让出三尺地基，吴氏被张英的宽怀大度所感动，遂撤让三尺，在城中留下了便利百姓出入的巷道——六尺巷。作为封建社会的相卿，用动之以情、晓之以理的方法训示子孙敬人、爱人、让人、益人，值得称道，更令人景仰。关于张英"六尺巷"的故事，至今仍传为美谈。

清世宗雍正皇帝即位，追念旧学，赠太子太傅，赐御书榜额揭诸祠宇。雍正八年（1703），将康熙朝"名臣良弼勋德合祭法者，特勒建祠以祭"。首举八人，而张英名列其中，入祀贤良祠，祀"乡贤"。高宗乾隆即位初年，加赠太傅。

张英一生著述良多，有《易经衷论》、《书经衷论》、《四库著录》、《南巡扈从纪略》、《笃素堂文集》、《笃素堂诗集》、《存诚堂集》、《笃素堂杂著》、

《聪训斋语》、《恒产琐言》等刊行于世。

张英共有六子，其中廷瓒、廷玉、廷璐、廷瑑四人均中进士，这些都与张英的言教、身教和良好的家风是分不开的。其后孙子、曾孙亦均有入翰林者，故人称"自英后，以科第世其家，四世皆为讲官"。

御赞好官姚士塾

姚士塾（1650—1697），字庠若，号松茂。康熙年间刑部尚书姚文然之子。他自幼秉承家学，饱读诗书，治《春秋》，学而优则仕，"总制傅公、巡抚洪公交章荐其贤，上赐以冠服，迁为秦之朝邑令"。虽然终其一生，姚士塾仅是一介县令，但是在朝邑县令任上，他拒贿赂、革陋规、平械斗、力赈灾……无一不恪尽职守，尽心尽力，在当时即以"循良"著称于世。康熙帝曾称赞说："姚文然是好官，其子姚士塾也是好官。"

姚士塾就任陕西朝邑县令的时间应当在康熙十九年（1680）左右，此时清廷刚刚定鼎不久，对于田赋的征收，仍以明朝万历时期的赋役册簿为依据，地赋和丁赋分别课征。但经过了明末清初的连年战争，很多地区百姓逃匿，田地荒芜，豪强地主乘机大量掠夺土地，被掠夺的土地成为豪强的"隐田"，但是依照万历时期编制的赋役册簿，"隐田"的地赋和丁银仍旧有原有的户主承担，田赋与丁银严重不符。朝邑县也是如此，"朝邑亩亡而丁存者数千户，即鬻子女莫办"，给贫苦的农民造成了沉重的负担。清朝统治者也注意到了这种情况。因此，在清初就开始实行编审户口和人丁制度，以期使田赋和丁税相符，而这触及了很多豪强地主的利益。为了保护既得的利益，豪强地主纷纷勾结官府，规避差役，朝邑县的情况也是如此。姚士塾上任之初，当地的豪强就企图拉拢他，以各种名目、想方设法贿赂他："甫下车，例有下车费千余金"，"其岁值编审，又有编审费千余金。"面对这些重金诱惑，姚士塾不为所动，"公峻拒之"，坚决依律办事，他曾说："奈何受豪强贿，蹈前令辙也！"

朝邑县位于陕西的东部，在清朝的盐产区划分中，属于河东盐区，其境内的食盐购销均依赖河东盐区。在清朝的大部分地区，实行的是官督商销的食盐运销模式，即由政府控制食盐的专卖权，招商认引（注："引"，即盐引，代表食盐的计量单位，又是借以运销食盐的凭证），按引领盐，划界销售，承包税课。因此，在这些地区，食盐的销售完全是商人的事情，其税课的完成与否也是商人的事情，与普通百姓没有任何关系。但是，在河东盐区，情况并非如此。"河东盐使，则岁发若干引于秦，州县守令按户受引若干，即户食盐不能尽一引者，亦勒令输常课"，也就是说，在河东盐区，食盐的销售靠的是官府的行政命令，强行摊派，强行销售，食盐的供、需环节严重脱节。对于那些没有购买能力的贫困家庭来说，这真可谓是盐政猛于虎；而那些富家大族，要么"窃食私盐"，要么"夤缘巧脱少受引，甚或不受引"，这样，本该他们承担的盐引，又重新回落到贫苦老百姓的头上。这种食盐的销售方式，在朝邑县已经实行了很多年，百姓苦不堪言，生活日益贫困。姚士塾上任后，废除了原先的"按户授引"的盐销政策，转而改为"计口授盐"的办法，即按照每户的丁口数来进行食盐的销售。此举大大减轻了当地百姓的负担，在一定程度上缓和了社会矛盾。

朝邑县地处关中平原的中部，其东岸靠近黄河古岸，与山西蒲州县相邻，两县百姓以黄河为界，毗邻而居。明隆庆四年（1570），黄河河道大变迁，从朝邑县大庆关北绕西向南而去，在此后的几十年的时间里，黄河河道频繁变动。如万历十年（1582），黄河自夏阳开渠，一夜尽流大庆关之西；康熙八年（1669），黄河西迁，随后又陆续西坍。黄河河道的屡次改道，使得朝、蒲两县之间的界限变得模糊，为了争夺耕地，两岸格斗不已，"由明嘉靖至是，大狱数起，死者不可胜计"。在姚士塾任朝邑县令时期，两县百姓械斗争田之事仍常常发生，为了解决这一历史遗留问题，姚士塾主动作为，"公固请会勘"。在这次会勘中，两地的相关官员均到场，现场的老百姓也有数万人之多。在到场的官员中，姚士塾的官职并不是最大的，但他敢于仗理直言，坦诚相待，以理服人。首先他一针见血地指出，两岸的百年争斗，在很大程度上和两地官员的处理不当有关，接着他客观公正地分析了在百年争斗中，两岸百姓的曲直，"蒲人死，不恤，争界于河，以曲朝邑……赋若干责办朝邑，而蒲人坐收无赋之利。以此言之，曲在蒲"。在场的官员和民众对姚士塾的观点均表示赞同，并且一致同意以他所划的界限，为两县新的分界线，两地人民在这条新界线上种上了柳树，作为标志，并且把这些柳树称为"姚公柳"。

康熙辛未年（1691），陕西、山西境内部分地区蝗灾严重，蝗虫所到之处，谷物绝收，许多灾民经朝邑向外逃荒。为了赈济灾民，姚士塾夙夜尽瘁，并拿出自己的积蓄，在朝邑境内设粥厂4座，派专人管理，每天躬身察看，督察捕蝗情况，了解救灾成效，以至于朝廷派到陕西赈灾的官员感叹说："使州县毕若是，朝廷何有四顾忧哉！"

姚士塾在朝邑县令任上，勤政为民，不仅受到了朝廷的肯定，皇上的赞赏，更赢得了百姓的拥戴。在其患病告归后，"秦之门人麻居，漕上官汝恢等，犹先后徒步数千里诣公榻前，长跪问起居，捧手呜咽，悲若不自胜者"。遗憾的是，这样一位好官姚士塾终因积劳成疾，年仅47岁就英年早逝了，让世人浩叹不已。

才高行卓方苞

方苞（1668—1749），字凤九，一字灵皋，晚年号望溪。世居金陵（今南京）。姚鼐说："望溪先生之古文，为我朝百余年文章之冠，天下论文者无异说也。"袁枚称方苞为"一代正宗"。因此，他历来被认为是桐城派的创始人，他对桐城派的形成起了决定性的作用。所以人称："昔有方侍郎（方苞），今有刘先生（刘大櫆），天下文章，其出于桐城乎？"

方苞是明初四川断事方法的裔孙。父仲舒，国子监生，诗人。赘于六合吴氏，故方苞生于六合留稼村。其时，方苞家境衰落，因此他说："痛少时以家贫，迫生计，未得时依大父。""自苞省人事，未尝见吾父母有一日之安也。""余家贫多事，吾父时拂郁，且昼嗟吁，吾母疲疴间作。""余先世家皖桐，世官达。自迁江宁，业尽落。宾祭而外，累月逾时，家人无肉食者，蔬食或不充。"他在为胞弟椒涂写的墓志铭中，也道出了其童年时期的家庭环境，他说："自迁金陵，弟与兄并女兄弟数人皆疮痍，数岁不瘳，而贫无衣。有坏木委西阶下，每冬月，候曦光过檐下，辄大喜，相呼列坐木上，渐移就暄，至东墙下。日西夕，牵连入室，意常惨然。兄赴芜湖之后，家益困，旬月中屡不再食。"

方苞6岁时，随父迁至上元城内土街。时黄冈杜濬、杜岕兄弟皆寓于江宁（今南京），桐城钱澄之、方文亦时往来，与仲舒常相唱和。方苞说他"仆少所交，多吴、越遗民，重文藻，喜事功，视宋儒为腐烂"。方苞的长

方苞像

兄方舟，比他大3岁，以八股文颇负时名，方苞受其影响，自少学习经史，很小就能背诵《易》、《诗》、《书》、《礼记》、《左传》等经典，故长而治经尤勤。20岁左右，外出授徒，往来江淮、河济。康熙二十八年（1689），获岁试第一，补桐城县学弟子员，受知于学使高裔。23岁秋应乡试，即遭落榜。后随高裔去京师，游太学。其文章得到李光地、韩菼等人的赏识，同时得交前辈学者、史学家万斯同，钻研经学。在刘言洁、刘拙修等人的影响下，读研宋儒之书，遂倾心程、朱之学，并说："学行继程、朱之后，文章在韩、欧之间。"这也成为他一生中所崇奉的准绳。此后几年，他在涿郡、宝应等地开馆授经，曾两次参加顺天乡试，均遭落第而南归。康熙三十八年，在他32岁时，举江南乡试第一。33岁至京师，后两次参加礼部考试，均未及第。在京城结交思想家李塨，并与李交谈，因学术观念不合，旋即南归，移居金陵由正街故宅之将园。康熙四十五年，再至京师，应礼部试，位列第四。会试中式后，就在将要参加殿试授官之际，方苞得知母亲生病，立即赶回家里，放弃殿试，失去在殿试中夺魁的机会。

康熙五十年（1711），是方苞一生的转折点。这年冬十一月，左都御史赵申乔上奏康熙皇帝，以戴名世所著《南山集》中"语多狂悖"为由，弹劾戴名世。方苞因给该书作序，牵连被逮下狱。在狱中，潜心读书，写出《礼记析疑》。狱中犯人以命都不可救、还读什么书相劝，并夺其书，而方苞却说："朝闻道，夕死可也。"后来，他追忆狱中所见所闻，写成脍炙人口的《狱中杂记》，深刻揭露清代监狱中的黑暗与腐败。康熙五十二年，"《南山集》案"狱决，方苞被判死刑，只因"圣祖一日曰：汪霖死，无能古文者"。李光地等人极力营救，并回答皇上说："惟戴名世案内方苞能。"因而他蒙皇恩赦免释放，出狱隶籍汉军。三月二十三日，康熙皇帝朱批："戴名世案内方苞学问，天下莫不闻。下武英殿总管和素。"第二天，方苞被召入南书房，几天之内，先后撰写《湖南洞苗归化碑文》、《黄钟为万事根本论》、《时和年丰庆祝赋》等，每次呈奏康熙帝，都受到赞赏，以为"此即翰林中老辈兼旬就之，不能过也"。此后命以白衣（即无功名而替官府当差的人）入直南书房。但其家人因受"《南山集》案"的牵连，仍全部没入旗籍。

从"《南山集》案"蒙皇恩赦宥，入直南书房，方苞开始了他30余年的官宦生涯。作为皇帝的文学侍臣，他移直蒙养斋，教授诸皇子，编校乐、律、历、算等书、潜心于《春秋》、《周官》研究，撰写《周官辨》、《春秋通论》、《周官析疑》、《容城孙征君年谱》等书。从康熙六十一年（1722）开始，他充任武英殿修书总裁等职达10年之久。

雍正皇帝即位后，以张廷玉为代表的桐城学人对其影响颇大，这也使方苞的政治处境较康熙朝有了进一步改善，方苞合族均被赦归原籍。"上曰：'朕以方苞故，赦其合族，苞功德不细。'先生闻命，惊怖感泣，涕泗交颐。"方苞自己也被获准请假一年，南归上元，安葬父母，并回到桐城省谒祖墓。回京后，官复原职。"寻欲用为司业，先生以老病力辞。"雍正十年（1732）五月，迁翰林院侍讲。七月，迁翰林院侍讲学士。与鄂尔泰、张廷玉两相国，论制准噶尔泽望事宜，计12条。方苞认为要"严军屯守，抚士蓄力，以待可胜之虏；勿为轻举深入，以邀难必之功"。后鄂尔泰奉命驰往军前，传谕大将军，奏请边地屯田，"其间多采先生之论"。雍正十一年三月，奉和硕果亲王之命，"约选两汉及唐、宋八家古文，刊授成均诸生。其后于乾隆初诏颁各学官"，成为钦定教科书。四月，擢内阁学士兼礼部侍郎，以足疾辞。雍正皇帝命他仍然专司书局，不必办理内阁事务，"有大议，即家上之"。方苞感激流涕，"以为不世之恩，当思所以不世之报"。八月，充一统志馆总裁，奉命校订《春秋日讲》。

雍正十三年正月，充皇清文颖馆副总裁。九月，高宗乾隆皇帝继位，有意重用方苞。"欲追践古礼，议行三年之丧，特下诏命群臣详稽典礼"。方苞乃作《丧礼议》。十一月，三次上疏乾隆帝：《请定征收地丁银两之期疏》、《请定常平仓谷粜粜之法疏》、《请复河南漕运旧制疏》，三疏俱下部议行。乾隆元年（1736）春，再入南书房。三月，上《请备荒政兼修地治疏》。六月，乾隆帝怜爱方苞年高体弱，命太医时往诊视。并因为方苞工于时文，"命选有明及本朝诸大家四书制义数百篇，颁布天下，以为举业准的"。充三礼义疏馆副总裁，上《拟定纂修条例疏》。乾隆二年六月，擢礼部右侍郎，方苞仍以足疾辞，皇上诏免随班趋走，许数日一赴部，平决大事，朝廷大政方针"往往咨先生"。为了国家兴亡，他力排众议，连上《请矫除积习兴起人材疏》、《请定庶吉士馆课及散馆则例疏》，遭到朝廷一些官员的反对。十二月，复以老病请解侍郎职，虽然被批准，但仍带原衔食俸，教习庶吉士。乾隆四年二月，充经史馆总裁。方苞时以性格耿直著称于京城，乾隆皇帝深知"方苞惟天性执拗，自是而非人，其设心固无他也"。在吏部推荐选拔祭酒官时，乾隆帝说："是官应使方苞为之，方称其任。"终因旁无应者而作罢。乾隆六年冬，《周官义疏》纂成，进呈皇上，留览兼旬，一无所更，下命刊刻。乾隆七年，方苞年届75岁，以时患疾病，乞解书局之职，回家安度晚年，乾隆许之，并赐翰林院侍讲衔。四月，出都归里，杜门著书，不接宾客。时任江南总督尹继善，三次登门求见，方苞均以疾辞。乾

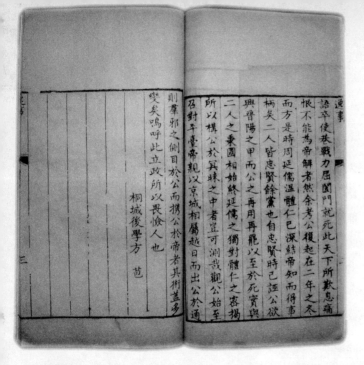

方苞手迹

隆八年秋，寻医浙东，因作天姥、雁荡之游，作文记之。乾隆十四年八月十八日，卒于上元里第，终年82岁。

纵观方苞一生，可以"《南山集》案"分为前后两个时期，此前，他以求学、治学、撰述、授徒为业；此后，则宦海沉浮，非编撰之职不就，始终不脱离一个文学辞臣的位置。尽己作能，为国为民；尽己之才，立德立言，堪称清代文人之典范。

方苞自幼接受封建纲常礼教的教育，又深受儒家伦理道德思想的影响，为人敦厚，笃于伦理，讲求礼法。生平言行，待人接物，事父侍母，亲兄爱友，颇有一段佳话。其父逸巢公尝说："吾体未痛，二子已觉之；吾心未动，二子已知之。"由此可以看出他事父至孝至深。他事母尤孝，且更感人。康熙四十五年，方苞应礼部试，考中进士，名列第四。按清代规定：礼部考试后还得进行殿试，当时满朝舆论普遍认为方苞很有可能夺魁，而他得知母亲突然病重，置个人功名和李光地的挽留于不顾，匆匆南归，侍候母亲。他年过40余，在母亲身边"宛转膝下如婴儿"。康熙五十年，方苞因《南山集》案，被逮捕入狱。其时，他母亲老疾多悸，方苞担心忧愤过度，特地偕同江宁县令苏壎入见其母，谎称："安溪李公荐入内廷校勘，不得顷刻留。"拜辞出，即下狱。直到康熙五十二年，方苞蒙恩赦免死罪，入直南书房，将母亲迎至北京赡养，"老母北上，终不知余之在难"。他与兄百川、弟椒涂亲善友爱，不忍违离。方苞五六岁时，"即依兄卧起。兄赴芜湖之岁，将行，伏余背而流涕"。后来其兄生病，"鸡初鸣，余起治药物。妻欲代，余不可。……数月如一日也"。方百川在其弟椒涂卒时泣说："吾兄弟三人，当共一丘，不得以妻祔。"方苞以为："吾兄弟笃爱如此，子孙其式之！"他还一再强调此事，告诫其子侄辈不要违背父叔之命："今而违焉，岂惟戕父之心，抑亦毁母之义矣。"方苞死后，其后人将他的灵柩安葬于江宁县建业三图沙场村龙塘，与兄百川、弟椒涂同丘。手足情深，非同一般。

方苞事亲至孝，与朋友交可谓至善。他对待朋友、亲戚以诚相待，以礼相交，严于律己，宽善待人。居家每有客至，必令子弟端茶沏水，侍立左右；或宴会，则行酒献肴，俾知长幼之节。每逢自己生辰，必避居郊原野寺，不受子孙觞酌。他对钱财看得十分淡薄，从不苟受货财。南京有王生执金求教，"介某姻来，先生以金即赠某姻"。不久王生死去，方苞说："教未及，安受其贽？"他就自己拿出如数执金送给王生家人，而且不让某姻知道此事。另有一位富人，家资百万，遭丧，请方苞点主，以百金为寿。方苞毫不客气地说："吾岂可屈膝于财者墓耶？"严却不应。方苞与朋友相交，善于检讨自己的过失，对朋友的批评虚心接受。长州何屺瞻言古文推钱牧斋，与方苞认点不合，何氏好诋人短，朋友多苦于相交，而方苞独喜闻其言，用以检身。方苞不怕别人挑剔自己文中的毛病，他与朱字绿非常友好，敬佩其为人，常常"置所著文于朱字绿所，使背面发其瑕疵"。并感叹说："如斯人，未可多得也。"方苞一生，文名显赫，但从不自满，晚年给李穆堂先生文集作序时，还谦称："余终世未尝一日离文墨，而智浅力分，其于诸经，虽粗其樊，未有若古人之言而无弃者，而文章之境，亦心知而力弗能践焉。"正是这种谦诚待人、爱憎分明的品格，使他赢得了时人的尊敬。

方苞性格刚直，不阿权贵，处处事事体现出古代高雅之士的骨气风范。他对待朋友，"责善亦甚严，当其尽言无隐，多人所难受。故虽与昵好者，亦窃病其迂"。方苞从为诸生开始，就名震京师，即使在蒙难之际，一些王公大臣也惧怕他，就是因为他"性刚直，好面折人过，交游中宦既遂，必以吏疵民瘼、政教得失相责难。由是诸公颇厌苦之"。如李光地由直隶巡抚升迁为大学士，方苞叩问他："自入国朝，以科目跻兹位者凡几？"李屈指而算，有50人。方苞说："甫六十年而已得五十余人，则其不足重也明矣。望公更求其可重者！"当时景州的魏君璧在侧，闻而退之说："斯人吾未前见，无怪乎见者皆不乐闻其言也。"所以他自己也常说："仆学与时违，加以性僻口拙，与世人交，不能承意观色，往往以忠信生疵衅。在京师数年，见其文，好之而不非笑者寡矣；知其文，不苦其人之钝直而远且憎之者，又寡矣。"有时感到"开口而言，则人以为笑，举足而步，则人以为迂"。正是这种不随世俗的性格，使他时时以"于君不敢欺，于事不敢诡随，于言不敢附会"来要求自己，但却招致许多人嫉恨，"常欲挤之死地"。唯独大学士朱轼笃信其言，认为方苞以天下为己任，与诸大臣所言，常以天下之公义、古贤之大节相砥淬，而未尝言及自己之私利。因此后人称颂他"可负天下之重"、"品高而行卓"、"忧国忠友"。

　　方苞自从以白衣入直南书房，经历了康熙、雍正、乾隆3朝。前10年是做皇帝的文学侍从，中间10年主要担任编修官，负责朝廷典籍的纂修工作，后10年任翰林院侍讲、内阁学士兼礼部侍郎等职。在这30年中，他凭借自己在学术上的影响，在文学上的地位和政治上与皇帝的亲近，对那些身居高位的师友、交谊友好的地方官吏及自己的学生后辈，广施影响。在吏疲民瘵、选贤任能方面，尽己所见，必尽言无隐。对社会现象的剖析，见解独到，入木三分，充分表现出他忧国忧民的政治抱负。

　　康熙年间，方苞目睹康熙皇帝平定三藩之乱，收复台湾，阻止沙皇军队的侵犯，签订中俄《尼布楚条约》，平定噶尔丹叛乱等，无不表现出康熙帝的雄才大略。方苞有感而发，撰写《圣主亲征漠北颂》，歌颂了康熙帝甘受艰苦，远征漠北，收复边疆，平定叛乱的丰功伟绩。他对自己"未获瞻塞上旌旅之光，听军前凯歌之声"，深表遗憾，这表现出方苞强烈的爱国思想。

　　到了雍正、乾隆时期，方苞先后担任内阁学士、礼部侍郎等职，他利用自己的地位和影响，不断呈送奏疏，请求皇上兴利除弊，以期实现他"分国之忧，除民之患"的心愿。他先后提出了一系列事关国计民生、富国强兵、开发边疆的设想，具有很强的针对性。如《请禁烧酒事宜劄子》、《请禁烧酒种烟第三劄子》、《论山西灾荒劄子》、《请矫除积习兴起人才劄子》、《论考试翰林劄子》、《塞外屯田议》、《台湾建城议》、《浑河改归故道议》、《黄淮议》、《贵州苗疆议》等。这些奏议，言及边疆、民生，无不体现方苞对国计民生的忧虑和关心。

　　方苞的爱国情怀还表现在关心国家人才的培养、吏治的整治等方面。为此他上《请矫除积习兴起人才劄子》。他指出官场结党营私、趋炎附势、官官相护、欺下蒙上、徇私枉法等种种弊端，对时情"营私附势之习深，而正直公忠之人少"，深感忧虑。他认为治道之兴，"必内而六部、都察院，各得忠诚无私、深识治体者两三人，然后可以检制僚属而防胥吏之奸欺；外而督抚、两司，每省必得公正无欲、通达事理者四三人，然后可董率道府，辨察州县，以切究生民之利病。能如此者，乃有才、有识、有守而几于有德者也，虽数人、十数人不易得，况一旦而得数十人哉？然不如是，终不可以兴道而致治。"方苞认为六部、都察院乃皇帝近臣，这些人的才能、学识和品德对国家决策非常重要，因此方苞希望皇上加强对这些人的任用考察和考核。他对古代"御史之外，别设给事中，专驳宰相成议，上及诏旨"的做法非常赞赏。因此他建议皇上："凡部议、会议有关于国体民生者，勿遽批发；必再三寻览，以究其事理之虚实，意见之公私。凡公有疏下部，九列皆合口梗之……以其议出于公，阻之。"还有一些人更是不择手段，极尽诬蔑之能事，"与公为抗，尽窜改公之所述，力加排诋"。虽然乾隆皇帝多次想重用方苞，最终还是以"其不安静之痼习，到老不改"而弃用。方苞从不计较于此，兼善天下的决心到老不改，所以他说："臣老矣，生世无几时；如以臣言为可用，伏望留臣此折，以验群情，以考治法，时复赐览。如用臣言，而无利于民，无益于国，虽臣死之后，尚可夺臣之爵命，播臣之过言，以示惩责也。昧死上陈，不胜悚息瞻企之至！"因此，清代颇有名节的学者全祖望称颂他"正色立朝"。

方苞在桐城派形成与发展中起了举足轻重的作用。他论学以宋人为宗，为文效法韩、欧，提倡"义法"，作文讲究章法、技巧和文字清通雅洁，要言不顾，努力做到"言之有物"、"言之有序"，要实现内容与形式的完美统一。同时对文学创作上的艺术表现手法提出了一些符合古代文学发展规律的具体要求，在我国文学理论发展史上颇具特色，具有一定的历史地位。方苞之后，桐城派文论思想日臻完善，文风大振，作家云集，作品广为流传，一时倾倒朝野，这些与方苞"义法"说的理论容易被人们接受、符合时代发展需要是分不开的，因此后人称颂他有"能集古今文论之大城"的历史功绩。

盛世名臣张廷玉

张廷玉（1672—1755）字衡臣，号砚斋，又号澄怀主人，谥"文和"，张英次子。幼承家教，10岁能诵《尚书》、《毛诗》。16岁回乡应童子试，被拔置县学第六名。17岁与大司寇、刑部尚书姚文然的六女儿姚氏结婚。

康熙三十九年（1700）中进士，钦选翰林院庶吉士。康熙四十二年（1703），御试清书一等第一名，授翰林院检讨。康熙四十三年，奉命入直南书房，充日讲起居注官，任《平定漠北方略》、《佩文韵府》纂修官。深受康熙帝器重，御赐"传经堂"匾额，充会试同考官。康熙四十四年后，多次随从康熙南巡阅视河工、出关避暑及巡行蒙古诸部落等，"抱书珥笔"，与康熙相去咫尺。康熙四十七年，其母病逝，守制服丧。不久，其父又病故，继续依例守丧。康熙五十一年，升司经局洗马，掌局事兼翰林院修撰，得御赐"澄怀"匾额。康熙五十四年，迁右春坊右庶子。其间，康熙下

张廷玉手迹

特旨，予以褒奖，旨曰：张廷玉学问素优，在内廷供奉年久，宜加迁擢，以示奖励。旋升翰林院侍讲学士。康熙五十五年，擢内阁学士兼礼部侍郎。康熙五十六年，充经筵讲官。康熙五十九年，迁刑部左侍郎。康熙六十年，奉命赴山东察审盐案，张廷玉深入调查，区别情况，依例定罪。六月调吏部任左侍郎，即管右侍郎事，兼管翰林院学士事，充文武殿试读卷官。康熙六十一年（1722）十一月，奉特旨，协同掌院学士阿克敦、励廷仪办理翰林院文章之事。"凡有诏旨，则命廷玉入内，口授大意，或于御前伏地以书，或隔帘授几，稿就即呈御览，每日不下十数次。"康熙皇帝口授，张廷玉能当场伏地挥笔而就，且每天不下几十次，足见张廷玉记忆力之强、领悟能力之高、文字功底之深。十二月，迁任礼部尚书，充圣祖仁皇帝实录副总裁官。

雍正皇帝继位后，非常倚重张廷玉，"廷玉周敏勤慎，尤为上所倚"。雍正元年（1723），张廷玉奉特旨为诸皇子师傅。四月，充顺天乡试正考官，加太子太保衔。旋署理都察院左都御史。五月，张廷玉在京城的居室遭受火灾，皇帝遣官慰问，并赐官房一所，白金1000两，让其全家度过灾难。七月，充《明史》总裁官。八月，奉特旨兼管翰林院掌院学士，赐御制诗一章，诗曰："峻望三台近，崇班八座遵。栋梁材不忝，葵藿志常存。大政资经画，讦谟待讨论。还期作霖雨，为国沛殊恩。"九月，充会试正考官，转任户部尚书。十月，充殿试读卷官、四朝国史总裁官。雍正二年（1724）五月，充大清会典总裁官。三年，充《治河方略》总裁官；七月，署理大学士事务，赐居圆明园东边戚畹旧园。十月，奉旨于紫禁城内骑马。四年二月，授文渊阁大学士，仍兼管户部尚书、翰林院掌院学士事。三月，充圣祖仁皇帝实录总裁官。五年十月，晋文华殿大学士。其间，张廷玉曾患小疾，雍正帝对侍臣说，朕连日来臂痛，你们知道吗？侍臣都很震惊，雍正帝说："张廷玉患病，非朕臂病而何？"张廷玉在《澄怀园主人自订年谱》里记载，当雍正帝身体不舒服时，凡有密旨，悉交其承领。事后雍正还说："彼时在朝臣中只此一人。"六年正月给雍正皇帝上奏："内阁部院奉旨事件，俱交起居注登记档案；惟八旗事件，向例不交起居注，无从记载。请自雍正五年始，亦照阁部送馆，以便纂入记注。"此建议被采纳，使后来的清史档案进一步得到完善。三月，晋保和殿大学士。十月，兼管吏部尚书事。七年七月，御赐第宅于西安门外，并赐予白金1000两，作为迁移之费，御赐"调梅良弼"匾额，赞赏张廷玉是优秀的辅佐大臣。

雍正八年（1730），西北边事紧张，雍正帝为了维护国家统一，出兵征讨。因战事紧急，特设军机处，命怡亲王允祥、张廷玉及蒋廷锡领其事，由"廷玉定规制"。遵照雍正旨意，张廷玉就军机处的性质、官职、职能、纪律等方面都作出了严格规定。这些严密的规章制度，加强了皇权统治，避免了政出多门以及失、泄密现象的发生，提高了办事效率；同时为清代档案的保护起到了非常重要的作用。军机处设立后，由军机处办理的事情，不问大小，"悉以本日完结"，绝不积压。这样的办事作风，使效率大大提高。张廷玉制定的廷寄办法，最后形成一套制度，由军机处将上谕函封后交兵部，再由驿站递相传送。这种廷寄方法，保证了中央政令的严格贯彻，速度较先前大大加快，从而提高了清朝政府的行政效率。《清史稿·张廷玉传》载："廷玉定规制：诸臣陈奏，常事用疏，自通政司上，下内阁拟旨；要事用折，自奏事处上，下军机处拟旨，亲御朱笔批发。自是内阁权移于军机处，大学士必充军机大臣，始得预政事，日必召入对，承旨，平章政事，参与机密。"自此以后，作为一种官方文书制度的奏折制度被确立下来。它不仅牵涉朝廷政令的推行，而且关乎君臣间权力的分配。它的确立和军机处的设立一样，都是清朝官僚政治上的重大变化，对清朝中后期的政治产生了十分巨大而深远的影响。战事开始后，"遵奉密谕，筹画经理，羽书四出，刻不容缓"。白天忙碌，晚上回到家中，仍要处理政务，有时"燃双烛以完本日未竟之事，并办次日

张廷玉印

御赐调梅良弼
张廷玉印拓片

应办之事，盛暑之夜亦必至二鼓始就寝，或从枕上思及某事某稿未妥，即披衣起，亲自改正，于黎明时，付书记缮录以进"。雍正皇帝肯定张廷玉、鄂尔泰二人"办理事务甚多，自朝至夕，无片刻之暇"。

雍正十一年（1733）九月，谕祭贤良祠大学士张英于本籍，张廷玉驰驿回桐城，举行典礼，赐帑金2万，为祠宇祭祀费。张廷玉临行前，雍正帝还赐给张廷玉一件玉如意，愿他"往来事事如意"，还赐冠带、衣裘及貂皮、人参等物品，颁内府书籍52种于其家，其中《古今图书集成》只印64部，独赐张廷玉2部。雍正还赐张廷玉春联一副："天恩春浩荡，文治日光华。"后来张家年年用这副春联作门联。同时还要求"所过地方派拨兵弁护送，并文武官员迎接"。十二月，张廷玉将回程路上所见所闻，上奏给雍正皇帝，请求在明年春季青黄不接之时，对山东、河北等地的受灾民众救开仓救济，修复水毁工程。此奏受到雍正帝的高度重视，并遣官员督查落实。雍正十二年二月，张廷玉假满回京，雍正皇帝特遣内大臣兼户部侍郎海望到卢沟桥迎接，颁赐酒膳。十二月，充三朝实录总裁官，雍正说："汝世受国恩，又系皇考多年侍从之旧臣，当年圣德神功，无不亲知灼见，今应纂修《实录》之任，纪载详确，惟汝是赖。"雍正十三年正月，充皇清文颖馆总裁官。

雍正朝，张廷玉同皇上的关系已到了"名曰君臣，情同契友"的境界。从雍正帝确定皇位继承人这件事上，可以看出雍正帝对张廷玉信任至极。张廷玉在《澄怀园主人自订年谱》中记载："雍正十三年八月二十日，圣躬偶尔违和，犹听政如常。二十二日漏将二鼓，忽闻宣如甚急，疾起整衣，始至圆明园，内侍三四辈待子园之西南门，引至寝宫，始知上疾大渐，至二十三日子时，龙驭上宾矣。廷玉与鄂尔泰告庄亲王、果亲王曰：'大行皇帝因传位大事，亲书密旨，曾示我二人，外此无有知者。此旨收藏宫中，应急请出，以正大统。'因告总管太监。总管曰：'大行皇帝未曾谕及我辈，不知密旨所在。'廷玉曰：'密旨之件，谅已无多，外用黄纸固封，背后写一封字者即是此旨。'少顷，总管捧出黄封一函，启视之，则朱笔亲书传位于今上之密旨也……此旨雍正八年九月曾密示廷玉，雍正十年又密示鄂尔泰。当时谕曰：'汝二人外，再无一人知之。'"这样的重大事情，雍正帝在去世前已经拟定，并让张廷玉知道，后又让同为顾命大臣的鄂尔泰作证，足见其在雍正时期的政治地位。雍正帝在遗诏中说："张廷玉器量纯全，抒诚供职。其纂修圣祖仁皇帝实录，宣力独多。每年遵旨缮写上谕，悉能详达朕意。训示臣民，其功甚巨。鄂尔泰志秉忠贞，才优经

张廷玉自订年谱

济，安民察吏，绥靖边疆，洵为不世出之名臣。此二人者，朕可保其始终不渝。将来二臣着配享太庙，以昭恩礼。"从此，开清朝大臣配享太庙、文臣爵至侯伯的先例。张廷玉是清代获得此种殊荣的唯一汉族文臣。

雍正十三年（1735）八月，乾隆皇帝谕遵先帝遗旨，令庄亲王、果亲王、大学士鄂尔泰、张廷玉辅政。

乾隆元年（1736），张廷玉充纂修《玉牒》总裁。七月，充《三礼》馆总裁。九月，《明史》告竣，议叙加二级。十一月，乾隆帝御赐"台衮元臣"匾额，特恩由三等子从优授为三等伯，仍令长子张若霭承袭。乾隆二年三月，充会试正考官。乾隆四年五月，特旨晋太保。八月，充《明史纲目》总裁官。乾隆五年七月，御赐大学士张廷玉诗："喉舌专司历有年，两朝重望志逾坚。魏公令德光闾里，山甫柔嘉耀简编。调鼎念常周庶务，劳谦事每效前贤。古今政绩如悬鉴，时为苍生咨惠鲜。"对张廷玉的工作表示充分肯定，并寄予更大的希望。九月，张廷玉七十寿辰，乾隆帝赐书"调元锡祉"匾额和"忠诚济美三台丽，弼亮延麻百福申"对联；再赐《大学士张廷玉七旬寿诗》："历掌丝纶佐斗枢，心依行在想晨趋。最欣佳节当初度，要识元衡半老儒。潞国晚年尤矍铄，吕端大事不糊涂。缄诗并寄黄花酒，看取瀼瀼湛露濡。"乾隆希望张廷玉老而弥坚，为国建功。乾隆七年五月，《吏部则例》告成，议叙加二级。乾隆八年十月，上谕："大学士张廷玉服官数十年，日侍内廷，勤劳敬慎，夙夜靖共，靡间寒暑。今年逾古稀，每日晨兴赴阙，未免过劳，朕心轸念。古大臣有于居第视事，数日一至朝堂者。嗣后可仿此意，不必向早入朝。或遇炎蒸风雪，或自度宜于少休，亦不必勉强进内，其应办事务，可以在家办理，俾得从容颐养，自加强健，以示朕优眷老臣之意。"乾隆十一年，张廷玉长子、内阁学士张若霭病故，谕令节哀自爱，并令其子张若澄在南书房行走，照料张廷玉。乾隆十三年以后，年近八旬的张廷玉，多次上疏乞归故里，未被皇上许可，引起了一场君臣相议"致仕"得失的论辩。乾隆十四年冬，张廷玉乞求休假养病，乾隆皇帝同意解除所兼领监修、总裁诸职，还派军机大臣前往探望慰问。张廷玉多次提出乞休、配享等事，招致乾隆帝怨恨与生气。特别是在乾隆帝丧子之时，张廷玉不顾君臣、师生之谊，坚持回家请求，乾隆帝大怒，下命削其伯爵，以大学士原衔休致，甚至命张廷玉自审是否配享太庙。又因四川学政、编修朱荃事发，皇上迁怒于张廷

玉，收缴了历年奖赐给张廷玉的物品，仅免予治罪。此事也伤透了乾隆皇帝的心，乃至乾隆五十年时，对张廷玉之事仍耿耿于怀，并说："所谓老衰而戒之在得乎？朕又以廷玉之戒为戒，且为廷玉惜之！"

张廷玉晚年以羸弱之躯屡遭打击，日益不支，于乾隆二十年（1755）三月二十日卒，享年84岁。乾隆得知廷玉病逝，很感悲伤，念其为三朝元老，不敢违背其父的遗愿，仍收回成命，仍遵世宗遗诏，配享太庙，赐祭葬，谥"文和"。

张廷玉历事三朝，居官50年，长词林27年，主揆席24年，赞画军国大政难于数计，无声色玩好之嗜，性情淡泊。其在服官之余，常常浏览史乘，讲求礼乐、刑政、用赋、兵戎、河渠、平准之实学。其理政之暇，留心时务，详察当代变革；苦读深思，细究为文为人之道。张廷玉家世儒业，自幼睿智聪颖，加上有良好的家庭环境熏陶，仕途官场，平步青云。但他恪守古道家训，处事得体，"公正无私，奉职恪恭"。多次充乡试、会试总裁官，尽心竭力为国家选拔优秀人才，深受皇帝器重。以致生活中的些微小事，亦深得圣驾垂询，雍正皇帝曾面谕张廷玉："汝父一生廉洁，无余蓄以贻子孙。汝今为朕办事，身兼数职，夙夜在公，朕常以汝眠食俱废为虑，更有何暇问及日用衣食事耶？今以官物赐汝，俾汝用度从容，尽心公务。"雍正帝对张廷玉的关爱，可谓情真意切，无微不至。雍正帝和张廷玉的关系，在中国封建社会中，堪称是君臣关系的典范。

张廷玉一生身系要职，阅历丰富，其做官、训子、关心百姓疾苦颇有心得，也给后人留下许多深刻的启示。他认为：奉职应公正自守，不要计较个人毁誉得失，不能枉法徇私，"宁受人毁，不可受人之誉"，为此要时时省察防闲。他强调居官清廉乃分内之事。"为官第一要'廉'，养廉之道，莫如能忍。"他要求子孙后人做官"拼命强忍，不受非分之财"，这在历代官吏身上是很难做到的。他数充乡试、会试总裁，司其柄"公正无私"，努力做到使天下士子"心自静，品自端，于培养人才，不无裨补"。他把"居官理事，旌别淑慝"看成是应尽职责。他提倡为臣要直谏，"遇事敢言"，即使亏体受辱，也无所畏惧。因此，他把"做官都是苦事，为官原是苦人，官职高一步，责任便大一步，忧勤便增一步……惟天下之安而后乐"作为自己为官的座右铭并努力实行之。这在封建社会，是难能可贵的。张英、张廷玉父子两代官至宰辅，均提倡"廉"字当头，廉靠自律，着实值得今人深思学习。难怪乾隆皇帝作诗颂他"两朝重望志逾坚"。

在为人处世方面，张廷玉强调"一言一行，常思有益于人，惟恐有损于人"。因此，他所认为的人生乐事，并不是"宫室之美，妻妾之奉，服饰之鲜华，饮馔之丰洁，声伎之靡丽"，而在心之乐不乐。只有安分循理，不愧不怍，梦魂恬适，神气安闲，才能求得心之真乐。他力主为人厚道，处事要内宽外严，不可苛刻。因此他认为刻薄之人，不能担任刑官，"聪明人"也不可任刑官。他还提倡时时以盛满为戒，不可存放逸之心，"处顺境则退一步想，处逆境则进一步想"，"凡事当极不好处，宜向好处想；当极好处，宜向不好处想"。他认为遇事必须保持清醒头脑，在得意、失意之时，都能做到检点言语，无过当之辞。他特别痛恶富贵子弟染上的纨袴之习，自己身体力行。他寝处皇帝赐居戚畹旧园十余年，生活非常俭朴，连日用器具都不齐全，"所有者皆粗重朴野，聊以充数而已"，以致王公同僚或亲戚朋友"多以俭啬相讥嘲"。他告诫子孙"生富贵之家"，切切不可"染纨袴之习"。他憎恶赌博之陋习，通过引古论今，条分缕析，深刻指出："赌博之害，不可悉数"，同时要求国家采取严刑重罚等坚决措施，制止赌博。他说："今赌博者，亦当加以肉刑……解其腕可也。"他教育后人要学会明辨是非善恶，并根据自己对善恶的看法，将其分为四等："隐恶扬善，圣人也；好善恶恶，贤人也；分别善恶无当者，庸人也；颠倒善恶……小人也。"正是如此，张廷玉七十寿辰时，皇上赐对联颂他："潞国晚年犹矍铄，吕端大事不糊涂。"

张廷玉一生位尊而不忘百姓。其子张若霭参加殿试，雍正皇帝阅至第五卷时，发现该卷字画端楷，文精意绝，语极恳挚，随手拔置一甲三名（即探花），在场大臣皆称皇帝评定公允得当。张廷玉一再恳求辞让，使皇上深感其义，遂降为二甲第一名。这就是名扬京城、事载史册的"张廷玉让探花"的故事。

张廷玉历官三朝，遍游全国各地，但他总是把普通百姓的困苦记在心上。康熙四十七年（1708），桐城东乡陈家洲（今属枞阳）遭受水灾，民不聊生，很多人只得跑到县城觅食。张廷玉的家人在信中言及此事，他深感不安，立即动员自己的弟弟、大侄儿以及在京城为官的本县好义人士，一起捐款捐物，赈恤灾民。乾隆四年（1739）二月，张廷玉从家人禀告信中得知乡里歉收，米价昂贵，贫民乏食，有识绅士准备号召富裕人家赈救灾民。张廷玉对这一举措大加赞赏，立即驰信回家，要求家人"捐仓谷一千石，并嘱弟侄辈实心举行，成此善举"。乾隆初年，张廷玉得知龙眠河上的"子来桥"被洪水冲毁，他捐出皇上赐银6300两，重建石桥，两岸修建桥亭，

历时3年完工。百姓被他这一举动所感动，为了颂扬他，取世宗皇帝赐书匾额"调梅良弼"之意，更名为"良弼桥"。今天人们漫步桥上，思古思贤之情，油然而生。

张廷玉有四子：若霭、若澄、若淑、若淳。长子若霭，雍正十一年中进士，官至内阁学士。工书善画，又久直内廷，遍观古人遗墨。凡御府所藏，悉命题品鉴别。著有《蕴真阁集》传世。次子若澄，乾隆十年进士，授编修，入直南书房。三充乡试、会试同考官，一主湖南乡试，官至内阁学士，喜文善画，著有《潇碧轩集》。三子若淑，乾隆丙辰荫贡，官至户部浙江司郎中。四子若淳，乾隆丙辰例贡，授刑部主事，入直军机处。嘉庆五年迁升兵部尚书，后改任刑部尚书，处事缜密，尤练习刑律，政绩卓著，赠太子太保，卒谥"勤恪"。张廷玉四子中有三人入内阁，足见其教子有方，成为后世效仿的楷模。

张廷玉一生著述颇丰，有《传经堂集》、《焚馀集》、《澄怀园诗选》、《澄怀园载赓集》、《澄怀园文存》、《澄怀园语》、《澄怀主人自订年谱》和奏稿若干卷等传世。

著名学政张廷璐

张廷璐（1675—1745），字宝臣，号药斋。生有异质，幼承其家学，甫就塾读书，即端静如成人。少长，嗜学不倦，十四五岁就名冠大江南北。中康熙壬午科（1702）江南乡试副榜第一名，康熙五十二年（1713）癸巳科江南乡试第五十二名，康熙五十七年会试第五十五名，殿试第一甲第二名，取得了自己科举道路上的成功，钦授翰林院编修，充武英殿总裁官。康熙帝对在朝廷供职的张廷玉说："汝兄弟皆能如此，不愧家风矣。"康熙六十年，御试汉书，获一等第一名，奉旨教习辛丑科进士。次年，奉命入直南书房，特授额外中允。"时于御前撰拟诏谕及院中所进哀册祭文，多出其手。宣事达情，曲当上意"。时人颂他"含毫视草，推一代巨手"。

雍正元年（1723），"上察知其诚朴，可任用"。对张廷璐予以破格提拔。先让张廷璐去福建，担任乡试正考官，然后迁升右春坊右中允，兼翰林院检讨；三月，充日讲起居注官；五月，又超授翰林院侍讲学士；九月，充会试同考官，奉命提督河南学政，赐御书"鼓吹休明"匾额。二年九月，在督办河南学政时，封邱县令违制，在临试前强迫考生去修筑河堤，影响生员考试，考生们准备集体罢考。经过张廷璐劝说解释，恢复科教。但地方官员已将罢考事件上报朝廷，张廷璐被撤职。此事姚范在

《诰授通奉大夫礼部左侍郎张公墓志铭》中写道："莅河南，逾年试开封，而封邱令督诸生供濒河之役，诸生向不任役，即走控，上官不即理，相约罢试。公檄归开副使，集诸生戒约，诸生闻公命，咸已帖帖就试惟谨，而大吏已飞章以诸生梗命入告，狱具而公与副使俱以姑息去职。"此事责任不在张廷璐身上，相反，由于张廷璐采取的措施得力，处置方法得当，才使罢考事件平息。不久查明真相，张廷璐恢复原职。十月赴京，特授翰林院侍讲。三年二月，升国子监祭酒。上疏请敕将军、提镇转饬所属将弁，每朔望齐集兵丁宣讲《圣祖广训》，下部议行。不久，迁詹事府少詹事，兼翰林院侍讲学士，兼署国子监祭酒事。后充顺天乡试正考官。五年三月，充会试同考官；四月，充殿试读卷官；七月，升詹事府詹事，兼翰林院侍读学士。七年十月，奉命提督江苏学政。八年四月，就学政衙署事务上奏："向例学政衙门发各州县循环簿，遇生员告状作证者填注，按季缴换，以凭查考，而州县往往视为具文，且簿内但言词讼，不及钱粮。应饬各学将文武生员及贡监，造簿送学，钤印发回各州县，于理事时，生监令本人于簿内姓名下亲书年月为某事到案，并著花押。至应纳钱粮若干，已完若干，一并注明申送。则词讼多寡、钱粮清欠，按簿了然，庶优劣易定而劝惩可施也矣。"部议从之。在江苏学政任内，衡文崇尚雅正，力矫时弊。勤勉任职，每五鼓莅试，夜则秉烛校阅。丹黄甲乙，不以旁假。那些未被选中的人，也心服无后言。对学政利弊，"大则敷陈入告，小则立见施行"。且张廷璐非常廉洁，靠学政的俸禄收入，难以维系日常开支，有时入不敷出，靠其兄张廷玉接济，"始苦不给……特以千金资之"。正是张廷璐"自矢廉正公明，声誉赫然茂著"。十年六月，特旨赴浙江担任乡试正考官；十月，江苏学政任满，奉旨留任。十一年六月，升礼部右侍郎；九月，转左侍郎。在任侍郎期间，他修章立制，"厘正乐章，日不暇给"。因为张廷璐谙习掌故，遇事和同官虚心商度，权衡古今利弊得失，"一时制作彬彬，称极盛矣"。同年九月，朝廷给假归里，和兄张廷玉奉旨谕祭文端公（张英）于本籍贤良祠，事竣回任。雍正十三年十月，在学政任职期满，奉旨再留学政之任。

乾隆皇帝继位后，张廷玉奏请皇上，说张廷璐已在江苏任学政达六年之久，请另选他人接任此职。乾隆帝谕告曰："江苏学政紧要，甲于天下，张廷璐久于此位，声名甚好，已著有成效矣。朕即位之初，岂肯舍此可信者，而另用他员耶？"乾隆帝既认识到江苏学政位置的重要，也充分肯定张廷璐在江苏督学、选拔人才的政绩。乾隆帝还特赐先帝雍正皇帝遗留法物玛瑙素珠1挂、荷包3个给张廷璐，以示奖赏。张廷璐

在江苏学政任上，主政长达9年，选拔许多优秀人才，清代著名诗人沈德潜等即系由张廷璐选拔出来的。九年之中，务以德化诸生，不为矫激苛刻之行。巡视时，告诫诸生要以孝悌廉让为本，先做人，后作文，再做官。诸生对他"亲之如父母，奉之如师保"，"相戒以犯教令为耻，故终任未尝轻挞一士"。他离开江苏的时候，苏人"皆环泣走送，千里不绝"。张廷璐去任多年后，"犹尸祝俎豆"，就是那些年轻的小夫妻，也能说出张公的姓氏。当人们数及江苏学政时，"必以公为清德和风之冠"。后因"为官清廉"、"才高德硕"被崇祀江阴"名宦祠"。

乾隆三年（1738）十月任职期满。乾隆四年正月，回部办事，充礼书副总裁官；二月，充会试知贡举官。从乾隆元年起，张廷璐几次担任贡举之职，特别是他举荐的刘纶，参加乾隆元年的博学鸿词科考试，被选拔为第一名，在朝廷内外影响极大，久负知人之名。九月，充武会试副考官。乾隆五年（1740），因病乞休，奉旨照旧供职。乾隆六年六月，被派往江西，担任乡试正考官。就在这一年，张廷璐离任江苏学政两年后，其胞弟张廷璩以工部左侍郎奉命走马至江阴，任江苏学政。兄弟俩先后在同一地任同一官职，写下了我国封建教育史上的一段佳话。乾隆七年二月，充会试知贡举官。乾隆八年，乾隆皇帝东巡，恭谒祖陵，张廷璐奉旨扈从，恩诏加一级。旋具折乞休，奉旨照旧供职。乾隆九年，自陈年老，再次请求致仕回家，颐养天年，蒙恩批准，予告回籍，五月回到乡里。乾隆十年（1745）八月二十二日卒，享年71岁。张廷璐谢世时，时任大学士兼军机大臣的乃兄张廷玉，告假3日，且设灵位于家中，率子侄合家祭奠，公卿僚友皆往吊唁。

张廷璐前后居官近30年，在任以管理教育为主，所到之处，激扬士气，奖掖后学，被时人誉为"三朝旧臣，后进楷模"。姚范赞之曰："公纯懿惇大，居常无矫亢之行，而所守坚正，岳不可动。其接物，意诚以愉，表里洞如也。仕登卿贰，年届七十，于人世可谓贵寿，而士大夫犹以公未及台揆，年远耄期为憾，则公之德量感于人者，其有涯也！"张廷玉官做得比其弟大，但他对其弟为人、为官、为事非常敬佩。他说："弟生平充养完粹，不为事物所胜，穷通得丧，履之如一。宽而有制，和而不流。终身无疾言遽色……口不雌黄，人物对之者，辄心屈而内愧。与人交，忠诚坦易，善气迎人。自搢绅学士、里巷草野之人，无论识与不识，皆曰：'张公长者'。"自通籍以来，即以文学受三朝之知，"闽浙、江右三典试事，两与南宫分校，咸称得人"。他在江苏学政任上，对待下属以礼相接，对待生员宽和善诱，从未发过脾气，人自悦服。一时间，上下江桑梓之地，"宿弊一清"。对新办的学校，在经费上给予支持，"新学宫，给膏火；举俊彦、植贤斋、表孤贞，厥有成绩"。在正文体、选拔真才等方面，卓有成效，"九年敷教，陶淑至深"。他在学政任上所培养的人才，"足备国家数十年桢干之用，则其功为尤巨"。

张廷璐事亲至孝，其父张英致仕归里，酷爱自然，怡情山水，张廷玉和其他兄弟还在朝廷任职，张廷璐担负起赡养父母、维系家庭的重任，率领诸弟"晨昏色养，以承两尊人欢"。张英三次恭迎康熙帝南巡，一次赴京师探望，都是张廷璐护从侍候，"盖不能左右离也"。 张廷玉在忆及兄弟情谊时，不无深情地说："廷璐事予最谨，同官京师，予有大事，辄咨之。犹记世宗曾语廷臣曰：'张廷玉兄弟，相依为命。'区区手足私情，猥蒙睿鉴，亦可见予两人之真诚无间矣。"张廷玉还说："惟弟孝友于家，树范于乡里，尽忠于朝，功德在学校。……以寿富卒，以考终，吾弟一身兼备之矣。"张廷璐平生无疾言遽色，闺门之内，肃若朝堂。他遇人无贵贱，率意而言，必忠必信，因此天下之士，都说他有长者风范。

张廷璐一生，性淡泊，寡所嗜，唯喜读书，至老手不释卷。"诗笔温醇雅健，追古作者"，诗宗唐宋诸家，文法宋代诸子，在文学上取得了较大成就，著有《咏花轩制义》、《咏花轩诗集》，影响广泛。沈德潜评其诗曰："心诊者多志微噍杀之音，心平者多顺成和动之响，言为心声，不可强也。药斋公不干进，不务华，不介自矢，以诚感人。……发言为诗，比于水之漾洄，春之和盎，读之心醉乞夷而不自知也。"（《清诗别裁集》卷二十四）徐世昌评其诗："诗多清丽，与文和（张廷玉）体格相近。意境闲旷，绝句尤胜。"（《晚清簃诗汇》卷六十）

今天，人们为了弘扬张廷璐重教兴学的精神，在"江苏学政遗址"上，建立"张廷璐考场视学"雕塑，以作纪念，也是后人对其视学江苏的肯定。

乐善好施张廷瑑

张廷瑑（1681—1764），字桓臣，号思斋，大学士张英第五子。姚范说，他生有异质，文端公爱之，往往形诸诗歌。比长，读书日数千言，为文章慓鸷奔放，而必衷于经训，即究切经世之学。年30，举于乡；康熙五十二年（1713）中江南乡试第十八名。雍正元年癸卯科会试，由于其兄张廷玉担任会试总裁官，张廷瑑依例回避。参加

专场考试，列会试榜第二百名。殿试二甲第十五名，钦选翰林院庶吉士。雍正三年
（1725）四月，授翰林院编修，充政治典训、执中成宪纂修官。次年，充顺天乡试同
考官。雍正五年八月，充日讲起居注官。雍正八年，充会试同考官；六月，升左春坊
左赞善，兼翰林院编修。次年七月，升翰林院侍读；八月，升翰林院侍讲学士。雍正
十一年五月，因条奏严禁赌具一折，奉旨交部议叙，奏请皇上，颁诏禁止赌博。他认
为赌博之风气，由来已久，朝廷虽严令禁止，但此风仍然愈演愈烈，危害深重。他建
议对赌博者的父兄要追究连带责任。他说："窃以为子弟之不率，其责在于父兄。比
室而居，乃于其间肆为不善，岂得若罔闻知？设使代为容隐，即以秘匿作奸相连坐，
比于窃盗同居之律。"假若父兄能举报其子弟之罪，应该免其连坐之责，并且还将其
弟子之罪减去一半，这样，"其父兄无所瞻顾，而不才之子弟无所容其奸，且开以自
新之路"。他认为这样广泛推行之后，赌博的风气就会渐息。皇上对此建议予以肯
定，并决定实行。九月，转翰林院侍读学士。

雍正十二年（1734）九月，升詹事府詹事，兼翰林院侍读学士；十月，升工部
右侍郎，兼办起居注事务。起居注向来没有条例，为者繁简随意，漏遗冗赘，不称史
体。张廷璐接手此项工作后，精思为之。寒暑在馆十余年，编载详赡，"上以为善于
其职"，于是让张廷璐以侍郎身份兼起居注官事，开了清朝官不是翰林，而仍司职记
注的先例。此后，又担任世宗皇帝实录副总裁官。十一月，遇覃恩诰授资政大夫。通
籍后，恭逢世宗宪皇帝勤求治道，令群臣得言事，公以词臣数有陈奏，皆勅议施行。

乾隆元年（1736）二月，担任会试副考官；十月，扈从圣驾恭送世宗宪皇帝梓
官至泰陵，恩加一级。乾隆三年十一月，奉命随淳郡王办理福陵堤工。次年，转工部
左侍郎。在此任上，饬材督事，综核最称详密。事必躬亲，不惮频烦，使许多官吏不
敢在工程中攫取好处。七月，修理太庙，工竣，议叙恩加二级。时值京畿水灾，督臣
奏请民间堤埝输工助修，而官则寓赈于工，责办有司。张廷璐上奏认为此议不妥，因
为饥民堤内无田，让他修堤，只给半价工钱，这样等于是强迫他出工，得到的报酬又
少，又不能解决他们饥饿之苦。张廷璐建议政府出资一半，拥有田地的富民也得出资
一半，再雇人修堤，才能实现以工代赈，这样"输钱、用力，于饥民、富民之间，两
无偏倚"。上允之。乾隆五年十一月，奉命提督江苏学政。到任后，极力维护考生利
益，提出许多有利于选拔人才的建议。他自己也高度重视选拔工作，亲力亲为，"务
殚竭精力，以殊别高下，校阅常至夜分不倦。所拔多绩学能义、能自守业者"。乾隆

六年十二月，世宗宪皇帝实录告成，蒙恩赐鞍马、银币，恳辞，议叙，奉旨俞允。乾隆七年九月，充武会试正考官。乾隆九年四月，修建天坛、地坛斋官，告成，议叙，恩加一级，纪录二次；五月转补内阁学士兼礼部侍郎；六月，充江西乡试正考官。乾隆十一年（1746）三月，以衰病具疏乞休，奉旨着解任回籍调理。四月抵里。

乾隆十六年，圣驾第一次南巡，张廷璩至红花铺恭迎，蒙恩驻马垂问年齿。是冬赴京，恭祝圣母皇太后六旬万寿，时各省庆祝大臣20余人，奉旨列先帝老臣13人于西直门外，恭迎慈辇。庆礼毕，遂蒙召见，上面谕云："汝耳重听，此亦年老所宜。"恩加一级，赐缎二端。皇太后恩赐缎匹、荷包。旋奉恩旨："在籍老臣，年逾耄耋，际此隆冬，不胜寒冷，著令早就归途，俾得回籍颐养，共乐天和。"随即陛辞回里。

张廷璩为人诚朴笃谨，细微必慎。每次入朝，自书职名，读之曰：某官张某。任职侍郎时，谨奉法度而绝阿私。即使是致仕回到家乡，也仍然以旧德笃行自守。张廷璩位居高官，清廉节俭。姚鼐称他"自奉甚陋，或人所不堪，虽家人皆窃笑之。然至族党有缓急，出千百金不惜也"。张廷璩居官廉洁，从不沾染分毫，"未尝私受人一钱"。他有个门生做江西巡抚，路过其家，奉数百金给他贺寿。他拒收此礼，并说："吾幸足衣食，安用汝金为？"有部下给他寄来人参，他也予以退回，还说："吾生平无病，乌用参？"他少为名臣张英之子，居京师冠盖之间，而始终没有世故之态。根据姚鼐记载，张廷璐兄弟去世数年，乾隆皇帝还对身边大臣说："张廷璩兄弟皆旧臣贤者，今尽也！安可得也？"因叹息久之。

公既归里，闭户少出，率子弟饬行读书，编辑家谱，理祭田以事先，增义田以收族，赡养贫族，周恤桑梓，利人济物，趋如勇士。抚养孤侄若霦、若霍、若霁，教诲婚嫁，如同所生。张英设置的义田，由于族人增多，难以周济，他和诸兄弟商议，共捐筹白银千余两，增购田地，充作族田，将族人根据亲疏远近分列为上、中、下三等，然后按等次、人丁多寡予以资助。还设置"笃素公田"，每年得谷九百余石，用来接济张英的后裔子孙。他还设置"息济田"，将田租收入用来接济从弟承先的贫困后人。专门设置"广惠田"，将田租收入用来接济张氏家族困难亲戚、朋友、故旧等。许多亲戚、族裔、姻胥赖以济困，但张廷璩从不言告他人。难怪刘大櫆称他："天性仁爱，洞悉民生衣食之艰难，常推己以及于宗族、戚属、交游、里党。"

此外，每逢水旱、蝗疫等灾害之年，他都要把家里的粮食拿出来，设置粥厂，给那些挨饿受饥者提供活命的机会。康熙年间，桐城东乡曾大水成灾，许多田屋都被洪

水淹没，张廷璟在城西设粥厂，向饥饿者发食，并且"亲尝其厚薄、凉暖，而后授之食"。大灾之后，又遇到病疫，张廷璟又请医生来给百姓救治。他自己和家中两个仆人都染疾，两个仆人医治无效而死，而张廷璟却安然无恙，人们都认为是上天要保佑他。康熙五十三年（1714），桐城又遇旱灾，按察使要求绅士分乡募捐，张廷璟主持东乡募捐之事，正月初二就开始募捐工作，对那些饥民，路近的食粥，路远的给米。由于张廷璟等人的艰苦努力，被救活的饥民不计其数。

张廷璟为人厚道，重情义。他少时肄业吴歌熙门下，吴去世后，其子也相继死亡，张廷璟把吴歌熙夫人迎养回家，数十年如一日，如同家人。还有张廷璟参加乡举时，朱龙御是其考官，后来，朱去官而贫，张廷璟经常派人"馈问其家"，朱龙御来其家时，"必丰其馈赠，尽欢而去"。他常常自嘲："财以备用，不用奚以财为？""财不可聚，聚则为患害。"所以常损己以利物，备财以济人，薄取而厚与。而他自己生活却十分俭朴，穿着朴素，"衣食皆自取其敝薄者"，还自我安慰"吾衣敝衣觉体轻"。年逾80，食不二味，朋友及学生或赠送礼品给他，少则受之，对那些币帛、财货之类，坚决拒之，还对人说："吾家温饱足自供，无需如此也。"

张廷璟于乾隆十一年因病致仕归里，家居近20年，于乾隆二十九年（1764）正月初六日病逝，享年84岁。

为民总督张若震

张若震（1696—1756），字宗岳，号楞阿，张廷璐长子。自少颖敏绝伦，其祖父张英深赏异之。雍正元年（1723）顺天乡试，其伯父张廷玉为主考官，张若震依例回避，后参加回避卷考试，御试取中第三名。雍正五年（1727），挑选教职，引见，奉旨到浙江以知县用。雍正六年，实授浙江天台府天台县知县。雍正七年，擢升嘉兴府海防同知。雍正八年，又迁升到台州府任知府。雍正九年，被引见，蒙恩赐紫貂、墨刻等物

张若震的长门堂

品。雍正十年，升浙江盐驿道。雍正十二年，特旨升授浙江布政使，并赐御书"福"字一幅。雍正十三年，奉特旨兼管两浙盐政，诰授通奉大夫，荫一子二品监生。

乾隆元年（1736），护理浙江总督、巡抚盐政印务；担任武闱乡试监临主考官。乾隆三年，护理浙江巡抚盐政印务，武闱乡试监临主考官。乾隆四年，在张若震的努力下，浙江全省应缴钱粮足额缴完，朝廷考核时，政绩卓著，议叙，奉旨加一级。乾隆六年，护理浙江巡抚盐政印务。在浙江任职期间，因其母亲年老多病，多次上奏皇上，希望能回家侍奉，颐养天年。乾隆七年，再次具折奏请归养，皇上认为情词恳切，批准他回籍养亲。乾隆十年，其母病故，依例守制服丧。乾隆十二年，服丧期满，准备赴京就职。

张若震于乾隆十四年再次赴京，皇帝在圆明园召对，旋奉旨补甘肃布政使。乾隆十五年，调任湖南布政使。乾隆十六年，调任陕西布政使。本年恰逢陕西受灾大荒，各州县饥民流离失所，张若震在赴任途中，就和陕西官员商议，把灾情上奏朝廷，请求赈灾。但是大府坚持不能把灾情上报。张若震一面直接下令各州县开仓放粮，救济灾民；一面自行上奏朝廷，说明灾情，请求朝廷重视并支持地方官府救灾。大府不但不积极参与救灾赈济灾民工作，反而以"擅动仓谷"题参特奏。张若震闭门听勘，皇上很快颁发诏书，严饬大府，对张若震的奏举请求全部应允照办。于是，整个陕西省的灾民被救活者，不可胜计。乾隆十七年，请觐召对3次。乾隆十八年，奉特旨升授湖北巡抚，兼兵部侍郎、右副都御史衔。湖北乃楚国属地，民俗素称剽悍，控驭极难。张若震赴任后，详察民情，整纲肃纪，宵旦勤劬。很快实现吏畏民安，外政修举，官场风气好转，百姓安居乐业。他还将自己所见所闻，条分缕析，逐项上奏朝廷，其入告诸奏，无不准行。如请广收民间麦子，充实仓储；清查弁丁，以杜诡冒；提请从四川调运铜20万斤，以供湖北铸造之用；从湖北调出大米10万石，以赈济浙江灾民等。这些奏疏，都有裨于国计民生，经部议，全部施行。乾隆十九年，赐御书墨刻32副，紫金香锭1篚、珍珠1捻。乾隆二十年，赐"福"字1幅，鲜食4种，奉旨兼署湖广总督。请陛见，屡随军机大臣入见，面承皇上训诲，嘉励再三。乾隆二十一年，赐御书、鲜食并文绮二端。充文闱乡试监临官，武闱乡试监临主考官。

张若震虽然任官异乡，却十分关心家乡百姓疾苦，东门子来桥曾遭水毁，他慷慨解囊，捐白银千两，用于修桥。东乡受灾，他也捐助300两白银，用于接济百姓。

乾隆二十一年（1756），卒于官署，遗疏上闻，赐祭葬。

著有《静春斋诗》4卷、《奏议杂文》4卷。其子曾肇荫生，任浙江东海防同知；曾牧，贡生，任两淮泰州通判。

水利总督方观承

方观承（1698—1768），字遐谷，号问亭，又号宜田。其先世自元代迁居桐城，"以文学名数世"。祖父方登峄，官工部主事。父亲方式济，康熙四十八年（1709）进士，官内阁中书，因本族《南山集》案牵连，祖父、父亲被流放黑龙江。因此，方观承尚是少年时，家无一椽，只得寄居于江宁清凉山寺。中州僧人觉得方观承非寻常之辈，特别厚待于他。方观承思父心切，和其兄方观永徒步至塞外，往来南北，枵腹重跰，或日食一次，或徒步行百余里。祖父与父亲去世后，生活更加贫困。通过南来北往的奔波，他对社会和民情有了深刻的认识，自己也更加励志勤学。作为一个世家子弟，读万卷书，行万里路，从江南到塞北，阅尽人间风土，历经沧桑世故，有意无意之间，方观承把自己历练成了一个虽然年纪轻轻，但却饱读诗书、见多识广、人情练达的豪士。族人推荐入平郡王福彭藩邸，平郡王同他交流后，"大奇之，情好日隆"。雍正十年（1732），福彭以定边大将军率师征讨准噶尔，奏请方观承为记室。世宗命以布衣召见，赐中书衔。雍正十二年冬，福彭率师凯旋，回到京城，以军功实授方观承内阁中书职。从此仕途畅达。

乾隆元年（1736），王奕清荐公博学鸿词，临试不赴。不久迁侍读，行走军机房，充军机处章京。再补兵部职方司郎中。方观承识力超卓，善骑射，"于世事物理莹彻通晓"，所以大学士

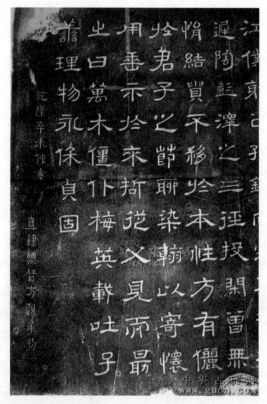

方观承梅花赋拓片局部

方观承画

鄂尔泰勘察河南、大学士纳亲勘察浙江海塘、直隶制府高斌勘察永定河时，都奏请皇上，请方观承同行考察。方观承从此受到乾隆皇帝的赏识，官至封疆大吏。乾隆七年，授直隶清河道。署总督史贻直奏勘永定河工，上谕之曰："方观承不穿凿而有条理，可与详酌。"乾隆八年，迁按察使。乾隆九年，命大学士纳亲勘浙江海塘及山东、江南河道，派方观承随从。不久，方观承被擢升为布政使。乾隆十一年，署山东巡抚。在山东巡抚任上，以安山湖畀民承垦升科，上奏曰："湖中尚有积水，但二麦在水已涸之后布种，在水未发之先收获。"这样即使有水患，百姓愿意承垦升科。"升科后，官征民纳，例重秋收。秋禾被水，请蠲、请赈、请豁，徒致纷繁。即如南旺湖，亦经台臣条奏畀民承垦。臣从纳亲履勘，见卑处水涸，高处如屋如岩，意谓水不能及。臣至山东，方知夏秋间运河及汶水暴涨，赖以分减，运道得保无虞。凡大川所经，众水所注，其宣泄潴蓄之区，恒阅数年、数十年，有若闲置，一旦实得其用，未可以目前忘久远。安山湖亦运河泄水地，应视南旺湖例，夏麦秋禾，分季收租。除去升科名目，应征、应免，悉从其宜。国利而民亦不病。"乾隆十二年，回布政使任。乾隆十三年，迁浙江巡抚。在浙江巡抚任上，方观承履勘海塘堤岸，丈出土地35万余亩，让百姓开垦耕种。还把附近村地2万余亩拨补给因引河失地的百姓。"复察各地咸气未除，民不能即耕，令灶户以未种地交民承佃，使灶户得租，贫民得地"。上奏朝廷，皇帝阅后，对此举大加赞赏。

乾隆十四年，迁升直隶总督，兼理河道。在直隶任总督20年，治绩彰显。以兼理河道，治水尤著劳勚。直隶五大河，永定河浑流最难治。方观承从长远出发，综合治理永定河，为沿岸百姓谋福祉。"所治直隶水利如永定、滹沱、白沟等河，奇材、鸡距等泉，俱为搜考原委，判别浚筑。"皇上派遣大臣兆惠、裘曰修、高晋等人多次来考察相度，"悉如公策"，乾隆帝更加器重他。直隶乃京畿之地，皇帝每年到盛京拜谒祖陵、到木兰围场避暑、巡视嵩岳、五次巡视江浙等，都要经过直隶；加上朝廷两次出兵伊犁、缅甸，一切军需供给都由他来调度，"具营幕刍粮，未尝少乏，军兴而于民无扰"。他还特别勤于民事，尝请以永定河淤滩，堤内外留十丈，备栽柳取土，余界守堤贫民领耕输租。又请以永定河苇地改艺秋禾，又以麦田牧羊，奏请申禁。沟渠叠道工竟，又请将栾城、柏乡、内丘、定兴、安肃、望都诸县改筑砖城。涿州拒马河桥倒塌，他下令改建石桥。又重建衡水县西桥，请赐名安济。政无巨细，皆殚心力赴之。"公能料简周匝，徒御不惊，二十年如一日。"

乾隆十五年，加太子少保。乾隆十九年，西陲用兵，加太子太保衔，署陕甘总督，办置军需，日行400里。董理储糈，送驼马，运粮茶，上敕以妥速为要。时值严冬方观承呈疏，言哈密至巴里坤大坂积雪，遣兵铲除，请日加面4两。在陕、甘四月，得恇忡疾，仍回直隶总督任。乾隆二十八年，上命勘查天津等处积水，责究方观承玩忽职守，下部议，夺官，命宽之。御史吉梦熊、朱续经交章劾方观承，上谕曰："观承在直久，存息事宁人之见。前以天津等处积水未消，予以惩儆，而言者动以为归过之地。直隶事务殷繁，又值灾歉，措置不无竭蹶。言易行难，持论者易地以处，恐未必能如观承之勉力支持也。"纵观方观承为官数十年，自从任清河道至直隶总督，皆掌治水。特别是永定河，人们常称它是无定河，每遇洪水，迁移靡常，不可能一次就能治好，也不可能按照古代河道来作为治河的依据。方观承做到实地勘察，洞彻地势，"相时决机，或革或因，或浚或障，其于河务前后数十疏，从之辄利"。乾隆皇帝高度重视永定河治理事务，每次看见方观承筹划的治河方案，都发出赞誉的感叹，认为是"非他人执成法者所能及也"。

方观承博学干练，为官一任，造福一方，政绩不胜枚举，各地民间留存的关于清官循吏"方总督"的故事更是数不胜数。方观承主张大力兴办义仓，要求分清楚义仓创建中政府和民众的责任。方观承十分重视积贮，他说："积贮为本计所关。"在积贮中，他崇尚义仓之法，认为义仓推行起来较为方便，奏称："义仓与社仓同为积贮，但社仓例惟借种，义仓则借与赈兼行，而尤重在赈。设仓宜在乡不宜在城，积谷宜在民不宜在官。秋获告丰，劝导输纳，岁终将谷数奏明，不必开具管收除在。则其数不在官，法可行久。"经过方观承多年苦心经营，直隶仓图与仓库先后建成，共计绘图144幅，涵盖144个州县，35210个村庄，建成仓库1005个，每个涵盖村庄大约35个，所捐义谷共达285300余石，平均每个仓库存谷283.89石。方观承对义仓的创办工作可谓尽职尽责。他命人绘制直隶的义仓全图，共十四册，并把它们进献给乾隆皇帝批览，受到乾隆帝高度赞赏。直到嘉庆、道光年间，义仓仍在赈灾灭荒中发挥着重要作用，受到了清政府及下层民众的称道。

方观承善于用人，对有才之人，做到人尽其才，用人不疑。姚鼐称他："性明于用人，一见与语，即能知才所堪任授之事，随难易缓急，委寄必当。"到方观承年老的时候，由他从守令、丞尉中提拔出来的人才，任职督抚的就有十余人。对那些弹劾自己的官员，他从不记仇，为己所用，确有真才者，委以重任。御史范廷楷、林玉奏直隶丈量旗地历年不清。方观承上奏谢罪，并奏称范、林二人刚直有才，请求皇上将二人发往直隶补官相助，清理旗地。旗地乃王公庄户，且豪纵时间很长，难以解决。范、林二人到任理事，"断断相角"，旗地虽然稍微理清，但二人的盛气锋芒也受到打击。方观承为官爱护下级，敢于承担责任，有年直隶发生蝗虫灾害，皇上责怪方观承督捕不力。司道都劝他弹劾一二个州县官来开脱自己的责任，方观承坚决不同意，并说："我之不职，州县何辜？"磁州爆发匪乱，方观承平息匪乱后，决定"诛三人，绞七人"，其余的全部释放。皇上怀疑他宽纵犯人，一天之内他就接到十三封廷寄，要求严责。家人"虑圣意不测，尽雨泣"，而方观承坚持自己先前的意见不改，"申辩愈力"。皇帝诏令九卿、军机大臣会审罪犯，乃知"公所定之当"，从此以后乾隆帝更加相信方观承了。

方观承为官时间长，但家无余财，只在桐城和南京建有家祠，用来祭祖。购置田产，用来赡养家族中的贫困者。此前，他的祖父母、父母四代都葬在关外，"每至岁时，必恸哭"。平郡王福彭哀感其意，奏请皇上："谪戍身死而无遗罪者，听其迁柩回里。"雍正皇帝许之，方观承把祖父母、父母的灵柩迁回安葬，了却自己的夙愿。方观承61岁时，子方维甸出生，乾隆帝知道后，非常高兴，诏令将孩子抱到御前，"解所佩金丝荷囊赐之"。

方观承十分重视棉花生产，认为种棉"功同菽粟"，只有使农民种棉纺织，才能使"衣被周乎天下"，"且籽可榨油，渣可肥田，秸可作燃料"。他根据自己长期积累的植棉经验，于乾隆三十年（1765），绘成《棉花图说》16幅，系统地说明了从植棉到成布的全过程，同时列出每道工序的生产工艺及经验，呈进御览。乾隆皇帝龙颜大悦，备加赞赏，亲笔题诗16首，并下诏将《图册》颁行天下。《棉花图》以图为主，图文并茂，通俗易懂，极具观赏性，是当时倡导和推广植棉和棉纺织技术的优秀科普作品，在今天则成了研究中国农业科技史，以及清代前期冀中地区农业经济的宝贵资料。同年，乾隆帝南巡，又蒙赐诗。乾隆三十三年（1768），病疟，遣医诊视。八月，卒，享年71岁。御赐祭葬，谥"恪敏"。御制怀旧诗，入五督臣中。

方观承位显官高，但手不释卷，一有闲暇，即执书读之。好读经吟诗，著作丰赡。著有《入塞草》、《怀南草》、《宜田汇稿》、《述本堂诗》、《直隶河渠书》等书传世。

诚实总宪张若澄

张若澄（1703—1787），字树毅，号墨庄。大学士张廷玉从子。少本艰苦力学，治易经，附监生，参加雍正七年（1729）顺天乡试，考取第十三名。次年准备参加会试，由于其叔父张廷瓃任同考官，张若澄依例回避，参加专场考试，获第四十名。殿试二甲第三十名，授兵部额外主事。雍正十年，实授车驾司主事，充吏、兵二部则例纂修官。

乾隆元年（1736），张若澄被保举仓场监督；引见，奉旨记名。此后，担任顺天武乡试同考官。次年，扈从圣驾恭谒泰陵；五月，补裕丰仓监督；本部堂官认为张若澄办事妥帖，奏请留部任职，乾隆帝俞允；八月，充中枢八旗则例纂修官；十二月，其父病逝，回籍守制。他主持纂修的八旗则例告成，议叙，奉旨纪录。服丧期满，为了侍奉母亲，家居4年。乾隆九年，其母病逝，依例守制。3年后，赴京任职，补兵部职方司主事；此后，在京官考察中，名列一等，升兵部职方司员外郎，充会典馆纂修官；保举御史，引见记名，升兵部武选司郎中，补授江西道监察御史。乾隆十八年（1753），充八旗翻译乡试内场监试官；顺天乡试时，任专门监试官；八月，担任顺天乡试同考官；十二月，稽察兴平仓，转掌江西道御史；不久，又转掌京畿道御史。次年十一月，稽察万安仓，担任户部科给事中；旋署刑科掌印给事中，升鸿胪寺少卿、鸿胪寺卿；稽察宗人府右翼宗学。乾隆二十五年十月，奉旨复勘各省乡试试卷。乾隆二十七年四月，升大理寺少卿；十月，奉命复勘各省乡试试卷。次年四月，奉旨复勘会试试卷；十一月，担任武殿试读卷官；在本年官员考察中，获得一等，奉命提督山东学政。在学政任上，所取之士，"无不为舆论所归"，深受士子爱戴和百姓赞许。乾隆三十一年，升太仆寺卿，仍留学政任。第二年，升通政使司通政使，仍留学政任。乾隆三十三年，擢升都察院左副都御史，仍留学政任；八月，升刑部右侍郎；十月，学政任期届满，回京受到乾隆皇帝召见，训谕："汝学政声名甚好，西曹（这里作刑部的别称）事务重大，非轻授以此任者，汝其勉之。"十二月，担任八旗教习考试官。乾隆三十四年，担任殿试读卷官；九月，出任武会试总裁。在刑部侍郎任上，张若溎的言行都受到皇帝的首肯，赞誉他"治狱明慎仁信，归于至当"。乾隆三十五年，调任工部右侍郎，扈驾巡幸天津，赓和御制诗章；五月，升都察院左都御史。在左都御史任上，依律办事，执法严厉，每有陈奏，"上皆称善"。由于他执法甚严，不徇私情，所以"为时相所严惮"，许多人采取各种手段来排挤弹劾他，但无法动摇他的地位。乾隆皇帝反而更加器重他，并召见训谕："汝自居官以来，诚实光明，从无粉饰取巧，以希擢用。此次越次超升，出朕特恩，非由援引。都御史职司风纪，不比寻常，宜益勉之。"乾隆帝的赞许，对张若溎来说是最大的鼓励，更是他从严执法的动力；对那些企图排挤张若溎的官员来说，无异于浇了一盆凉水。十一月，奉命复勘各省乡试试卷。乾隆三十六年（1771）四月，奉命复勘会试试卷，再次担任殿试读卷官；八月，担任顺天乡试正考官；十一月，恭逢皇太后八旬万寿，命入寿康宫，曲宴凡七日，恩赏貂皮、大缎、玉如意、鼻烟壶、果品、食物等物件。次年三月会试，派往龙门搜检；五月，阅新进士朝考卷；十月，充八旗恩监考试官。乾隆三十八年三月，充四库全书馆总裁；闰三月，乾隆皇帝召见垂问，上奏陈述胞弟张若瀛及其子受封之事，张若瀛曾在甘肃任知县，后告病回籍，但其子年力正壮，希望能为朝廷效力。奉旨由吏部带领引见，发往直隶，以知县用。十月，奉旨在紫禁城内骑马。张若溎在任四库全书馆总裁期间，持论严正，采择详慎，归于法度，受到同事诸君好评。乾隆四十年三月，奉命复勘会试试卷；四月，担任殿试读卷官；五月，阅新进士朝考卷。次年二月，奉命赴文渊阁阅示藏书，赓和御制诗二章，赐宴于文华殿西庑；五月，恭上皇太后尊号，恩加一级；十月，以老病乞休。奏称本人年届74岁，久病未愈，行动维艰，请回原籍，照例开缺。奏章进呈后，乾隆帝"温语悯恤"，非常开恩，不但准其致仕，而且把归途中的许多事情安排妥帖，还说"张若溎行走有年，尚为勤慎，今既以老疾陈请，著准其回籍，以原官致仕"。当年十一月，吏部具题给所有在职官员加级，乾隆帝下旨也给张若溎加一级。乾隆四十二年二月，张若溎陛辞回到桐城故里。

乾隆四十五年（1780），乾隆帝南巡，二月，张若溎赴红花铺恭迎，受到乾隆帝召见垂询。三月，扈从皇上到栖霞，乾隆帝非常体谅老臣，面谕他："汝当即回，不必候送。"1784年，乾隆帝第六次南巡，二月，张若溎赴龙泉莊恭迎，乾隆帝召见垂询，不久还谕告张若溎："来年举行千叟宴盛典，当来京预宴。"闰三月，扈从乾隆

帝到江宁，又蒙乾隆帝温谕："天气晴暖，可以遣归，不必候送。"这年十月，张若澍进京，乾隆帝召见，并温谕他，你行走艰难，不必每天来内廷，每月初一、十五来备顾问就行了。十一月，特赐张若澍"台柏恒春"匾额。次年正月六日，乾隆帝在乾清宫设御宴，命侍卫按照一品年老大臣的待遇，挽扶张若澍由殿檐至座前，乾隆帝亲赐酒醴；宴礼结束后，颁赏御制诗幅、如意、朝珠、寿仗、缎锦、羽绉羽纱、倭缎漳绒、呢袍褂料、貂皮、福字、笔墨朱砚、鼻烟壶、茶盘、文竹盒、斋戒牌、大小荷包等共60余件，其入宴所用的杯碗，"恩命怀归"。此日还传谕："张若澍来京已久，可乘天气晴暖遣归。"次日，张若澍上朝，向乾隆帝告辞时，乾隆帝还说："朕八旬时，再当来见。"二月，抵里，进呈谢恩奏折，乾隆朱批，欣慰不已。

张若澍入仕以来，寡嗜好，登显贵以后，亦淡泊如诸生。致仕归里，寄情山水，以读书为乐，恒日手持一编。遇有任恤之举，首为倡率，深受百姓爱戴。乾隆五十二年逝世，享年85岁。

乾隆爱臣张若霭

张若霭（1713—1746）字景采，号晴岚，又号炼雪、炼雪道人、晴岚居士，大学士张廷玉长子。生而骨秀神俊，张廷玉自称："予晚举子，每心喜得佳儿，初授句读，即能解其大义。"自幼颖慧，勤奋好学，8岁学为诗，时有警句。雍正八年（1730），奉旨承袭一等轻车都尉，仍准入场应试，雍正十年顺天乡试第六十四名。雍正十一年会试，因其兄若霈为提调官，张若霭依例回避，参加专场考试中试，位列第三十名。后参加殿试，上御懋勤殿阅卷，对读卷官说，他们拟进的第五卷，"策恳挚有识，非经生语，应置第三"。大学士承命注甲策卷首，等到开启弥封，才知道第三卷是张若霭的。雍正帝大喜，并赞曰："其习闻庭训，得大臣忠爱之意，故所敷陈恺切如此。张廷玉佐朕久，每以稷、契相期待，且自其祖父累世厚德，则有贤子孙为国家之用。"张廷玉闻讯后，免冠叩首，继以泣下，并说："臣家世受国恩，何所不至？今臣子又占巍科，梦寐实不能安，愿推以让天下寒士。"由于张廷玉恳辞，世宗动容嘉叹，改置二甲第一名。为彰其义，仍宣示天下，俾读书者共知之，还下旨："张若霭原是鼎甲，传谕礼部，簪花赐宴之仪，皆与三鼎甲同。"是日皇上在中正殿召见张若霭，"温旨训诲，赐东珠帽一顶、端砚一方、文绮四端"。四月，雍正帝在

张若霭诗集封面

勤政殿钦选庶吉士，上谕"张若霭著同三鼎甲一体，授职为翰林院编修"。五月，奉旨在军机处行走。有一日，军机大臣入见，每人赐砚一方，当时张若霭在直庐，"上手一砚与之，顾诸大臣曰：'张若霭器量好，朕甚嘉之。'"十月，赐祭文端公于桐城，谕令张若霭随其父张廷玉回籍举行祀典。雍正十二年二月还京谢恩，在中正殿接受雍正帝召见，面谕曰："学囊无底，当勉力读书，无负世泽之恩训。"雍正十三年六月，迁日讲起居注官。因张廷玉总理事务，受到皇上赞许，特给一等轻车都尉，经过部议，并为三等子，仍令张若霭承袭。九月，奉命入直南书房。

张若霭诗集

　乾隆元年（1736）三月，御试《汉书》，张若霭获一等第三名；六月以原衔充日讲起居注官；本年遇覃恩，诰授光禄大夫。乾隆二年五月，在乾清宫御试翰詹诸臣，上亲阅试卷，张若霭获得二等第五名，升翰林院侍讲；十二月，因为张廷玉总理事务，三年期满，考核优秀，赐给一骑都尉，并奉特旨，从优授为三等伯，仍令张若霭承袭。乾隆四年二月，升翰林院侍读学士。不久，张若霭生母去世，依例回籍守制。三年服丧期满，回京任职，奉旨仍直南书房兼任勤懋殿行走。乾隆八年二月，补翰林院侍读学士；三月，在正大光明殿御试翰詹诸臣，皇上亲阅试卷，获得二等第三名，升通政使司右通政；七月，擢升光禄寺卿。乾隆九年三月，升通政使司通政使，奉命品定内府书画数万种，编辑《秘殿珠林》二十四卷、《石渠宝笈》若干卷；十月，赐御书"小方壶"匾额；十一月，赐飞白御书"飞鸟"匾额。乾隆十年十二月，迁升内阁学士兼礼部侍郎。乾隆十一年九月，扈从乾隆皇帝西巡，归途患疾，皇上派御医调治护视。回京后，病情加重，上遣内侍日赐询问，十一月十七日逝世。乾隆帝深感悲痛，谕曰："内阁学士张若霭，在内廷行走十余年，小心勤慎，能恪遵伊父大学士张廷玉家训，深望其将来尚可有成。今秋扈从，于途次患病，随遣御医调

张若霭手迹

75

治，且令其先回，冀即痊，可以慰伊老父之心。不意遽闻溘逝，深为悯恻。伊从前曾袭伯爵，因其与定制未符，是以令在本任供职。今著加恩，照伯爵品级赏银一千两，料理丧仪。"乾隆并劝慰年逾古稀的张廷玉，"节哀自爱，勉副朕轸念之意"。乾隆十二年二月十四日，遣礼部左侍郎邓钟岳赐祭于邸寓，谕祭曰："鞠躬尽瘁，臣子之芳踪；赐恤褒勤，国家之盛典。尔张若霭性行恪醇，才能敏练。自服官以来，历有年所，方冀长享遐龄，岂料遽闻溘逝，朕用悼焉！特颁祭典，以奖成劳。呜呼，宠锡重垆，庶沐匪躬之报；名垂信史，聿昭不朽之荣。尔如有知，尚克歆享。"乾隆帝哀悼、惋惜、悲痛之情，溢于言表。

张若霭自通籍以来，即留心政务。每遇四方水旱，张廷玉操劳特甚，有困惑处，就和张若霭交流，"间出所见，为之区划，冀以纾予之忧"。他任光禄寺卿之职，"慎重经费，厘剔弊端"，许多奏疏或建议，都被采纳或施行。在任九卿和秋审工作中，他"推详谳词，备极矜慎"。他不放过一个坏人，更不冤枉一个好人，"未成之罪，以释羞忿，以全人命"。他常常以节俭自律，"自奉甚俭，声色靡丽之事，无一所好"。他出入禁闼10余年，以朴诚恭谨，"受两圣非常知遇"。

张若霭非常孝顺父母，这也是张廷玉极为得意之处，"性至孝，能曲承予意"。其母吴夫人患病，张若霭伺候左右，衣不解带达数月之久，夜则"露祷求代"，时方溽暑，"蚊虽瘁肌，不觉也"。母亲去世，他不顾路途遥远，不顾泥淖、险仄，"必躬自扶掖徒行"。他与人相交，以友爱为重，"视与人交，恭而有礼"。他胸怀坦荡，不设城府。对那些曾经冒犯过自己的人，他决不和他们计较。遇到贫寒之士有困难，他"不惜倾箧赠之"，所以同僚对他无不感佩。

张若霭酷嗜文墨，作诗多可存世，作字颇得古人笔法，旁通八分篆籀，兼娴绘事。供职朝廷，以书、画见长。善书法，工山水、花鸟鱼虫，常喜写折枝荷花，赋色虽沉浓而有清艳之感。写叶则以纯墨染，显示超尘脱俗之风韵。曾绘从立春至大寒节气之山水图24幅。能画四季已属不易，画24节气之山水就更难。故其画深得乾隆皇帝喜爱，书法亦得皇家赏识，其书画入《石渠宝笈》，乾隆皇帝为之御题者甚多。"每进画幅，上辄称其有文秀致。"著述方面在乾隆八年他与张照、梁诗飞、励宗万共同奉敕编撰《秘殿珠林》，成书于乾隆九年，共24卷，专载清内府所藏属于释典道经的书画和石刻、木刻、织绣等。紧接着乾隆九年又与张照、梁诗飞、励宗万、庄有恭、裘曰修、陈邦彦、观保、董邦达等奉敕编撰《石渠宝笈》正篇，成书于乾隆十年，共编44卷，著录了清内府所藏历朝书画。由于能参与编纂此两项书画著述（具有极高学术价值）工程的人，皆为当时的一代才俊，张若霭在书画创作及鉴赏方面的水平和学养之高，由此可见一斑。

特别是御赐《清高宗廷臣合写白衣大悲五印陀罗尼经》，其正文是乾隆皇帝御临董其昌书写经文之绝妙手笔。这卷经文是乾隆十一年（1746）浴佛日（农历四月初八）后，乾隆为皇后富察氏得皇子（皇七子内定储君永琮）之大喜而临写，随后便将这件饱含自己喜悦心情的经文特赐爱臣张若霭以同贺。张若霭受此皇恩，自是诚惶诚恐。其沐手记之曰："乾隆十一年四月十五日，御临此本以赐臣霭，臣拜捧天书，宠惊异数，恩光永佑，花雨常新，臣拜手敬书以记岁日。"皇恩浩荡，群臣共敬。

张若霭精于书画，善鉴赏，他曾在太后方寸玉佩之上作心经而得到皇家重赐，许多才华出众之人，如潘是稷、陈士俊等，皆由张若霭举荐内庭。由于这多种原因，乾隆对张若霭这位与自己年岁相差无几的臣子关爱甚佳。张若霭视画如命，而张廷玉又笃爱张若霭，但张廷玉对其要求甚严。有一次，张廷玉到僚属家去作客，看见一幅名人山水画作品，回到家里后，告知张若霭，称赞不已。没过几天，张廷玉看见该幅画作悬挂在张若霭书斋的墙壁上，张廷玉看完后，说："我无介溪之才，汝乃有东楼之好矣。"张若霭惊恐万分，跪谢良久。立即把此画送还原主。张廷玉一生廉正自守，不夺人之好，由此可见。

张若霭著有《蕴真阁诗集》4卷、《晴岚诗存》8卷存世。所画花草虫鸟深得周之冕、王榖祥之遗意，并载入《熙朝名画续录》、《国朝画征续录》。仿王元章的《疏影寒香图》为历代名画之一，今藏故宫博物院。

侍郎画家张若澄

张若澄（1721—1770），字镜壑，号默耕，大学士张廷玉次子。以正二品荫生中乾隆甲子科（1744）顺天乡试第五十一名。乾隆十年，参加会试，中第六十七名，殿试二甲第十六名，钦选翰林院庶吉士。乾隆十一年（1746），奉命入直南书房，成为天子近臣。其时，乾隆帝知道他工于绘事，"尝命临摹古人图画"。乾隆十二年，蒙恩召于重华宫，和王公大臣、内廷翰林锡宴联句。此后，奉旨在勤懋殿行走，奉勅临文征明《溪山深雪图》，乾隆帝赐题七言绝句一首。又奉勅画《秋林叠嶂图》，再蒙御笔赐题七言律诗一首，恩赐貂褂一袭。乾隆十三年，再蒙恩召同王公大臣、内廷翰林锡宴联句于重华宫，并扈从乾隆帝圣驾东巡。不久，乾隆帝在乾清宫御试翰、詹诸臣，张若澄被钦取二等第六名，升授右春坊右赞善。次年，扈从圣驾东巡。乾隆十七年（1752），因事降授翰林院编修。乾隆十八年，担任顺天乡试同考官。乾隆十九年，被任命为会试同考官、日讲起居注官。乾隆二十年，其父张廷玉在家病逝，依例回籍守制，服丧期满，赴京就职，补原官。乾隆二十三年，擢升翰林院侍讲。乾隆二十四年，升左春坊左庶子，奉命充湖南乡试正考官，升翰林院侍讲学士。乾隆二十五年，担任会试同考官、武会试副考官。乾隆二十七年，提拔为内阁学士兼礼部侍郎，稽察中书科事务。

张若澄"奉旨在懋勤殿行走"，这让他有机会遍观内务府所藏历代名人书画，为他绘画技艺的提高创造了一个绝好的契机。这一时期，乾隆皇帝在北京西北郊大兴土木，营造御园。张若澄在乾隆二年（1737）将圆明园二十八景扩建为四十景，乾隆十年（1745）在其东边修建万春园，又在香山修建静宜园。凭借一位宫廷画家特有的敏感，张若澄用手中的画笔，记录了这一伟大的工程，绘制了一卷《静宜园二十八景图》。从此卷可以看出，张若澄画风严密，笔墨秀劲，用笔之间表现出与年龄相比少见的成熟。在此画卷中，张若澄在遵循传统与创新求变之间，作出了大胆的尝试。他用传统的写意画法描绘了静宜园中的建筑及周围的山水，同时，又将所绘建筑巧妙地融入了文人写意山水中。这不仅符合了文人画含蓄蕴藉的审美特点，同时也详细地交代出每一处建筑的具体位置。今天，《静宜园二十八景图》为我们了解当时的静宜园场景，提供了最原始、最直观、最详实的第一手资料，这对

张若澄燕山八景

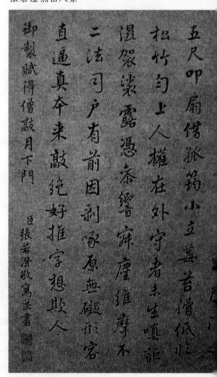

张若澄手迹

78

研究清代皇家园林的建筑风格、布局结构、规模样式等情况，都具有非常重要的意义。

张若澄生活在大清王朝的繁荣时期，社会安定，经济发展，人口增多，整个社会呈现出一派欣欣向荣的景象。踌躇满志的乾隆皇帝，多次出巡塞外边关，大江南北，体察社情、民情，而在乾隆皇帝出巡的队伍中，每每可以看到翰林出身的张若澄。仅《张氏家谱》记载的张若澄扈从圣驾出巡的就有两次。"戊辰（1748）蒙恩召同王公大臣、内廷翰林，赐宴联句于重华宫，扈从圣驾东巡"，"己巳（1749）扈从圣驾东巡"，所到之处，张若澄以超强的记忆能力，扎实的绘画功底，即兴赋诗作画，以进呈皇帝。乾隆十五年（1750），皇帝第二次瞻礼山西五台山，銮驾路过镇海寺，适逢大雪，天地间一片苍茫，银装素裹，天然画意。乾隆皇帝当即命张若澄绘制一幅镇海寺雪景图。画作呈上之后，龙颜大悦，诗兴大发，旋作诗一首，并御笔题诗于画："昨来无缝见天衣，一夜银林缬蕊霏。望裹连空方散漫，度余别墅辨依微。诗原践约碧峰礼，雪亦如期玉叶飞。山地向寒无宿麦，惟欣泽润夏田肥。"

由于乾隆皇帝雅好书画，清代的宫廷绘画在这一时期达到了登峰造极的地步。在乾隆皇帝身边，聚集了一大批颇有成就的中外画家。如董邦达、钱维城、张若霭、张若澄、郎世宁等。中外画家互相交流画技，取长补短，使得这一时期的宫廷绘画呈现出多姿多彩的局面，留下许多珍贵的艺术作品。张若澄的《燕山八景图》堪称是其中的代表作之一。以北京城著名的"燕京八景"为题而画。张若澄在遵循中国传统绘画的基础上，大胆地吸收了西洋画法，使得画中的景致描绘更加准确逼真、艳丽多姿。特别是八景图中之《琼岛春荫》，描绘了北海琼华岛的春景，绿树环白塔，碧波绕琼岛，幽深而宁静。此画是典型的采用中西结合画法，偏重写实，画面立体感增强，表现手法活泼而不失稳重，是画家依景写实的佳作。

张若澄的绘画，画风工整细致，笔墨丰润绝俗，构图正中平和。观其画，"有令人于春风侍坐时矜平而躁释（《桐旧集》）"。其画设色富丽，富有皇家神韵，因而受到皇室的喜爱。据《张氏宗谱》记载，张若澄曾"奉敕临文徵明《溪山深雪图》，蒙御笔赐题七言绝句一首；又奉敕画《秋林叠嶂图》，复蒙御笔赐题七言律诗一首"。对于一个画家来说，能够奉旨为皇上作画，并且得到皇上的御笔题诗，这是莫大的荣耀，也是对其艺术造诣的最好肯定。在张若澄众多"臣字款"的画作中，有《阿弥陀经》及《山水册页》，被载入了《熙朝名画续录》，广为流传，并成为后世学画者临摹的蓝本。

桐城市博物馆藏有一幅张若澄的"臣字款"画作《山水图》轴，纸本，墨笔，纵120cm，横62cm。所绘远景山峰入云，险峻奇峭，雾岚如烟，可望而不可即；近景长松壁立，有拔地突兀之势。在被深山环抱的深谷中，藏一古刹，一老僧悠然举袂，在月下轻叩山门。全图笔墨精到，舒卷自如，境界淡泊宁和。图画左上方的题诗，其书法清秀、儒雅，给人以空灵恬静之美："月上惊栖鸟，山僧归自邻。应门乏五尺，叩扇借孤筇。小立莓苔滑，低临松竹匀。上人权在外，守者未生嗔。讴湿袈裟露，凭参响寐尘。维摩不二法，司户有前因。剥琢原无碍，形容直逼真。本来敲绝好，推字想欺人。"上款："御制赋得僧敲月下门"，下款"臣张若澄敬写并书"，钤印两方。

作为皇帝侍臣的张若澄，曾三次担任乡、会试同考官，一次主持湖南乡试，曾"充日讲起居注官"，历任翰林院侍讲、翰林院侍读学士，1762年，升授内阁学士兼礼部侍郎，"稽察中书科事务"。然而天嫉英才，正当他事业如日中天的时候，却溘然长逝，年仅49岁，给后人留下了无尽的稀嘘与浩叹。著有《潇碧轩集》四卷存世。

御赞巡抚姚棻

姚棻（1726—1801），字香苾，号铁松。当其尚在襁褓时，父亲就因病逝世了，母亲含辛茹苦独自一人抚育姚棻，及其年稍长，因家贫无力送他上学堂、进私塾，母亲方夫人便亲自为他口授章句。好在姚棻天资聪颖，25岁就中了顺天乡试举人，乾隆二十六年（1761）中进士，授湖北宣恩县知县，次年又改任甘肃靖远知县。

姚棻在宣恩和靖远两县任职的时间都不长，但为官一任，造福一方。在任期间，他"兴修文庙义学，教民置水车灌田，开金石岘以通行旅，立兴靖堡集以便民货"。他急民之所急，想民之所想，尽心尽力为百姓排忧解难。但真正让姚棻脱颖而出的是在任皋兰县令期间。

乾隆二十九年（1764），姚棻调任皋兰县任知县。此间，盐茶厅积盗马得鳌仍然逍遥法外。马得鳌是甘肃有名的积窝巨匪，生有4个无赖之子，出则为盗，入则扰民；其党羽部众遍布各地，抢劫官府，掠夺百姓，积案累累，其危害性确非寻常盗犯可比，成为当地百姓、官府乃至朝廷的一大隐患，必欲除之而后快。盐茶厅并不在皋兰县的管辖范围之内，但是由于姚棻思维缜密，办事果敢，并且长于捕盗，所以总督吴达善便把抓捕马得鳌的重任交给了姚棻。姚棻接到委派后，深入调查，仔细分析，

姚棻序

发现马匪虽然奸猾，居无定所，但因马匪是回民，饮食起居还是有章可循的，尤其是将其近年来的踪迹进行梳理后，进而掌握了马匪活动的规律。某日，姚棻精心策划，周密部署，带着游击（官名，清绿营武职）董果等精壮部属，将马得鳌及其核心党羽一并抓获。马得鳌归案伏法后，清廷为使败类析居，散其党羽，一个危害一方、让百姓寝食难安的盗贼集团终于被彻底消灭。对此，百姓欢呼雀跃，奔走相告，乾隆皇帝为此下谕旨称赞："姚棻一经派委，即兼程探获巨窝，颇属能事。"

此后，"上嘉其才干"，"调固原州，迁湖北安陆、武昌、施南，福建漳州等府"任职。姚棻也没有辜负乾隆皇帝的厚望，每到一处，惠布远黎。在安陆，"民好巫习符咒之术，收其徒众，严治之，邪风一变"；在武昌，除暴安民，打击不法之徒，"豪猾敛迹"。他所到之地，锄奸除暴，惩治黑恶势力，维护社会正义，使黎民百姓安居乐业。

乾隆三十五年（1770），贵州古州党堆寨苗人香要与迫根、老勇、老九等商议称王，联合邻近各寨，以"法术"相号召，举行反清起义。他们约定五月十五日起义，目标是首先攻下江营城，然后再遍及贵州。由于走漏了风声，五月初十日便有土弁差役到各寨查访，香要仓促行动，杀死土弁差役十余人，并于十三日用木刻传集各寨，纠结千余人起事。消息传到朝廷，乾隆皇帝大为震惊，下令总督吴达善即刻剿捕。五月十八日，吴达善偕同姚棻前往党堆寨。到了党堆寨后，为了避免伤及无辜，姚棻主张擒贼先擒王，只要擒住了香要，其党羽或被他蛊惑的部众，也就会作鸟兽散。于是，"公以三百人驰捣贼寨，平之"。由于姚棻在数次重大事件中所表现出的杰出才干，深得乾隆皇帝的信任。乾隆三十九年（1774），"上以施南府民情糅杂，讼狱烦多，非强干廉洁之员，未能区画。调棻知施南知府"。施南府原在土司的统治下，雍正十三年（1735）改土归流以后，土司制度下的一些恶习，并未随之消除，再加上其境内土家、苗、回各族杂居，民族纠纷不断，械斗成风，"门死则买人抵罪"。姚棻认为，既然买人抵罪，说明买凶者还是惧怕律法的。因此，同样要治买凶者的罪行，不能让其侥幸逃脱律法的制裁。同时，他还提倡教化民众，晓以大义，防患于未然，"乃定以赏罚檄属邑，行之，斗风为衰"，民族之间的矛盾渐渐化解，实现各民族和谐相处，生活安定。

乾隆四十一年（1776），姚棻改任福建漳州府知府。当时，漳州的案件积压数量位居福建第一。姚棻上任后，为了让所属官员不再推诿，责任到人，要求"每公牍注承行吏名及到县发房送案、发行日期"，做到实名办案，限期结案，缩短办案流程，提高了办案效率。在姚棻大刀阔斧的推进下，漳州官府的作风为之一变，面貌为之一新，官员不再阳奉阴违，不敢收受贿赂，坑害当事人，所有案件即行处理，百姓不再鸣冤叫屈。

乾隆四十三年（1778），福建巡抚德保上奏皇上，欲调姚棻任福州知府。乾隆帝不许，谕曰："漳州一郡，濒临海疆，民俗刁悍，最为难治，其紧要数倍于福州。朕素知姚棻能事，特从湖北调任，因地择人，岂可轻于更调？"由此可见乾隆皇帝对他十分了解和信任。此后，姚棻因政绩卓著，先后被擢升为汀漳龙道、广东按察使。

姚棻自入仕以来，"始仕河陇之间，分符江汉之域，观察闽海，提刑南越，所处每在边徼"（姚鼐《家铁松中丞七十寿序》），而其老母方夫人此时已年逾80，仍居桐城，姚母苦节60年养育姚棻，世人为之动容。姚棻"性至孝，母怒辄长跪"，每每念及不能在老母床前侍奉尽孝，便涕泪俱下。乾隆五十五年，因感动于姚棻的至孝，乾隆皇帝擢升姚棻为江西巡抚，以便就近奉养老母。在江西期间，建丰城石堤以绝水患。此后，其母病逝，依例回籍守丧，期满就职，先后被授予广西、贵州、云南、福建等地巡抚。任福建巡抚期间，魁伦上奏弹劾姚棻，诉说姚棻"前在漳州道任内，所属三县亏空库项二万余两"，后来朝廷派员经过调查，亏空是实，但并非姚棻贪污，中饱私囊，"上以棻非入己，仍命署巡抚事"。嘉庆二年（1797），因病乞求归养。嘉庆六年，病逝于桐城，享年76岁。

刑官典范张若澄

张若澄（1728—1802），字圣泉，号寿雪，大学士张廷玉第四子。自幼生活环境优越，但能发奋自励，勤勉好学，有干才。其父张廷玉教育很严，常"约之以礼法"，希望子弟能靠自己的才学，取得成功。但作为幼子的张若澄，还是借助父亲的政绩而迈入仕途，由贡生候选州同，加捐授刑部主事，乾隆十四年（1749），选授刑部湖广司主事，调广东司主事，升福建司员外郎。

乾隆二十年，其父张廷玉在家病逝，依例回籍守丧，守制期满后，赴京补原官

张若淳书迹

职。乾隆二十三年（1758），钦派军机处行走，升浙江司郎中。乾隆三十年（1765），迁升云南澄江府知府，后升四川建昌道，缘事挂误，旋奉特恩著来京，以四品京堂补用，补授太仆寺少卿。乾隆四十四年（1779），升通政使司副使，旋升通政使司通政使。乾隆四十五年，其母去世，依例回籍守制，服丧期满，赴京任职，补通政使司通政使。乾隆五十年，升都察院左副都御史。次年四月，奉特旨，升内阁学士兼礼部侍郎，稽察中书科事。由于张若淳非科甲出身，为防止今后有人效仿，乾隆帝特谕告朝廷阁员："张若淳系大学士张廷玉之子，为人谨慎，学问尚好，不比他臣子弟。内阁学士本系翰林升转之阶，张若淳虽非科甲，究非他臣可比，著加恩升授内阁学士，嗣后不得援以为例。"可谓是"殊恩异数，天下荣之"。其间，张若淳上奏，请求将朝臣陆耀所著的《甘薯录》颁发给江浙诸路，让当地百姓学习种植，给百姓生活带来新的粮源，以备灾荒之用。同年，顺天乡试，钦派稽察龙门大臣。乾隆五十三年，皇帝外出考察，张若淳奉旨扈从，赏戴花翎。乾隆五十四年，充武会试知贡举；补工部侍郎，旋调刑部左侍郎。乾隆五十七年，奉命赴陕西勘查蒲城县知县匿灾扣赈案，秉公办理，察民疾苦，严惩贪腐。次年，奉旨兼管顺天府尹事。乾隆五十九年，恩科顺天乡试，张若淳被钦点为搜检大臣。第二年，又奉命到陕西查办富平县知县重征科派案等事件。

嘉庆元年（1796），张若淳奉命去直隶审案。嘉庆四年（1799）正月，调补工部右侍郎，仍兼管顺天府尹事；二月，转工部左侍郎，调补户部右侍郎，管理钱法堂事；八月，奉旨代管工部印钤。嘉庆五年正月，升兵部尚书；六月，调补刑部尚书；九月，奉旨管户部三库事务；十一月，奉旨于紫禁城内骑马。嘉庆六年遇覃恩，诰授光禄大夫、刑部尚书兼管户部三库事务；其妻夏氏、生母施氏俱晋赠一品夫人。正月，奉旨管理修缮裕陵大碑楼工程，著"尚书张若淳董率监督修葺"。二月，署吏部尚书。嘉庆七年，奉旨留京办事，七月，患病，奉旨赏假调治，"上遣内侍日赐询问"。二十七日病逝于岗位，享年75岁。嘉庆帝闻知张若淳病逝，极为悲痛，对其后事一一安排，谕曰："刑部尚书张若淳，本系世家，历任卿贰，供职有年，小心谨慎。自擢授尚书以来，办理事务，均尚妥协。兹闻溘逝，深堪轸惜。张若淳著加恩晋

赠太子少保，其任内降罚处分，悉予开复。所有应得恤典，该部察例具奏。"嗣经礼部议，于嘉庆八年季秋时，赐祭于桐城本籍，并派遣布政司堂上官致祭，赐给祭葬银两，谕祭碑文镌石敬立，谥"勤恪"。

张若淳居官数十年，清正廉洁，处理棘手问题，公道正派，深得人心。"居心缜密，立朝多所建白。"每次奏疏进呈之后，他马上自焚其稿，奏疏内容连他家人也不知道。在都察院、刑部任职时间很长，"生平于刑名尤为熟练"，多次赴陕西等省审办案件，"听讼公平，舆情悦服"。在刑部任尚书时，他做到"案无巨细，必殚心竭虑，反复推求，务期无枉无纵而已"。桐城先贤姚端恪公曾任刑部官，制定清朝相关法律，他"慈祥明允，当世推为名臣"。张若淳实际是其外孙，所以时人更是感佩不已，"人皆以为不愧所自出"。张若淳也因此成为清代刑官的一个典范。

豆腐总督汪志伊

汪志伊（1743—1818），字稼门，号莘农。汪志伊少读经史，融会贯通。清乾隆三十六年（1771）举顺天试，充四库馆校对。议叙，授山西灵石知县。在灵石知县任上，他改进田赋征收办法，刻印赋额清单，依次传递，使民众知道所纳赋额多寡，胥吏无从舞弊。当时代州人孟木成杀人一案已成定案，其弟闯堂呼冤，巡抚命汪志伊前往复查，汪推翻原判，办案人不服，拒不执行，并诉之于大臣。汪志伊据理力辩，毫不退让，孟木成终免一死。此后汪志伊声名大震。旋调榆次县，迁霍州知州。不久擢江苏镇江知府，后调苏州粮道、按察使。乾隆五十八年，迁甘肃布政使，改任浙江布政使。时浙江漕粮积弊甚多，附加繁重。汪志伊上任后，裁减附加，严订课征条例，减轻百姓负担。

清嘉庆元年（1796）因所属杭州、乍浦驻防营三月未发给养，汪志伊被弹劾，拟降二级调用。嘉庆帝诏令：汪志伊平日操守尚好，加恩授江西按察使。二年，迁福建布政使，几个月之后，就擢升福建巡抚。时海盗蜂起，仁宗皇帝对闽事特别关注，汪志伊疏陈水师人才难得，请求变通选补章程，副参以上人员可在本省选用，副参以下两省统筹调用；又州县征粮处分过严，升调要缺难得合例，请人地相需者，不拘俸满参罚。诏允行。这些对控制沿海盗贼颇著成效。

嘉庆五年，上奏疏向朝廷报告漳、泉一带匪情，经过多次打击、抓捕，匪徒均知

汪志伊 探花第

敛迹。谕曰："滋事不法，有犯必惩，不可无事滋扰。责以镇静，不可姑息养奸，亦不可持之太蹙。"寻奏龙溪、诏安、马港、海澄4厅县，遴员治理，民不械斗。谕曰："一经良有司整饬，改除积习，是小民不难化导，要在亲民之官得人。当于平日遴选贤员，俾实心任事，为正本清源之道。"汪志伊推荐闽县知县王绍兰，"上素知其人"，颁诏谕嘉汪志伊能留心察吏。不久，汪志伊又和总督玉德一道，疏请泉州知府钱学彬改京职，上斥疏语矛盾。很快又查明钱学彬听任家人舞弊贪赃事，汪志伊因为察吏不明，部议革职，特宽之。嘉庆六年，因病，请求解职。

嘉庆八年，诏起任职副都御史、刑部侍郎，后授江苏巡抚。给事中萧芝请就产米之乡采买米粮，然后由海运至京，下议，汪志伊言其不便，罢之。嘉庆九年，清江浦淤浅，粮船停滞。上虑京仓缺米，诏汪志伊预筹粮食，请碾常平仓谷3000石备拨。由于新漕减运，命酌量采买。汪志伊疏言："安徽民田有一岁两收者，各令七月完纳漕粮，九、十月可运通。江西、湖广亦如之。"皇上认为一岁两征，等于向百姓增加税赋，这样来年粮食肯定短缺，斥为迂缪。不久，汪志伊还是采米12万石搭运至京，以解京城粮食短缺之急。其时江北淮、扬水灾，徐、海苦旱，百姓家中储存的粮食非常有限，灾情日益显现出来，汪志伊手编《荒政辑要》，颁发属吏，为赈济之法。从《荒政辑要》可以看出，汪志伊处处以苍生为念，赈灾济荒，和百姓共渡难关，确保社会安定和百姓安宁。他还注重选拔荒政人才、强调施政官员的素质，把救灾济荒与社会安稳、百姓发展综合起来考虑，这些对后人不无借鉴意义。

苏州人文荟萃，汪志伊又增设正谊书院课士，并奏请颁御制诗文集于江南各书院，但此议遭到嘉庆皇帝反对，嘉庆帝在奏疏上批曰："朕之政治即文章，何必以文字炫长耶？"

嘉庆十一年，汪志伊擢升工部尚书，不久，又升任湖广总督。当时环洞庭湖数州府常有抢劫、凶杀之祸。汪志伊派精干官吏乔装侦破，"选干吏侦访，檄下分捕，盗无所匿"，迫使为患者纷纷倒戈悔过。滨江地带，自乾隆末年大水湮没，民田未复，汪志伊亲自驾驭小舟，沿湖实地勘察，修建二闸于茅江口、福田寺，因时启闭，使数

百万亩水淹农田得以复垦，避灾保收，为百姓生活提供了保障。

嘉庆十六年，汪志伊调任闽浙总督。先是湖北应山民喻春谋杀人，其母以刑求诬服，控于京，命汪志伊提鞫。同知刘曜唐等诱供翻案，以无辜之叶秀冒抵凶犯，而无佐证依据。巡抚同兴为之平反，奏劾汪志伊。至是入觐召对，汪志伊为刘曜唐等剖辩。上斥其偏执，严议革职，改留任。后来捕诛海盗黄治，其党吴属乞降。当时，降盗多授官职，汪志伊认为此法不妥，认为"是奖盗也"，请求对降盗不予授官，仍然依律遣戍。旧有天地会会党熊毛者，创立仁义会，授张显鲁传煽。事情败露后，张显鲁伏法被诛，熊毛逃匿，招募宁化生员李玉衡捕杀之，奏赐李玉衡为举人。布政使李赓芸，为官清廉，深受百姓好评，汪志伊举荐举他任监司。适逢龙溪县知县朱履中因渎职被弹劾，传讯时，他诬陷李赓芸索贿。经过审讯，朱履中自己承认是诬告，但汪志伊固执驳诘，福州知府涂以辀迎合逼供，导致李赓芸自杀身亡，舆论大哗。在处理此事过程中，汪志伊矫枉过正，难免导致失误。嘉庆二十二年，命侍郎熙昌、副都御史王引之前往按察，了解整个事件的原委，诏斥汪志伊衰迈谬误，褫职永不叙用。嘉庆二十三年病逝，享年76岁。

汪志伊作为清乾、嘉时期的封疆大吏，官品人品均属一流。他清正廉洁、勤奋务实、亲民爱民，享誉朝野；为官一任，两袖清风，外出考察，轻车简从，每到一地，只吃豆腐一菜，时人称他为"豆腐总督"。这给乾、嘉时期日益腐败的官场带来一缕春风。乃至当时名流大家阮元、铁宝、姚鼐等数十人都敬仰他，著文吟诗、题匾作词，勒石歌颂。只因偏执获咎，时论毁誉参半。

汪志伊一生著书颇丰，著有《西湖诗》1卷，《登岱诗》1卷，《稼闷文钞》7卷，《近腐斋诗文集》17卷，《养正诗》4卷，《稼门奏稿》12卷，《汪氏家范》1卷，《官鉴辑要》13卷，《荒政辑要》10卷，《节韵幼仪》1卷，《湖北水利》2卷等存世。

军机大臣方维甸

方维甸（1759—1815），字南藕，号葆岩，直隶总督方观承之子。方观承逝世后，乾隆四十一年二月，乾隆皇帝巡幸山东，方维甸以贡生身份在良乡迎接圣驾。乾隆谕曰："原任直隶总督方观承，宣力畿辅二十余载，懋著勤劳。其生后每深轸念。伊惟方维甸一子，彼时尚在幼稚。今年已及岁，著加恩照裘曰修子行简之例，授为内阁中书，并准其一体会试。"六月，补内阁中书，充军机章京。乾隆四十六年（1781），方维甸考中进士，授吏部主事。

清乾隆四十九年五月，方维甸随大学士、参赞大臣福康安赴石峰堡军营。十一月，升任员外郎。乾隆五十年，授坐粮厅。乾隆五十二年，推举升任郎中，随将军福康安赴台军营，福康安随带方维甸和范鏊两人，倚之若左右手，命方专司讯鞫，范专司文奏收复。其时从山中搜查逆民千余人，福康安想"尽置之法"，让方维甸讯录供词，方维甸逐一认真严审，发现大多数人都是胁从者，想把他们全部释放回去，福康安坚持不同意，"方持之益力"，使胁从者无罪释放，

方维甸御制诗墨

大多数逆民被救活。十二月，赏戴花翎，寻迁福建道御史。乾隆五十四年，担任广西乡试正考官，寻擢礼科给事中。乾隆五十五年，迁光禄寺少卿。乾隆五十六年，随将军福康安征廓尔喀。乾隆五十七年四月，转为太常寺少卿。九月，经福康安保奏，谕曰："方维甸随营办理，毫无舛误。且自进兵以来，冲风冒雨，步行涉险，实属奋勉，着赏三品卿衔。"十一月，迁通政司副使。乾隆五十八年十一月，授光禄寺卿。乾隆五十九年正月，奉命随刑部尚书苏凌阿赴山东审案。四月，转太常寺卿。八月，担任顺天乡试副考官。乾隆六十年三月，充会试知贡举。四月，授长芦盐政。

清嘉庆元年（1796）三月，皇上恭谒西陵，方维甸随营当差，恩予议叙。方维甸因盐课事革职，此案由张若淳、成德负责审理，拟发往军台。嘉庆帝认为案件陈述不清，"张若淳、成德并未审明案情，率将方维甸问拟军台，不足以成信谳"，要求把整个案件的资料和人证，全部交军机大臣重新审理核实。后来经过军机大臣详细审查，认为方维甸办理不善，应承担失察之罪，免除发往军台的处罚。考虑他是方观承之子，赏给员外郎，仍在军机处章京上行走。后补刑部员外郎。

嘉庆四年（1799）三月，担任会试同考官；六月，升任郎中；八月，迁内阁侍读学士，随工部尚书那彦成到陕西督办军务。嘉庆五年，擢升山东按察使，后因审案

疏忽，被削去一级，免其降调。十月，擢升河南布政使，其时，湖北省邪匪未能除尽，方维甸担心其窜往江北，亲自督率河南省六千兵勇，驻扎江岸，分段布防，设卡防御，嘉庆皇帝对方维甸这一做法，大加赞赏。嘉庆八年五月，调任陕西布政使；八月，升任陕西巡抚。为防止南山匪徒和落后乡勇勾结滋事，方维甸根据皇上旨意，督率辖区内的官员，全力搜捕。嘉庆九年九月，谕曰："方维甸自擢任巡抚以来，于搜捕零匪，办理粮饷，及筹撤乡勇各事宜，均能认真办理，悉臻妥协。著加恩，仍赏戴花翎。"从嘉庆十年到十一年，方维甸由于审案疏忽，或宽或严，都被部议罚俸处理。谕曰："方维甸近来办理地方事务，每多迟缓，叠经降旨训饬。今又舛错，有关体制。除交部议处，仍传旨申饬。"在任七载，先是荡平川楚余匪，后遇宁陕新兵叛乱，方维甸赶到石泉，命令总兵王兆梦由汉江顺流而下，抄赴贼前，将其击退。不久，继勇侯德楞泰奏请释放叛兵归伍，嘉庆帝责其宽纵，诏令方维甸"严讯定议"，疏陈善后六事，皇上皆允之。汉中盐法"向不持官引，任土商征课足，即取官引截角缴销"，这就是通常所说的"空截引角"。这样盐税苛勒没有限度，征收也没有任何准则和依据，食盐运输也受到制约。方维甸奏请"改汉中盐课入地丁"，杜绝土商巧取豪夺，从此，汉中盐价更加低廉，确保百姓生活不受影响。

嘉庆十四年（1809）七月，擢升闽浙总督，因母老未能迎养赴闽，奏请于半年后请人更代，奏称："臣母不能顷刻离臣，臣又不能奉母就道，恳辞新命。"嘉庆帝谕曰："方维甸之母年逾八十，平素母子相依，朕所素悉。惟因闽、浙地方紧要，现有剿办洋匪等事，简用乏人，不得已，简伊前往。今伊母不能迎养赴任，伊虑及日久远离，私心负疚，自属人子至情。伊母已送回原籍居住，方维甸应即迅速驰赴新任，一意办公，无庸分心内顾。俟明春二三月间，着来京陛见。彼时准其顺道先往江宁省视伊母。到京后，将伊母身体情形据实奏闻，候朕降旨。"九月，遵旨奔赴厦门，查办台湾械斗案件。当时海盗朱濆，被官军击毙，其弟朱渥率余众三千余人，向方维甸投降，方维甸通过审查，区别对待，遣散安插。还从其中挑出精壮者五百余人，分派兵船，随同出洋缉捕。此时台湾嘉义、彰化二县械斗已息又复，上命方维甸渡台督率办理。十五年正月，抓获械斗首犯林聪和从犯等一百余人，分别予以定罪。时台湾屯务废弛，奏请通行查验，体恤番丁，以资调遣。又申明班兵旧制，筹议章程十则。又奏台湾各营汛地，酌议归并，以便操防。为了保障百姓生活安宁，开展礼法教育，制定乡规族法，设立约长、族长，管好自己家族之人，同时让他们互相约束、互相监督，

"禁隶役党护"，遇事严惩于初起，平时防患于未萌。还建议福建总督、将军每隔两年，要赴台湾巡查一次，这样对台湾的管理可以形成高压态势。从此之后，"犷悍稍息"，民众安居乐业。六月，奏请陛见。皇上建议他计算好行程日期，"前来热河请安，即随驾回京，途次亦可频频召对也"。等到七月十七日是方维甸母亲生辰时，要求方维甸先赴江宁，多驻旬日，让他省亲、祝寿兼备。还赏给其母玉三镶如意一柄、玉镶双螭杯一个、玉瑞兽一件、瓷盘一件、瓷瓶一件、八丝缎二匹、五丝缎二匹等，以示圣恩。九月，到热河拜见皇上，并把老母的身体状况禀告皇上。方维甸说上年老母从陕西回到南方，旅途数月，多有劳顿，心神日形恍惚。今年又两次遭病，势难刻离。嘉庆帝认为，闽浙地方紧要，经过方维甸治理后，洋匪肃清，巨盗也已经扫除，地方安宁。而方维甸"老母多病，两地心悬，其情甚为可悯。若将伊调任他省，伊母仍不能就养。两江又系伊本籍，与例不符。朕以孝治天下，不忍拂人子至情。方维甸着其加恩开缺，回籍省亲，以示体恤。"

嘉庆十六年正月，方维甸就浙江欠租欠息之事，奏报皇上，请求宽日迟交，或分年缴乞。嘉庆帝同意了他的请求。四月，大学士戴衢亨母亲去世，依例回籍守制，军机处汉大臣减少，必须择优补充。皇上考虑再三，觉得只有方维甸性情公直，且曾在军机章京任上任职多年，熟谙事务，人地相宜。谕曰："今特简用为军机大臣，将来即补尚书，用资倚畀。伊母从前本在京邸久住，于北方风土素能习惯，即此时在江宁居住，亦未必如京邸之服习。伊若奉母来京，于散直之余，朝夕侍奉，岂不公私两遂？即遇巡幸，亦不令伊随往。"嘉庆帝对方维甸母子的关怀，可谓是无微不至。希望方维甸能"仰体朕用人不得已之苦衷"，要勉思报效。方维甸接旨后，将其母亲的病情如实报告皇上，"难以力疾远行"。皇帝再次允之，时值端午节，对方维甸加恩，并赏给他母亲香珠一匣、香袋一匣、香牌一匣、折扇一匣。还要求方维甸把奖赏之事，立即告诉其母，"俾其欢欣颐养"。

嘉庆十八年七月，方维甸母亲去世，依例回籍守制。两江总督百龄上奏，向皇上禀报方维甸母亲去世的消息，谕曰："方维甸历任封疆，均能勤慎尽职，因母老在籍侍养。"派江宁将军兴肇前往奠醊，并着兴肇传旨慰谕方维甸，令其节哀守礼，再图为国宣劳。十月，天理教教主李文成、牛亮臣等起义，占据河南滑县，攻克长垣、东明、定陶、曹县等地，李文成称大明天顺李真主。教徒林清在京率众攻入皇宫，因人少失败，林清逃至城外，被捕遇害。在林清突袭皇宫、李文成占据滑县之际，朝廷

特令方维甸为军机大臣，直隶总督，许以丧服从事，并以五百里谕令告知。方维甸接旨即奔赴军营，但上奏疏辞职任。不久，那彦成统兵镇压了起义军，李文成在辉县被围，自焚而死。叛乱平息，传来捷奏，嘉庆帝温旨谕令转程守制，回家守孝。

方维甸因母亲去世，哀恸过度，于嘉庆二十年（1815）六月卒于家。嘉庆帝得知方维甸去世，悲痛不已，谕曰："伊今岁冬间服阕，计其到京后，内而尚书，外而总督，均堪倚畀。乃伊母故后，寝苫庐次，渐染沉疴。骤闻溘逝，深为悼惜。"加恩晋赠太子少保，照总督例赐恤。任内一切处分，悉予开复。应赔银两，均著豁免。并派江宁将军穆克登布前往奠祭。赐祭葬，谥"勤襄"。

早在乾隆时，方观承由直隶藩司升任浙抚，他在抚署门上题了一副楹联："湖上剧清吟，吏亦称仙，始信昔人才大；海边销霸气，民还喻水，愿看此日潮平。"20年后，其侄方受畴也由直隶藩司升浙抚；28年后，其子方维甸以闽浙总督暂理浙抚事。方维甸想起30年间，父、兄和自己三持使节，真是方氏家族的殊遇，于是在父亲当年题联的楹柱旁边的墙上书写一副楹联："两浙再停骖，有守无偏，敬奉丹豪遵宝训；一门三秉节，新猷旧政，勉期素志绍家声。"并在联后写了一段长跋，记述了这一家门幸事。其子传穆为赐进士。

方维甸"性喜读书，虽案牍戎马之交，曾不释卷"。他平生著书很多，所著诗文稿、奏疏，汇存一匣，从长芦移任时，家人误为废纸，悉焚毁之，"公为之惘怅者，逾年"。长女仲惠汇录其遗稿，得二卷存世。

直隶总督方受畴

方受畴（？—1822），字次耘，号来青。乾隆四十年（1775），由监生捐盐大使，分发两淮，补伍右场盐大使。寻捐升通判，改派浙江任职。乾隆四十二年，补嘉松分司运判。乾隆四十四年，其母病逝，依例回籍守制。但因公务在身，且事关重大，奉旨留办浙江海塘工程。乾隆四十六年，服孝期满，借补萧山县知县。乾隆四十九年，因为抓获邻境盗犯有功，迁升嘉兴府海防同知。乾隆五十三年，迁升直隶大名府知府。乾隆五十四年，调保定府，寻迁清河道。乾隆五十九年，乾隆帝巡幸天津，参与迎驾，赏戴花翎。

嘉庆二年（1797），定州知州刘兆清因调署简缺，控告方受畴收受节规，还私借银两等款，皇上命押解到京城，交军机处，由军机大臣严加审讯。经过审讯，只有借款属实，被定责撤职，发往军台效力。嘉庆三年，赎回，捐复原官。嘉庆四年，命以道衔赴伊犁听候差遣安排。嘉庆九年，授直隶通永道。嘉庆十年，迁河南按察使。嘉庆十二年三月，调到直隶，任按察使。九月，迁布政使。嘉庆十三年，嘉庆帝巡幸天津，查勘河堤，认为方受畴所办河堤工程，稳固妥当，赏还花翎。嘉庆十四年五月，因上年在办理天津差务中，摊派给州、县的钱款太多，引起公愤，再次褫夺花翎。七月，天津宝坻县知县单福昌侵吞赈灾银款，方受畴因失察之责，部议革职，奉旨改为留任，但降三品顶戴。十月，嘉庆帝五十大寿，复赏二品顶戴。嘉庆十六年三月，嘉庆皇帝巡幸五台山，方受畴随行当差，皇上认为他办理差务妥协，甚合其意，赏还花翎。闰三月，嘉庆帝巡幸回程，中途驻跸保定，因为方受畴是前直隶总督方观承的侄子，所以赐给方受畴诗一首，勒石莲池书院，诗曰："南邦昭世德，首善作旬宣。旧政勉能绍，新猷务普延。用人先有守，图治最无偏。徒倚甘棠荫，临风忆昔贤。"

嘉庆十八年二月，擢升浙江巡抚。其间，方观承妻子吴氏在家去世，赏方受畴一个月假，让他回家协助方维甸料理丧事。九月，山东邪匪作乱，攻陷定陶、曹县等地。方受畴假满赴京，在途中得知匪乱的消息，极为震惊。考虑曹州和河南交界，立即驰往归德堵御。天理教教主李文成等起义，占据河南滑县，向四周进犯。朝廷命令巡抚高杞与钦差大臣温承惠等合力汇剿，命令方受畴驻守河南省城，镇抚地方，督运粮饷。十二月，李文成等起义失败，方受畴上奏朝廷，要求做好善后事宜：一是要派有能力的官员去任职。二是所募乡勇，由原保之人保回安业，并收缴器械，以防不测。三是禁止铁匠私造军器，杜绝私制武器生产。四是滑县受到贼匪侵扰的村庄，请将历年欠债和本年钱粮全部免除，帮助灾区百姓恢复生产，提供生活保障。五是查办逆产，勿任隐匿牵连。六是在道口镇设立县丞、把总各一员，加强管理和防范，做到防患于未然。七是对那些阵亡的将士根据功绩大小，给予不同的恤赏；对那些士民妇女守节捐躯者，查明情况后，要予以旌表。上述奏请，嘉庆帝下旨允行。

嘉庆十九年二月，开始修复睢州境内的黄河决口，命令方受畴会同河东河道总督吴璥堵筑。当时河南睢州水患灾害严重，而滑县又遇大旱，瘟疫大起；凡治兵、筹饷、赈灾、筑堤等事项同时并举，任务繁重，但方受畴计划周密，逐一实施，大多事务按时顺利完成。闰二月，因为赈灾事务办理不善，饥民流离失所，朝廷严加饬责，下部议处，部议革职，奉旨改为留任。三月，奏请在滑县增设都司一员，并派军队驻

守，嘉庆帝下诏允之。十月，因滑县知县孟屺瞻贪纵不法，方受畴误行保荐，下部严议，部议革职，奉旨改为留任，并且规定八年无过错，方准开复。嘉庆二十年五月，就河南、山东、安徽交界之地的军事设防一事，上奏朝廷，其建议均被采纳。其时，河南、安徽境内出现"捻子"，每支数人至数百人不等，窜徙靡常。方受畴命令地方官员，设法掩捕，并具文两省巡抚协同缉捕，先后抓获数百人，捻军在此地的活动大有收敛。

嘉庆二十年六月，迁升直隶总督。八月，嘉庆帝到木栏围场秋猎，方受畴认为本年闰月，天气冷得早，奏请与藩司姚祖同共同捐棉衣二千件，分赏给兵丁。皇上认为这是在"市惠邀名，有乖政体"，要予以严厉饬责。嘉庆二十二年，朝廷决定在天津添建水师营，由方受畴督造炮台、营汛等工程，在此期间，朝廷派员前往考核，认为工程进度迟缓，部议降级调用，奉旨改为留用。嘉庆二十三年，奏请"习教改悔民人，请免治罪"，嘉庆帝允之。三月，因为延请在任通判帮助料理幕务，部议降调，谕曰："直省督抚大吏，不准以属员帮办幕务，屡经降旨饬禁。"而方受畴身为直隶总督，养廉优厚，不是没有条件和能力去延请幕友。现在却让现任通判陈建入幕办事，"既旷职守，又招物议，实属违制。本应照部议降调，姑念一时简用乏人，著改为降四级留任"。七月，嘉庆帝到盛京恭谒祖陵，路过滦河，而滦河大桥被洪水冲毁，方受畴亲自指导抢修，十几天之内，就将大桥修复通行，使皇帝得以平安过河，赏穿黄马褂，并赏其子浙江嵊县知县方秉知州衔。嘉庆二十四年，因为协办河南马营壩料物有功，得旨嘉奖。嘉庆二十五年三月，因为延请已经革职的知府沈华旭到莲池书院任教，还同他商摧公务事宜，再加上方受畴失察家人索取属员规费等，部议革职，奉旨改为留任。

嘉庆二十五年七月，嘉庆帝在热河避暑山庄病死。八月，皇二子旻宁继位，是为宣宗，即道光帝。本月道光帝从热河恭奉仁宗睿皇帝梓宫回京，让方受畴督办沿途桥梁道路。因为路途险峻，方受畴经过勘察，周密安排，精心谋划，修成宽坦大道。道光帝嘉曰："一律妥善。"赏加太子少保衔。

道光元年（1821），方受畴奏请改大名协副将为开州协副将，在大名镇增设总兵，管辖大名、广平、顺德等营军务；令河间协副将常驻郡城，增设郑家口游击，专门催管漕运；裁撤天津水师营总兵，移大沽营参将驻扎新城，统辖水师。道光帝允之。道光二年正月，因病乞假，道光帝命侍卫容照带领御医驰往诊视。不久，因为病情加重，奏请开缺回籍，皇上允之。六月，卒于途中。道光帝闻讯后，谕曰："方受畴前在总督任内，仰蒙皇考仁宗睿皇帝优加恩眷。嗣于嘉庆二十五年经朕赏加官衔，本年春间在任患病，赐医诊视。后因病久未痊，陈请开缺，特降旨准其回籍调理。兹闻途次溘逝，殊堪轸惜！"并将方受畴任内的一切处分，悉予开复。凡是应该得到的恤典，察例具奏。

方受畴为官之余，常喜吟咏，深受时人喜爱，时人评曰："来青历任封疆，清贫如故，家无籯积，道路周知。居官劳瘁，以体国育民为先。政事之余，不废吟咏，所为诗格律风调庄雅可诵。"

直谏贤臣姚元之

姚元之（1776—1852），字伯昂，号荐青，晚年自号竹叶亭生、五不翁。姚元之出生于桐城姚姓望族，家学渊源深厚，"初，问学于族祖姬传先生，工诗画，其八分书类汉曹全碑，世尤珍之"，后世者认为其八分隶书作品，既有鬓发美人之天资，又有冠冕丈夫之气概。清嘉庆十年（1805），姚元之中进士，授编修，嘉庆十四年入直南书房，后改翰林院庶吉士。

姚元之自嘉庆十年中进士后，嘉庆十三年即担任陕甘乡试正考官，嘉庆十九年三月担任会试同考官，五月提督河南学政。经过他选拔出来的人才，许多人后来大有作为，如主河南学政时，选拔的武陟人李棠阶；顺天乡试中，选拔的吕佺孙、陈启迈、史致谔、张亮基等，都有封疆之才，他们常去姚氏府邸，说古道今，谈宴极欢。姚元之担任考官、学政的经历，也使得他对当时的科举考试有了更为全面、更为深入的了解。在他去世后，在其后人根据他生前草稿整理而成的《竹叶亭杂记》第二卷中，作者就从亲身经历出发，记录了科举考试的场面以及发榜等情况。同时对于科举考试中存在的种种问题，姚元之也是了然在心。科举考试本是封建国家选拔人才的途径之一，在为封建国家网罗经世治国之才的同时，其本身已暴露出很多的弊端。八股文成为束缚士人的一道无形的枷锁，儒家经典大多被束之高阁，而且还被科举考试拟题删节得面目全非、支离破碎，而所谓的中式文选，却被士子奉为圭臬，日日诵读。为了获取科名，正如清初学者潘耒在《送田纶霞水部督学江南序》中所说，士子"舍当读之书一切不读，而读场屋课试之文；舍当学之学一切不学，而学帖括之学"。在这

姚元之扇面

种情况下，民间坊刻类典等书应运而生，并日渐泛滥，这对当时风行的揣摩剿袭的风气，起着推波助澜的作用。从而使得真正潜心于正学的大家硕儒，往往不如那些走旁门左道者，如桐城派的代表人物戴名世、刘大櫆等人屡次科场落第的经历就是很好的例证。对于此种问题以及由此带来的严重后果，姚元之深恶痛绝，奔走呼号，当他还在河南学政任上时，即于嘉庆二十年（1815）三月，具折上奏，要求严禁坊刻类典等书。幸运的是，姚元之的奏折得到了皇帝的认同，谕曰："士子研经稽古，于《五经》、《三传》，自应遍读全书，熔铸淹贯，发为文章，方足以觇学识。乃近多钞录类书，剿袭摭拾，冀图诡遇，不可不严行饬禁！该学政随时查禁，责令销毁外，岁科考拔生童，有仍将此类联钞录者，即摈弃不录，以正文风而端士习。"但经过几百年的发展，科举考试到此时早已是积重难返。姚元之的上奏，虽然不能彻底改变科举考试中存在的问题，但他毕竟作了振聋发聩的一呼，从而引起了有识之士的思考。从某种意义来说，姚元之的这封奏折，更多的具有思想启蒙的性质，正是因为有许许多多像姚元之这样有识之士的觉醒和不断批判，科举考试在清末最终被废除。

道光十二年（1832）七月，姚元之"署兵部左侍郎"；同年十月，台湾发生了大规模的张丙起义。起义缘起是由于道光十二年台湾大旱，粮米匮乏，而官府却下令禁止各庄米出乡，各地因此不时发生抢米事件，但官府却本末倒置，不治米出境，反而专治抢夺，民怨沸腾，最终导致了以张丙为首的大起义。起义军声势浩大，来势汹汹，"游民附之，旬日万余"（姚莹《上督抚请收养游民议状》），"各纠众响应，淫杀焚掠，全台大震"（汤彝《壬辰征台考》）。而台湾官府在应对起义的过程中，却显得外强中干，更有甚者，有官兵在与起义军对阵时，开炮竟然不能出声，足见台湾营务废弛到何种地步！俗话说治国必先治军，而对于一个地区来说，同样如此。况且，台湾孤悬海外，若没有强大的武装力量作坚强后盾，其安危稳定实在令人担忧。有鉴于此，姚元之于道光十三年（1833）二月，"疏请整顿台湾营务"。在这封奏折中，姚元之痛陈了清朝驻扎台湾军队的种种弊病："台湾一镇，设班兵一万四千六百有奇。到台即住宿娼家，日以聚赌为事。揽载违禁货物，欺虐平民。官若查拿，辄鼓噪欲变，甚至械斗杀人。不服地方官审理，不听本管官钤束，违禁犯法，无所不为。而水提、金门二标为尤甚。又有身列行伍，不事训练，每操演时，本地别有习武匪徒，专为受雇替代。设有奸宄滋事，即依附为其凶党，种种积弊，尤为可恶。"这封奏折很快得到了道光皇帝的批示，谕曰："国家养兵卫民，所以戡奸禁暴，如该侍郎所奏，窝娼聚赌，械关杀人，不服管束，尚复

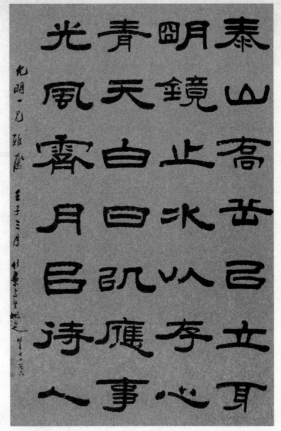

姚元之隶书

成何事体？甚至营中操演，有受雇替代之弊，则是我军竟作壁上观……著程祖洛实力稽察，毋稍姑息。"要求驻防台湾的军队，加强训练，严明纪律，切实担负起卫国保疆、维护社会稳定和保障百姓生产生活安全的作用。

道光末年，随着鸦片战争的爆发，帝国主义列强不断侵略中国，姚元之看在眼里，急在心上，不断向朝廷上奏，陈述广东边防形势，认为可战可守；要鼓舞士气，坚决打击侵略者。他提出许多建议和奏疏，与两广总督林则徐的意见非常一致。而"柄用大臣或不便"，在道光二十三年（1843）京察时，姚元之请求以年衰休致，含恨辞官归里。姚元之在近40年的为官生涯中，历官无数，仅就《桐城麻溪姚氏宗谱》中记载姚元之曾任的官职就有10多个，这其中包括翰林院侍讲侍读、詹事府詹事、内阁学士、兵部左侍郎、工部右侍郎兼管钱法堂事务、户刑二部左右侍郎、都察院左都御史等等；而且，他还历任乡、会试的正考官，同考官，河南学政等职。而在这一系列显赫的官职背后，却是姚元之一路走来的坎坷与艰辛，仅就《清代七百名人传·姚元之》中记载的姚元之被降职、罚俸的事件就有7次，这其中除了嘉庆十七年五月，"恭刊高宗纯皇帝圣训，于庙号有误，元之时充武英殿提调，未经覆严……降为编修，仍罚俸二年"外，其他六次，姚元之都是受牵连或替人受过，但每一次姚元之都能处变不惊、化险为夷，最终以内阁学士兼礼部侍郎衔致仕，这本身就是对其官品的

一个很好诠释。马其昶在《桐城耆旧传》中，对此也作了很好的总结，"自通籍后，从容文翰，朝望甚美"。

在个人廉洁自律方面，姚元之绝对可以称得上是清朝官员的楷模。姚元之一生博览群书，又见闻广博，擅诗文，工书画，但他倾其毕生心血写就的《竹叶亭杂记》，在他生前却一直未能刊行于世，究其原因，无非是由于资金的问题，直到光绪十九年（1893）才由其从孙整理刊行。而在《竹叶亭杂记》第六卷中记载着这样一个故事："小绒线胡同某家有旧书两架，急欲售。余闻之往，以钱五十千得《管子》、《庄子》、初印《韵府》及《类函》、《事文类聚》、《六臣注文选》、元刻《楚辞》、《北堂书抄》、《四库总目》等书。但其直咄嗟而办殊不易易，因借张表弟相如衣裘质以予之。"姚元之借表弟衣裘作抵押买书的故事，一直以来都被爱书人所传颂，这也从另一个侧面反映了他清廉为官的可贵品质。

在绘画方面，姚元之擅长于白描人物，他曾经临摹赵孟頫的《罗汉十六尊》，黄钺看后惊叹"今人不让古人"。因此，后世对姚元之的关注，更多地集中在他书画、文学方面的成就，从而把他定位于书画家、诗人。其实，在清朝嘉庆、道光、咸丰年间，姚元之还是一位极具影响力的大臣，"高、曾两世名宦"。所以说，姚元之的贡献是多方面的。作为诗人、书画家的姚元之，他给后世留下了宝贵的精神财富；作为一代名宦的姚元之，其官品、官德亦为后人所称道，即使是在今天，也具有非常现实的教育意义。

打黑知县姚柬之

姚柬之（1785—1847），字佑之，号伯山，又号檗山。姚文燮之后裔。幼年失怙，受学于族祖姚鼐，"思撰述发名"，与同乡姚莹等同为乡里的青年才俊。道光二年（1822），姚柬之中恩科进士，以知县分发河南。道光三年（1823），姚柬之补河南临漳知县。

临漳位于河南省的北部，境内漳河、卫河穿流而过。漳河本是卫河的一个支流，这两大水系在给两岸百姓带来便利的同时，也带来了无尽的灾难。每当大雨季节，两河水暴涨，水势凶猛，尤其是卫河，在每年的七八月汛期，"卫河北来势欲吞，溥沱东下疾如矢。汪洋千顷静不风，瞬间惊涛百丈起"。姚柬之初任临漳知县时，就遇到这种情况，此时，"漳、卫洹荡并涨"，由于长期以来缺少有效的疏浚，导致"漳水东徙抵内黄，入卫县"，造成内黄、卫县（即今河北魏县）数以万计的百姓受灾，田毁房塌，流离失所，无家可归。惊闻邻县受灾后，姚柬之再也坐不住了，即"赍粮驰往"。有人担心他擅自行动会触怒上级官吏，劝他等上报请示后再去赈灾也不迟，但在那时，上报请示，公文往返，快则五六天，慢则十天半月，等接到上官批复再去救灾，就来不及了。赈灾如救火，姚柬之毅然说："弃一官可全万人命，吾何惜！"到达灾区后，姚柬之一边勘查灾情，一边指挥救灾，安抚灾民。有赖于他的及时救援，两县"全活者众"。

道光五年（1825）和八年（1828），姚柬之三任临漳知县。鉴于漳河屡次泛滥成灾，朝廷有意恢复黄河故道，命戴衢亨前往临漳勘察。姚柬之久任临漳知县，对临漳的情况了如指掌。他认为，临漳全境都位于黄河故道中，如果改河易道，整个临漳就要因此迁出，不仅耗资巨大，而且有害民生。为此，他实地考察漳河，阅览典籍，前后历时8年，编写了《漳水图经》，以图佐证，力陈民生不可夺，故道不可复的理由。另外，《漳水图经》对漳河历代变迁的情况和临漳的古地名均作了详尽的叙述与考核，对于今天我们了解漳河的历史，有着很高的参考价值。

道光九年（1829），因母亲逝世，姚柬之依例去职，回籍守制三年。离开临漳时，"泣送者，不绝于境"。

三年后，姚柬之服丧期满，补广东揭阳知县。从道光十三年（1833）九月到十四年正月，姚柬之任揭阳县知县，道光十五年再任揭阳县知县，"揭阳俗犷悍，视劫夺杀人为故常"，"强者不输赋，勒税商贾"，以至于商人不敢设铺，百姓不敢赶集，集市荒废，货物断流。姚柬之上任后，决心惩治这一歪风邪气。首先是"集骁健而教以击刺步伐之法"。招募壮士，建立一支由自己掌控的地方武装。他敢于以狠治恶，痛下狠手，从上任之初，就以高压态势，打击土匪，使其大为收敛。他经过明察暗访，走访百姓，掌握土匪活动情况后，当众宣布："吾治斯邑，不爱官，不爱钱，不畏死，有梗吾治者，锄之。"其时，有黄姓匪首作案潜逃，官府派人追捕。黄姓宗族聚众阻挠，其势汹汹。针对这种情况，姚柬之认为"营勇弓兵不足恃"，向上级报告，这种情况，即使马上发兵，也不一定就能很好地解决问题，"不如以计制之"。姚柬之置个人生死于不顾，甘冒风险，自驾小舟，带几名差役用绳子丈量江面，反复多次。民众看不懂这是在做什么，便暗地里向姚柬之的随从打听。随从告知说，县太爷请示了上官，已经得到报告，不日就发省兵过来。县太爷怕到时船只不够，拟建三座浮桥，供官兵过河围剿黄匪之用。现在丈量河的宽度，准备建桥了。黄氏宗族听说后，惊恐万分，把负案在逃者捆绑起来，交给官府处理，"泥首请命"，罪犯捉拿归案，"案遂结"。揭阳最顽梗的地方有两处，一是下滩，一是钱坑。此两处地势险要，易守难攻，尤其是钱坑，四面皆山，盗贼、土豪盘踞其间，经常眦睚杀人，残害百姓，给当地的社会治安带来了严重的危害。为此，姚柬之加强巡防，训练壮勇，"出不意擒盗魁于下滩"，在抓捕的过程中，对于那些顽固抵抗的，姚柬之命令严惩不贷，或死或擒。姚柬之剿杀下滩贼匪的消息传出后，大大震慑了其他的盗匪。与此同时，那些大小贼匪对姚柬之则恨之入骨，恨不得饮其血、啖其肉才能解恨。所以，当官府对钱坑进行围捕时，躲藏的土匪拒绝出山。在经过几次围捕，无功而返后，有人建议火烧钱坑，因为揭阳有旧例，"抗捕即火其庐，空其积聚"。但用火攻势必会伤及钱坑及附近无辜的老百姓，因此，姚柬之断然否定了火攻建议，进而采取了怀柔的政策。他先是向钱坑中有威望的耆老发出信函，希望他们协助围捕工作，经过努力，没有任何效果。在这种情况下，姚柬之以身涉险，冒着被土匪杀害的危险，"乃乘舆张盖入村，从仅数人"。到了钱坑之后，姚柬之"见耆老一一慰劳，皆感泣，愿更始"，而钱坑中的民众亦被姚柬之的行为所感动，"民在四山高望者，咸呼'好官'，次日遂交犯"。在经过下滩示威、钱坑示德后，姚柬之在揭阳的威信大增，姚柬之重锤打黑，威震揭阳。箕头乡也是土匪聚集之地，姚柬之"率骁健围之三日"，擒获其土匪头目，"即先截手足，而后杖毙之"。有一次，姚柬之"偶率骁健下乡"，碰见持火枪的土匪结队而行。等到土匪看见姚柬之时，全部跳到河里，潜入水中。姚柬之下令，用渔网捕之，一举抓获五十七人，"讯详伏法"。有次姚柬之抓获一名凶盗，据讯供，此人积有十八案在身。姚柬之将其"缚之大竿"，下令用火枪装铅弹"轰之十八出，如其案数"，并说"非此不足儆凶顽也"。姚柬之铁腕治匪，成效显著，对此，他的好友饶廷襄大为赞赏，认为"治乱民"，就应如"斩乱丝"，"非武健不胜"。从此以后，揭阳境内盗窃之风渐息，田地可耕，"一境晏然，商贾为通"，"民不纳赋者三四十年，至是皆纳"。姚柬之也因为完课出色，得到提拔重用。后"屡任烦剧，竟以吏能显"。

道光十七年（1837），姚柬之遭人弹劾，罪名是"挟案、吓勒、多脏"，经朝廷调查后发现纯属子虚乌有，姚柬之被擢升为连山绥瑶厅同知，署肇庆府事。姚柬之离开揭阳时，"揭民泣走送者万数，而豪强则酌酒相贺"。道光十九年，又被擢升为贵州大定府知府。大定"俗好讼，柬之速讯速结，不能售其欺，期年而讼稀"。

道光二十二年（1842），以足疾引退，回籍养居。5年后因病去世，终年63岁。其著述包括《漳水图经》1卷、《绥瑶厅志》4卷、《易录》7卷、《且看山人文集》8卷、《且看山人诗集》10卷。

抗英功臣姚莹

姚莹（1785—1853），字石甫，号明叔，晚号展和。姚莹少时家贫，不能应试，靠姚鼐提供支持，才得以入场考试。当时，童生中只有刘开很有名气，在县试中"冠其曹"。郡试时，太守命诗题："大观亭怀古"，姚莹作五言律诗百韵，太守大惊，曰："吾知桐城有一刘开，不知又有一刘开也。"遂以为榜首。嘉庆十三年（1808），二十四岁的姚莹考中进士，但因其不擅长小楷，未能进入翰林院，直到嘉庆二十一年，才通过谒选获得福建平和知县一职，次年，又调任龙溪知县。

龙溪旧属漳州府，其地山高谷深，相对闭塞，长期以来，人们聚族而居，宗族势力强大，常常因宗族纠纷发生大规模的械斗事件。"漳人苦斗久矣。凶狠之徒，常杀人数百如儿戏，官军莫可如何，吏捕率不得正凶。"长年累月无休止的械斗，已经严重地影响了龙溪的社会治安，姚莹对此痛心疾首，他说"此乱国也"。为了迅速扭转这种局面：一方面，姚莹重拳出击，大力整顿，目标直指那些罪大恶极的惯犯，以此达到杀一儆百的震慑作用。姚莹"亲捕得渠魁五人，讯其案，皆数十起……一日杖毙之，尸诸城门。凶徒股栗皆逃出境"；另一方面，姚莹又发布《召乡民入城告示》，"听尔等各乡社士民入城来见，通达下情。……尔等凡有旧仇夙怨者……静候本县选派之公正绅耆到社，为尔等排释调处，无许再行滋事"。在姚莹宽猛并进的两手作用下，龙溪县的械斗之风得以暂时平息，社会治安也得到了根本好转。在此基础上，为了达到标本兼治的效果，姚莹除了"兴崇书院，培养士子，讲习礼让廉耻之事"以外，还"亲巡田野，劝农课学"，在姚莹的治理下，龙溪的面貌焕然一新，"一时弃刃修和者七百余社"，"境内遂无械斗抢掳之案"，社会安定，百姓得以安居乐业。姚莹治理龙溪的功绩，得到了时任闽浙总督董教增的肯定和赞赏，"总督董文恪公推其治行闽疆第一"。

姚莹墓

嘉庆二十四年（1819），姚莹调任台湾知县，三年后，即道光元年（1821），擢升为噶玛兰通判。噶玛兰是清政府新开辟的一个地区，位于台湾的东北部（即今宜兰所在），三面环山，一面环水，境内以高山族原居民为主，兼有汉族等其他民族杂居，因其地闭塞，噶玛兰的社会文明程度相对较低，民众保持着原始的宗教信仰，对鬼神、灾难等的敬畏思想严重。在姚莹上任后的几个月后，噶玛兰遭遇强台风袭击，庄稼绝收，损失严重，台风过后，又发生了大规模的瘟疫。当时社会上谣言四起，"兰人大恐，谓鬼神降灾，不悦人之辟斯土也，将襀之"。姚莹一方面迅速组织救灾，"倾者扶之，贫者周之，请于上而缓其征，制为药而疗其病"；另一方面，耐心地为民众解释台风等灾难是客观存在的自然现象，并非鬼神作怪，勉励灾民只有艰苦创业，自强不息，才有可能战胜灾难，从容面对灾难。在姚莹有效的救援下，这次的噶玛兰台风没有造成社会的动荡，社会秩序井然，"民大悦"。

在大力发展噶玛兰经济，提高民众生活水平的同时，针对境内高山族、汉族杂居引起的"民、番未能和辑，时有械斗"的情况，姚莹"锄除强暴，教以礼让"，改造仰山书院，传播文化知识，提高民众的文化水平，引导民众朝着文明的道路前进。姚莹在噶玛兰任职三年，政绩斐然，深受百姓爱戴，但在当时为官不患无能，但患有才的官场氛围中，姚莹仿佛是个异类，"忌者遂摭他事中之"，被无辜革职。消息传到噶玛兰，"台人大失望，群走道府乞留。噶玛兰人闻之，恐为所夺，亦即赴郡争之。台人犹望其返"。

从道光十二年（1832）至十四年（1834），姚莹历任江苏金坛、元和、武进等地知县。在武进时，曾因春季水利兴修之事与巡抚程祖洛意见相悖，程祖洛为此大为光火，姚莹一再上书，陈述春季进行水利兴修的不妥之处：其一，春季正是春播的季节，农事方兴，"使民废耕而工作，非农缝也"。其二，待修的孟渎、得胜、澡港三条河流，总共长达160余里，武进境内的数10万亩农田全依赖此三河给水供应。如若兴修，必当断其流，当季的春耕生产便无水灌溉，"是利未兴而受害已大矣"。其三，如若选择在春季兴修三河，"竣工不止百日之期，已及盛夏，大雨时行，工必再

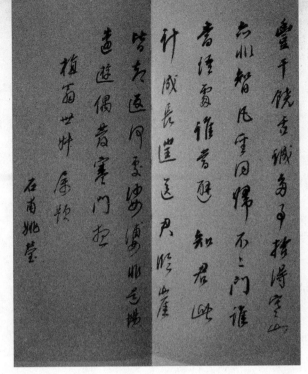

姚莹手迹

坏"。程祖洛也觉得姚莹的分析在理，先前对姚莹的误会和怨气全都消除了，他说："该令以民事责本部院，本部院安敢不遵？已奏请改于秋后兴工矣。"这看似平常的一件事，从中却可以看出姚莹处处从百姓利益出发，以民为本的施政思想，尤其是在当时唯上是从的官场环境中，姚莹敢于为民去争，最大限度地保护百姓的利益，的确是一般人所不能做到的。

在随后的几年里，姚莹被擢升为高邮州知州，但还未赴任便被调署两淮监掣同知，护理盐运使事。道光十四年（1834），清政府诏令举荐人才，姚莹得到了当时两江总督陶澍、江苏巡抚林则徐的大力推荐。林则徐对姚莹的学识、政绩作了一番总结后，称赞他："学问优长，所至于山川形势、民情利弊，无不悉心讲求，故能洞悉物情，遇事确有把握。前在闽省，闻其历著政声。自到江南，历试河工漕务、词讼听断，皆能办理裕如。武进士民至今畏而爱之。"在接到陶澍、林则徐等人的保举奏疏后，宣宗于道光十六年（1836）召见了姚莹，在次年的一道谕旨中，宣宗称赞姚莹"明白谙练"。道光十七年，原福建台湾道周凯奏请调离，姚莹成了新任台湾道的候选人之一。台湾是清朝进入太平洋的通道，是东南沿海省份的重要屏障，其战略地位非常重要，因此清政府对于台湾道的人选倍加重视。时任闽浙总督的钟祥在奉命秘密考察完姚莹后，上奏说："……臣路过江南，留心查访，该员升补同知，莅任未久，不闻长短。前在武进县任内，听断勤明，除莠安良著效，官民同称。其前在福建平和、龙溪、台湾三县，噶玛兰通判各任，政绩官声，均属允协，舆情感畏不忘。凡其旧日同官，言及该员才具操守，亦均称道不置。……果能始终不渝，以此胆识治理台湾，实属相宜之至。"在经过多方考察后，道光十七年（1837），姚莹被正式任命为台湾道。

姚莹此番到台湾，和他十几年前治理台湾时的情况已完全不同了。此时台湾内有骄悍之兵，蠢动之民，民情浮动，乱象丛生；外有英夷觊觎，私贩鸦片，祸害百姓。

姚莹从纷繁芜杂中理清头绪，认为台湾大患有三：盗贼、械斗、谋逆，此三种隐患虽然危害程度不同，但实则都是由匪徒所为，而匪徒大多由游民转化而来。本着消除隐患必先固本的原则，姚莹力排众议，在台湾首创依靠地方宗族组织，收养游民，联庄团练之法，以达到变匪民为良民，安定社会的目的。此法经他大力推行后，收到了良好的社会效果，"由是贼党皆为义勇"。社会秩序基本安定之后，姚莹又亲自督战，抓捕叠案巨匪，平定各路叛乱，所捕之人皆严刑正法，以惩儆尤。尤其是道光十九年（1839），平定了胡布聚众滋事案后，更是得到了道光皇帝的称赞，上谕"着加恩交部从优议叙"。此时，英国殖民扩张的触角已伸向了台湾，英国的鸦片贩子勾结台湾的不法居民，偷运鸦片，开设烟馆。姚莹目光敏锐，深谙鸦片的危害，他说："英吉利蓄心叵测，制为鸦片烟土，以毒中国，既竭我之财，又病我之人。"因此，姚莹会同多方力量，严行禁烟。一方面严厉打击船只偷运鸦片，大力逮捕烟贩；另一方面重治吸食鸦片者的罪行，严重的可判处死刑。在姚莹等人雷厉风行的推进下，英国的鸦片贩子受到了沉重的打击，各地烟馆纷纷关闭。

此时，在大陆，林则徐领导的禁烟运动正在如火如荼地进行着。在大力支持林则徐的同时，姚莹从英国当时所处的国内、国外环境出发，预测到了英国必将以清政府的禁烟为借口，发动侵略战争，在《复邓制府言夷务书》中，他前瞻性地指出："继因夷情狡谲，绝其贸易，有事用兵，此亦事势之必然者。"为了更好地应对英国的军事侵略，打击英国侵略者的嚣张气焰，姚莹主动与时任台湾总兵的达洪阿冰释前嫌，共同御敌。他亲至台湾各地勘察地形，与达洪阿分析双方军事力量的对比后，两人共同制定了正确的战斗策略，并对台湾全境的防务作了周密、细致的部署。道光二十一年（1841），英国侵略者在攻陷了厦门后，转而进犯台湾。但英国侵略者怎样也没想到，在姚莹、达洪阿的领导下，台湾军民团结一心，爆发出无穷的战斗力，任凭他们怎样的船坚炮利，台湾却岿然不动，"夷舟犯台，凡五至，皆以有备而安"。台湾人民的抗英斗争取得了重大胜利。

但是，此时在朝廷中，投降议和的势力甚嚣尘上，道光二十二年（1842）八月，腐朽的清政府同英国签订了丧权辱国的《南京条约》。这个条约遭到了当时广大爱国者的强烈反对，姚莹对此亦感到无比愤怒，他无奈地说："况局势已成，挽回更难为力耶！"更让姚莹愤怒的事又接踵而来，英国公使璞鼎查为了掩饰在台湾的惨败，勾结当时闽浙总督怡良、两江总督耆英等人，捏造事实，谎称英船是遭风搁浅，并非进攻台湾，姚莹、达洪阿系冒功滥杀英国无辜商民，并且以武力相威胁，要求将姚莹、达洪阿"去职"查办。清政府的当权者，早已被英国的"船坚炮利"吓得魂不附体，便不顾事实真相，将姚莹、达洪阿定为冒功之罪，革职拿问，下刑部狱。姚莹后来在给方东树的一篇文章中，道出了他和达洪阿"冒功"的真实原因："莹五载台湾，枕戈筹饷，练勇设防，心殚力竭，甫能保守危疆，未至偾败。然举世获罪，独台湾屡邀上赏，已犯独醒之戒；镇、道受赏，督、抚无功，又有以小加大之嫌。况以英夷之强黠，不能得志于台湾，更为肤诉之辞，恫喝诸帅，逐镇、道以逞所欲，江南闽中，弹章相继。大府衔命，渡台逮问，成见早定，不容剖陈。当此之时，夷为原告，大臣靡然从风，断非口舌能争之事，镇、道身为大员，断无哓哓申辩之理，自当委曲以全大局。至于台之兵民，向所恃者，镇、道在也。镇、道得罪，谁敢上抗大府，外结怨于凶夷乎？委员追取结状，多方恐吓，不得不遵，于是镇、道冒功之案成矣。"姚莹、达洪阿获罪后，在朝野中引起了很大的震动，台湾军中"精兵千人攘臂呶呼，其势汹汹"，多亏达洪阿亲至军中开导，才未引起兵变。在舆论的压力下，姚莹不久就被释放出狱，但却被贬谪至四川。道光二十四年（1844），又令他前往西藏处理两呼图克图的宗教纷争。尽管满怀冤屈，但他还是妥善地调解了两呼图克图之间的矛盾，在次年启程回任后，喋血饮恨而撰写《康輶纪行》16卷，记述了西藏地理、历史、政治、宗教和风俗习惯，并揭露了英、俄等国对西藏的侵略野心，目的是"欲吾中国童叟皆习见习闻，知彼虚实，然后徐筹制夷之策"，"翼雪中国之耻，重边海之防，免胥沦于鬼蜮"。姚莹《康輶纪行》一书，一直以来都被认为是研究川藏地区极具价值的史料；不仅如此，姚莹在书中还亲自绘制了《今订中外四海舆地总图》，标明了当时世界上一百多个国家的位置，和魏源的《海国图志》一起，成为我国近代早期介绍西方颇有影响的著作之一。

咸丰帝即位后，姚莹得以沉冤昭雪，并被擢升为广西按察使，委以重任，前往湖广一带镇压太平天国运动。后因其决策得不到采纳，忧愤而逝，终年68岁。

在中国近代史上，姚莹是一位值得浓墨重彩去讴歌的历史人物。长期以来，他一直被后人定位为清代著名爱国官员和文学家。近年来，人们对于姚莹的历史地位和治理台湾地区的功绩，研究得更加深入具体，评价他是政治家、军事家、文学家、史地学家等等。这不仅反映了人们对于姚莹历史功绩认识的加深，更反映了人们对姚莹在中国近代史上曾产生的重要影响的肯定。政治上，他曾自号"东溟"，他的政治生涯

一直和台湾有着紧密的联系。他曾两度在台湾任职，前后近10年，对台湾地区的发展作出了杰出的贡献，尤其是在他担任台湾道期间，他和总兵达洪阿精诚合作，领导台湾人民，同仇敌忾，五次打退英国的侵略，大大增强了民族自信心，鼓舞了民族士气，为保卫台湾立下了赫赫战功。除此之外，他还曾在福建平和县、龙溪县，江苏武进县、元和县等地担任过知县，每到一处，他都积极施政，为民造福。

在文学上，姚莹的贡献也非常突出。他出身古文世家，又师从族祖姚鼐，"虽亲炙惜抱，而亦能自出机杼"，在继承姚鼐"义理、考据、辞章"的基础上，加入了经世之学，走经世济民的创作道路，从而为桐城派的发展开辟了一条更有活力的发展道路。因在文学上的巨大成就，其被后人称为"姚门四杰"之一。方宗诚曾说："桐城之文……自石甫先生后，学者多务为经济之学。"他的著述极为丰富，最重要的有《东溟文集》26卷，《奏稿》4卷，《后湘诗集》21卷，《东槎纪略》5卷，《康輶纪行》16卷等，台湾文海出版社曾把他的全部著作合为《中复堂全集》影印出版。

弃官从教吴汝纶

吴汝纶（1840—1903），字挚甫。自幼家贫，但世代与书相伴。族祖甫生，善古文。祖父庭森，父元甲，都是桐城乡里很有影响的文人。吴汝纶从小受到良好的家庭环境熏陶，喜好古文辞，"幸生桐城，自少读姚氏书"，拜同乡先辈姚鼐为师，"早著文名"。在县试、府试、院试、乡试中，次次过关，同治三年（1864）中举，第二年中进士，授内阁中书。曾国藩是他的考官，"奇其文"，将他留佐幕府，"久乃益奇之"。曾国藩在日记中写道："阅桐城吴某所为古文，方存之荐来，以为义理、考据、辞章三者皆可成就，余观之信然，不独为桐城后起之英也。"其文能得到曾氏这样高的评价，可见吴汝纶的古文功底是相当不错的。吴汝纶入曾氏幕府后，得到曾国藩的悉心教诲和点拨，曾氏处处关心、爱护吴汝纶，让他"专心读书，多作古文"。吴汝纶在清代后期文坛上享有盛名，这与曾国藩的培养是分不开

吴汝纶照片

吴汝纶题写的桐城中学匾

的。后调到直隶任职，入李鸿章幕府，"时中外大政常决于国藩、鸿章二人，其奏疏多出汝纶手"。

吴汝纶任河北深州知州后，以兴学为第一要务。他排除阻力和障碍，将原已被豪绅之家侵占去的学田1400亩全部收回，重新划归书院所有，还为书院追回被人拖欠的5000两银子，用这些款项及田租收入为书院购置图书、教学设备，改善师生的教学环境，提高师生的生活待遇。他亲自督问书院的管理与建设，"聚一州三县高材生亲教课之。民忘其吏，推为大师"。后来以古文享誉京师的贺涛，就是他在深州书院所培养的武强县学生。官移冀州后，"不求善地，不羡美仕，等贵贱于一量，委升沉于度外……为贫而仕"，为了富国安民，仍然锐意兴学。他在深、冀二州为官近20年，"文教斐然冠畿辅"。

正当他年富力强的时候，对仕途感到失望，决意辞官，称病乞休。他辞去州官，由于眷恋北方师友，向李鸿章提出可就保定莲池书院山长一职。他任莲池书院山长后，国内四方学子前来问教求学，就连日本人中岛截之、野口多内等也渡洋来此受业。姚永概称："西国名士，日本儒者，每过保定，必谒吴先生，进有所叩，退无不欣然推服。"吴汝纶在书院中首创东、西两学堂，聘请英国、日本教师授课，引导学生学习欧美、日本等国的先进科学知识，为河北及周边地区培养出数以千计的人才。

戊戌变法之后，清廷有限制地改革教育，创办京师大学堂。1901年，管学大臣、礼部尚书张百熙荐举吴汝纶为京师大学堂总教习。吴汝纶根据自己对局势和时势的分析，坚辞不就。张百熙情急之下，登门拜访，"具衣冠诣汝纶，伏拜地下，曰：'吾为全国求人师，当为全国生徒拜请也。先生不出，如中国何！'"。后经多方劝说，吴汝纶才答应先去日本考察学制，而后再决定是否就任京师大学堂总教习一职，张百熙答应了他的要求，于是以京师大学堂总教习的身份率团赴日本考察学制。

光绪二十八年（1902）五月，吴汝纶辞别张百熙尚书，挟随绍越千、荣勋、杜之堂、李光炯和日本人中岛等离开北京，前往日本，于十一日抵达日本仁川。在日本期

间，他曾先后到达长崎、神户、大阪、西京、东京等地，在日本外部省、文部省官员的陪同下，参观考察了小学、中学、大学、师范学校、工学校、农学校、高等商业学校、医科学校、盲哑学校、女学校、女子师范学校、女子美术学校、女子职业学校、陆军幼年学校、炮兵学校、士官学校、户山学校（属军校）以及同文书院等各类学校，拜访了日本文部大臣、明治维新时期的文部长官及其他教育界元老和著名专家，到日本文部省听取专门为他们一行组织准备的教育讲座数十次，还参观了日本的银行、造币局、电报邮便局、地质调查所、警视厅、裁判所、控诉大审院、监狱、炮工厂、印刷所、活版制造所、博物馆等等。

吴汝纶在当时被尊称为国学大师，在日本享有很高的知名度。他率团赴日本考察的消息传到日本后，举国人士无不惊喜相告，认为是两国幸事，"名卿、贵人、官吏、百执、学徒、妇女，下至灶门厮弄之徒，莫不争延颈踵怀慕相属"。到达日本之后，长崎、神户、大阪、东西京名流集会，欢迎者达数千人，所到之处，皆设盛筵相酬酢。那时，吴汝纶是以京师大学堂总教习的身份去日本考察的，不是清政府派出的专使，"无觐见国君之例"，但明治天皇破例延见。在短短的几个月内，他乐于奔命，常常"鸡鸣而起，宵旰不暇寝食，考核学事，文书山积，日夕应客以百十数，皆一一亲与笔谈"，"又于其间，与汉学家商榷经史、诗文"，"凡东游三月，门不绝履，车无停轨，日本贤隽望风辟易，惊叹以为天人也"。九月十七日，启程回国，十八日船经马关时，他凭吊了李鸿章与伊藤议和处的春帆楼，楼主请他题词，他含泪写下"伤心之地"四个大字相赠，爱国情怀，溢于言表。在吴汝纶辞归时，日本举国"无不惝然若有大失者"。吴汝纶日本之行，堪称是中日文化教育交流史上一次成功的范例。他学习了日本办学经验、致富之道，传播了中国传统文化，提高了中国的国际地位，并且为19世纪初中国学生普遍留学日本，起到了导向作用。

九月二十日，吴汝纶一行抵达上海，历时4个多月。回到国内，立即将日本兴办教育的模式、方法、措施、得失，一一分析整理，撰成《东游丛录》，报告朝廷。在全新的教育理念指导下，回家乡创办桐城中学堂，并亲自为桐城中学堂撰书楹联"后十百年人才奋兴胚胎于此；合东西国学问精粹陶冶而成"和匾额"勉成国器"。此后成为桐城中学的办学宗旨和校训，代代相传，影响深远。吴汝纶因积劳成疾，于1903年正月病逝，享年64岁。吴汝纶作为封建社会末期一位卓识非凡的教育家、思想家、古文家，被誉称为"兼通新旧、融合中西的人物"。

吴汝纶自己虽然是一位科举出身的封建知识分子，但他对科举制度的弊端和危害有非常清醒的认识。他指出："窃谓废去时文，直应废去科举，不复以文字取士。"他对康有为、梁启超等人提出批评："时局益坏，恐遂为波兰、印度之续，士大夫相见，空作楚囚之泣状。南海康、梁之徒，日号泣于市，均之无益也。……无人才，则无中国矣！"他在日本考察期间，也曾写信给管学大臣张百熙，请他鼎力支持"废科举"建议，他说："教育与政治有密切关系，非请停科举，则学校难成，前既屡面论之，此事终望鼎力主持。"他还建议，对学校培养出的人才要妥善安排，"学成之后，必应予以进用之路，非举人、进士等空衔可以鼓励"，也就是必须做到：人尽其才，用之有道。

吴汝纶全面系统地阐述了极富超前意识的普及教育思想。一是全国各省、府、县都要分立大、中、小学堂。"一县不可止立一学，各乡皆须立学，学堂愈多，愈能收效，不宜化多为少"，要关注十岁以下幼童上学，各地在三里五里就开办一所学校，便于就近上学。二是教育对象包括全国男女，做到"普国人而尽教之"，"使国中妇孺知文，即国民教育进步也"。三是对那些不愿意接受教育的人，要采取强制性措施，"不入学者有罚"。他认为欧美、日本等国就是依靠提高国民素质而实现了富强，那么中国通过普及教育，也一定会强盛起来。重视青少年儿童教育，吴汝纶对此也阐述得十分具体。他主张对幼儿教育要限时，寓教于乐。

学习西学和向西方学习，是吴汝纶矢志不渝的愿望。吴汝纶目睹李鸿章等人兴办"洋务"的失败，虽退伏草野，仍心系国运。"惟闻国进一贤，则喜不能寐；朝失一士，则忧形于色。"吴汝纶向世人疾呼："观今日时势，必以西学为刻不可缓之事"，"西学当世急务，不可不讲"，"窃谓救时要策，自以讲习西文为务"，"国无西学，不足自立"，"将来后生，非西学不能自立于世"。吴汝纶关注西方国家的科学技术，对进化论在我国的传播表现出极高的热情。他给启蒙思想家严复翻译的《天演论》、《原富》等书作序，还提出修改意见，四处托人帮助销售，扩大其影响，通过宣传"物竞天择，适者生存"、"优胜劣败，弱肉强食"的思想，达到救亡图存的目的。

吴汝纶在继承姚鼐等桐城前辈创立的文论思想基础上，根据散文理论发展的需要，提出了"文贵变"的主张。他的文章以议论见长，风格遒肆，追求老到廉劲的境界，这些也正是方、姚与曾（国藩）、张（裕钊）风格的运用和结合。当代学人周中

明先生在《桐城派研究》一书中，评价吴汝纶的散文"感情真挚质朴，文笔清新自然，说理平实老练"是非常妥帖的。因此，人们不但称他为近代著名的教育家、思想家，还颂他为桐城派最后的宗师。著有《〈易〉说》2卷、《〈尚书〉故》3卷、《〈夏小正〉私笺》1卷、《文集》4卷、《诗集》1卷、《尺牍》7卷、《深州风土记》22卷、《东游丛录》4卷，于民国时编成《桐城吴先生全书》出版发行。

以身殉国江召棠

　　江召棠（1849—1906），字伯庵，号云卿。江召棠出生在桐城的一个贫苦百姓家庭，虽然家境贫寒，但桐城民间自古就有"富不丢猪，穷不丢书"的优良传统，向学之风浓厚，而且他父亲很有远见卓识，认为江召棠天资聪颖，将来必定会有所作为。因此，在其幼小时，曾被父亲送到私塾破蒙读书，诵经学史，文理渐通，为他日后的发展打下了坚实的基础。遗憾的是，私塾中的学业并没有持续太久，拮据的家庭再也无力供他读书，年少的江召棠只好背井离乡，进入江西南昌筷子巷淮帮某盐号当学徒。在当时的社会中，学徒的地位是相当卑下的，但为了学有所长，为了家庭的生计，江召棠忍饥挨饿，刻苦学习，逐渐熟谙盐业的经营之道，并能够胜任盐号的所有业务，包括盐业的购销、文书的往来、账目的结算等等。同时，在极其有限的工余时间里，江召棠还通读经史子集，研习书画，成为盐业界难得一见的业务精炼、饱读诗书、眼界开阔的人才，几经辗转之后，江召棠被推荐至湘军将领彭玉麟幕府做文案，专门负责文书的起草与往来事务。在清朝末年，彭玉麟是与曾国藩、左宗棠齐名的军界三大要人，以其"不要官、不要钱、不要命"的"三不要"闻名于当时军政界，曾任翰林院编修的著名学者俞越曾说彭玉麟是咸丰、同治以来诸勋臣中始终餍服人心，无贤不肖交口称之，而无毫发遗憾者的唯一一人，这给年青的江召棠树立了良好的榜样。

　　光绪十五年（1889），江召棠以军功铨选，补江西上高县知县，开始了他官海生涯。江召棠在江西任职的时间长达17年之久，在这17年的时间里，他先后在上高、庐陵、临川、新建、南昌等地任知县。每到一处，他整顿吏治，发展生产，兴办新学，教化民众……留下了诸如"江公桑"、"江公堤"、"江公藏书楼"等等永远存在于人民心中的"政绩工程"。在南昌庐陵任职期间，千方百计解决百姓和教会之间的诉讼矛盾，处理数百件纠纷，对无钱打官司的人，"辇私钱济之"。在老百姓中间留下了"江青天"的良好口碑，老百姓甚至为他建立生祠，为他祈福祷告。这在贪赃枉法相袭成风的清朝末年是非常罕见的现象，而真正让他名传千古的是1906年的"南昌教案"。

自从帝国主义1840年用坚船利炮轰开中国的大门后，其触角开始伸向中国的内地，妄图从政治、经济、文化等方面对中国进行控制、渗透。在中国的西方教会就是其对中国进行文化渗透的一种工具，教堂是其前沿阵地。外国有些所谓的传教士以传教为名，在中国境内专横跋扈，为非作歹，而有些毫无良知的中国人，则沦为他们的帮凶，成为教民，参与鱼肉人民，因此各地教会与当地百姓之间的矛盾日益尖锐，"涉教"案件层出不穷。而在畏洋如虎的清朝末年，各级官员在面对"涉教"案件时，要么千方百计推脱不办，要么干脆唯洋人马首是瞻，民众的正义行为得不到伸张，合法利益得不到维护。只有江召棠为官至公至正，"办理教案尚能力持正义"。光绪三十年（1904），新昌县棠浦镇教民罗某，仗势欺凌当地蒙师女儿，蒙师告至县衙，不料却被判监入狱。这件事引起了当地的民愤，愤怒的棠浦乡民打死罗某，并放火烧了另几户教民的家，酿成"棠浦事件"。新昌天主教堂法国传教士王安之闻讯后，以陈兵新昌相威胁，要求江西巡抚派重兵剿杀乡民，乡民闻讯后打出"官逼民反"的旗号，组织数千民众啸聚山林，与官兵对峙长达一年之久。为了防止事态进一步扩大，棠浦镇乡民派乡绅龚跃庭等3人赴南昌请求江召棠前来调处此事。在得到巡抚的授命后，江召棠抵棠浦处理此事，"卑职当奉宪檄，驰往开导，冒险入村，晓喻解散，交出两犯，得不酿成大事"。一场一触即发的官民冲突就此平息。然而，"顾教士教民之不法者，以不得为所欲为，且齿于江知县者众艾，不仅法国教士王安之一人而已也，而王安之为尤甚"。这为日后王安之刺杀江召棠埋下了仇恨的种子。

光绪三十一年（1905），王安之调到南昌管理教务。这年冬天，江召棠奉命将因病保释出狱的天主教民邓贵和、葛洪太二犯押禁归案。这本是当地官府事

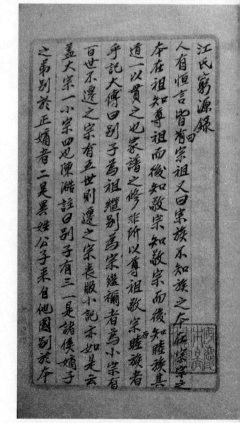

江氏穷源录

务，王安之百般干涉，还故意将葛洪太藏匿起来，并多次威胁江召棠释放已经归案的邓贵和，江召棠不予理睬，毫不让步。光绪三十二年（1906）二月的一天，在多次威胁、恫吓无果的情况下，王安之假装和善，言辞恳切，邀请江召棠到教堂"春酌"，起初，江召棠拒绝赴宴。但王安之"请益急"，不得已，生轿前往。入席，刚刚坐定，王安之就将江召棠的随从人员支走，责令江召棠不得宽赦龚某。王安之拿出早已拟定好的"协议"，让江召棠签字，协议的内容包括：把"棠浦事件"中的龚耀庭等3人判处死刑，并赔偿教民罗某抚恤银10万两，将在押教民邓贵和释放等等。江召棠断然拒绝，王安之恼羞成怒，抄起桌上餐刀朝江召棠喉部猛刺，还有另外两个人抓住江召棠的左右手刺之，江召棠应身倒地，鲜血横流，昏倒在地。江召棠遇刺的消息传出后，当时有人散发传单说"法人刺杀南昌县江县令，欺藐我国以达极点，凡我同胞，靡不心痛"，"凶讯四布，道路汹汹，盖民众义愤之气一发而不可复止艾"，工人罢工，学生罢课，商人罢市，反帝怒火，燃遍江西。几日之后，江召棠因伤势过重，含恨辞世。消息传出，愤怒的群众兵分四路，一路赴王安之所在的教堂，另三路奔赴南昌县的各个教堂，杀死包括王安之在内的传教士共8人，烧毁教堂4处，酿成震惊中外的"南昌教案"。"南昌教案"后，清政府对内镇压群众，对外奴颜婢膝，与法国帝国主义签订"中法丙午合同"，认定江召棠"情急自刎"，赔偿烧毁教堂白银28万两等等，这是中国近代史上的又一耻辱记录。当时《时报》就此事发表评论说"如此非常之事，为环球各国所骇闻，而遂敷衍以终，人将谓中国为何等之国，将来外交尚安能办，丧利失权，中国当永无挽回之日"。

"南昌教案"是近代中国人民反对帝国主义侵略，争取民族独立与尊严的一场伟大的斗争，历史让江召棠与这场斗争紧密地联系在一起，接受后人永远的崇敬与纪念。吴汝纶之子吴闿生先生在江召棠殉难后，撰写《南昌江令君传》，抒发愤怒之情和哀悼之义。在江召棠被害一年后，新昌棠浦龚氏族人纷纷捐款，在澄溪村口修建"江公祠"。每年腊月初八这一天，龚氏族人都要杀猪宰羊祭祀。祠堂里挂满颂扬江召棠的楹联，如："为子民争公理，为君父争主权，万死突辞，竟以微员担大局；是文官不要钱，是武将不惜命，中原多故，果谁死后继先生。"这些都是对江召棠最为公正的评价，也是最好的纪念。

附录一

桐城明清时期官员一览表

姓名	主要活动年代	生平简介
钱必寿	元末明初	字思道。元末动乱时期，曾聚集义兵保障乡里安全。朱元璋和陈友谅交兵鄱阳时，陈友谅的部队截守清溪，朱元璋的部队粮运受阻。钱必寿率领士兵，打开缺口，从间道把粮食运给朱元璋的部队，这为朱元璋战胜陈友谅立下大功，被授予定远将军。
王胜	元末明初	字均德。元末追随朱元璋起兵，从战有功，官升至元帅府右副元帅。元至正二十一年（1361），帮助朱元璋攻取江州（今九江市），后受命敕守江州，保卫安庆。至正二十二年四月，陈友谅率领60万大军围攻豫章（今南昌），王胜亲自带领勇士35人诈降陈友谅，入营后，夜间纵火，大焚其营，朱元璋的部队，乘火攻之，大败陈友谅，王胜等皆葬身火海。明太祖下诏建庙，祭祀王胜等35人，王胜位列第三。后赠怀远大将军、太原郡侯。
吴善	明朝	国子监生。洪武初，仕至河北广平知府，恪修其职，精详勤敏，惠施百姓，政声焯焯。
黄敏	明朝	字宗学。洪武初年，授河北内丘县知县，后擢兵部主事，再升员外郎。后来，因为忤旨，左迁上林监丞。不久，升长芦盐运副使，大力整治盐务，盐弊为清。后来遭诬陷，谪戍兴州。再经兵部尚书方宾等交章相荐，认为其才识通卓，升任工部虞衡司员外郎，调任广西按察司副使，所至威惠并茂，有古宪臣之风。年78卒。
甘霖	明朝	洪武二十年（1387）中举人。曾任甘肃华亭县知县。建文帝时，官至监察御史。燕兵入金陵，被捕不屈，从容就戮。福王时，追赠太仆卿，谥"贞定"。清乾隆四十年（1775），赐谥"忠烈"。
钱时	明朝	字时中，洪武二十三年（1390）举人。曾任刑部主事。后因与刑部官员谈论右丞相李善长蒙冤遭族诛一事，触怒了朱元璋，惨死于狱中。
方法	明朝	字伯通（1368—1403）。建文元年（1399）中举人，授四川都指挥使司断事。方法为人刚正廉直，执法不阿。永乐元年（1403），朱棣称帝，诸藩及臣僚都纷纷表示庆贺，方法效仿宗师方孝孺，不肯臣服于明成祖，被逮捕，解往京师治罪，船行至望江江面时，投江自尽，以身殉节。

姓名	主要活动年代	生平简介
刘莹	明朝	字仲璃，永乐二年（1404）中进士。后任御史、直隶永平知府，再调广平任职。为官关注民生，善解民众之苦，百姓歌颂曰："太守政清，二郡获宁。"
陈务本	明朝	字立卿，永乐九年（1411）贡生。后任湖广武昌府同知，详察民情，"除五蠹，创十利"，政绩卓著。曾把私人俸禄捐献出来，用于修整黄鹤楼，以致自己粥饭难继，而能恬淡自如。后归桐城凤仪山，乡里誉之为"醇儒"。
朱诚	明朝	字信夫，号墅堂。自幼喜读书，屡次考试都以落第而归，于是弃文从武。永乐十三年（1415），中武举，授长林卫守备，后在平息海卫等地兵乱中立功，升任苏镇总兵，再擢左都督。
朱善	明朝	字敦夫，号恬庵。永乐时拔贡，以廷试第一授推官，擢工部主事。旋转云南鹤庆军民府同知，时值其地饥馑，盗贼日多，朱善捐俸救荒，救济灾民，被救活者无数。他在任治盗化民，10余年不懈怠。后升大理府知府。在云南为官20余年，乃告归故里，筑土室，啸咏自娱。年82卒。
姚旭	明朝	字景旸，号菊泉（1417—1486）。景泰二年（1451）进士，官刑科给事中。因上书替于谦鸣冤，忤逆权贵，贬谪郑州，任州判。在郑州，清慎自励，惠政与民。成化初，擢南安知府，以教化为先，尽心勤事。后擢云南布政使司右参政。年78卒。
程㲄	明朝	字太和，宣德元年（1426）举人。后任河北磁州同知。因为治理蝗虫灾害，深受百姓赞赏，声名显扬。后调沧州任职，率领百姓抗旱救灾，深受百姓爱戴，百姓共立五龙庙，绘其肖像以示纪念。
谢佑	明朝	字廷佐，正统元年（1436）进士。初授监察御史，旋改户曹。累奉敕谕整饬边备，修城堞，造器械，安抚流民，百废振兴，民安居乐业。后官至山西右布政使。
韩隆	明朝	字德崇，正统六年（1441）国子监生。景泰年间，授福建永安知县。永安地险，民风刁悍，韩隆到任后，尽心民事，情系百姓安危，修筑城垣，兴建学校，提倡礼仪，化解百姓之间矛盾，赢得永安人的赞誉。
章纶	明朝	字思纶，号讷庵。正统十年（1445）进士，拜户科给事中。以直言廷诤，左迁赵州州判，在此地大兴学校，靖边寇有功，迁升晋州知州。刚到晋州任职，时遇大荒，及时开仓赈灾，使百姓免受灾害之苦。后改任山西大同府知府，再调湖广武昌府、江西南安府等府任知府，前后靖边卫民，善政不可枚举。
李春	明朝	字初阳，号熙台。景泰元年（1450）举人，授湖广应山县知县，在任内，沿河筑堤，预防水患，应山人大受其利，为颂其功德，称为"李公堤"。还课农桑，明学术，简租赋，训孝悌，百姓安居，政治清明，居九年，治行第一，擢升御史，历福建巡按，耿直不挠，一如既往。

姓名	主要活动年代	生平简介
王相	明朝	字廷相，景泰七年（1456）中举人。官山东兖州府通判，掌管马政，马大蕃息。
方佑	明朝	字廷辅，天顺（1457）进士。拜监察御史，风裁凝峻，人称"铁面"。抚河间，按苏浙巡盐，一洗宿弊，盐利尽归公府。再按广西，平苗人叛乱。凡所巡历之地，人不敢徇私，被称为是"真御史"。成化初，因意见与宠宦相左，在边民刑案中，被人中伤，遭廷杖三十，谪攸县，后任桂林府知府。有《省庵集》存世。
黄宪	明朝	字景章，天顺元年（1457）中进士。后任山东登州知州。由于州治濒海，收受各地粮草转运到辽阳，因为收转环节很多，不法官员从中作弊，谋取私利。黄宪到任后，订章立制，革除弊端，减轻百姓负担，诸府县都称颂不已。
江弘济	明朝	字本深，成化二年（1466）中进士。授清丰知县，廉政爱民，深得民心，以治行卓异，擢升监察御史，持重有操守。不久，按察长芦，云南，所至设施有法，清正廉明，民以为颂。后因病卒，卒时，总镇见箧中仅有敝衣、常服数件，深受感动。
袁宏	明朝	字德宏，成化十一年（1475）中进士。后任户部主事，升任郎中。曾任湖广督粮，仅用一个月完成任务，时人叹服他办事敏捷。
方向	明朝	字与义，别号一庵。成化十七年（1481）中进士，授南京户部给事中。弘治初年，因上疏弹劾宦官陈祖先、大学士刘吉等，反遭其诬陷，逮捕下狱，后贬官至云南，任多罗驿驿丞，致力于教育，教化蛮夷，有惠政。升湖广安陆知府，终琼州知府。有《素亭稿》、《一庵稿》存世。
周储	明朝	字东泉，弘治时选贡。初任江西龙南县知县，时巨寇临城，周储善言以谕，贼即退，城赖以全。后改授湖北汉川县知县，再升青州府通判，代理知府事。
雷宗	明朝	字希曾，弘治十五年（1502）进士。授河南汝阳县知县，卓有善政，升四川道监察御史。正德时，奉监诸军，后遭人中伤，贬任浏阳典史，后转任山西崞县知县。始至即告归回籍，家居20余年，年84岁卒。
萧世贤	明朝	字若愚，弘治十八年（1505）进士。授南京刑部主事，治理宸濠狱事，平反冤案。后升任浙江嘉兴府知府，到任后，兴办学校，培养诸生，文风蔚兴。考核时，治行评为第一，升湖广副使，在赴任途中去世。囊无余金，以旧服入殓。有《梅林诗集》存世。

姓名	主要活动年代	生平简介
余珊	明朝	字德辉，正德三年（1508）进士。初授行人，后授监察御史，遇事敢言，不避权贵。敢于直言，疏陈弊政，矛头直指武宗所谓"义子"、"西僧"等，后遭宦官诬陷，下锦衣狱，杖几死。朝论争救，谪安陆州通判。后擢知澧州。嘉靖间擢江西佥事，平梅花洞大盗，寻擢四川威茂州兵备副使，威惠并行，番众慑服。嘉靖四年（1525），应诏上"十渐"疏，剀切万余言，俱中时弊。再补湖广副使，终四川按察使。居官20余年，清节始终如一。
吴檄	明朝	字用宣，号皖山，正德十六年（1521）中进士。初授湖北襄阳府推官。后入京，任户部主事，转武选司郎中。因竭力反对都佥事姜奭升职，被调任外职，任湖广参议，转山东、云南副使，后任陕西参政。有《兵部集》传世。
何唐	明朝	字宗尧，一名省斋，正德十六年（1521）中进士。授兵部主事，后升任郎中。不久，弃官归里，结贤聚徒，首倡讲学，名士赵锐、彭实、张夔、江鲸等，皆出其门下。有《日省录》、《医学管见》存世。
汪淳	明朝	字上乘，嘉靖元年（1522）举人。授江西玉山知县，为政宽猛相济，判决讼狱果断明敏。在任期间，修治端明书院，聚集诸生，亲自授课。后擢升广西梧州知府，再迁兵备副使，分巡苍梧道。以勤卒于官。
潘洪	明朝	正德年间，以保举受到武宗召见，武宗赞赏他仪表、举止端庄凝重，授山西按察司佥事。为官明敏，不避权贵，府县官员馈赠钱物，一律谢绝拒收，清正廉明。后因事得罪权贵，被罢官回籍。
邱峻	明朝	字惟高，嘉靖四年（1525）贡生。初任广东始兴县学博，后委任代理县印，清正廉明，不徇私情。归里时，囊无积蓄，以诗文自娱。
方克	明朝	字惟力，号西川，嘉靖五年（1526）进士。历任贵溪、桐乡二县知县，皆有贤声。后擢南京贵州道御史，宦官邱得时任南京守备，专恣不法，曾上疏弹劾邱得，邱得被谪戍孝陵。后以疾乞归，再起为泉州知州，迁升陕西苑马寺少卿。有《西川文集》存世。
赵锐	明朝	字子恒，赵钺弟，嘉靖十九年（1540）举人。为了养亲，不外出做官。亲殁之后，任福建建宁知县，后擢湖北均州知州。不久，乞休归里。里居乡间，仍日手一卷，欣然诵览。年64卒，学者称"恒庵先生"。
齐杰	明朝	字士庸，嘉靖二十年（1541）进士。授南京刑部主事，后任江西赣州知州，清廉勤慎，克称其职，积劳成疾，卒于官衙。
盛汝谦	明朝	字亨甫，嘉靖二十年（1541）进士。授行人，掌传旨、册封、抚谕等事。后擢御史，按察关中，设粥厂赈济饥民。再按察畿辅，岁大饥，疏请帑金六万以赈灾。再迁光禄寺少卿，裁汰冗费十数万。严嵩专权，不与之同流合污，辞官归里。严嵩倒台后复出，历南京太仆寺卿，操江佥都御史，终南京户部右侍郎。年70，告归。

姓名	主要活动年代	生平简介
吴承恩	明朝	字本赐，又字公赐，号平川，嘉靖二十年（1541）选贡。授河南河阴县知县，时黄河河道改道，吴承恩令民众于滩涂上筑堤，植柳树数十万株，耕牧其间，遂为沃土良田。后来遇到大灾饥荒，沿堤灾民剥柳树皮为食，性命得以保全，存活无数，百姓因之曰："此吴公活我柳也。"嘉靖三十五年，任新野知县，有惠政，再擢山西潞安别驾（即通判）。行别之日，吏民泣送于道，各持千钱、百钱馈赠，吴承恩说："昔刘宠受民一钱，吾不逮宠。"取二钱离去。
朱朴	明朝	号恒州，嘉靖癸卯科（1543）举人。授广西永淳县知县，莅任三载，恪尽职守。母卒，回籍守制。服丧期满，补浙江永康县知县。致仕归里后，与盛汝谦、钱如京等营建桐城县学宫及城池。
戴完	明朝	字仲修，嘉靖二十三年（1544）进士。授户部主事，分司德州，清廉为官，羡金悉入公藏。后改任刑部郎中。后遭严嵩陷害，外补贵州佥事。乞病归，研究理学。年仅40，辞官回籍。居家四十年，年79卒。
张泽	明朝	字大被，幼颖异，七岁读《论语》，后以选贡授沅江令。招民开垦，沅江大治。再补巫山知县。不久，擢衢州通判，为督府胡宗宪所赏识，赞为"廉吏"。又擢广安知州，决冤狱，拒索贿，吏部奏其治行天下第一，特擢云南佥事，后在平定凤继祖之乱中遇害。赠光禄寺少卿，赐庙额"忠节"，祀"乡贤"。
林有望	明朝	号未轩，嘉靖三十二年（1553）进士。授福建邵武县知县，后由兵部职方郎，屯田四川兵备。再升四川按察司佥事。时严嵩擅权，林有望曾三上奏疏纠之。后乞休归里。在官10年，不营一廛一亩。既归，筑室洞宾泉，撰文自娱，有《史纲辨疑》四卷等存世。
阮自嵩	明朝	字思竹，阮鹗侄子，嘉靖三十五年（1556）进士。授刑部主事，执法不徇私情，屡触权要，尤为严嵩父子所忌恨，遂谪贬为沔阳州判，再调任濮阳州判。但在任期间，均田赋，平苦役，深受百姓拥戴。后擢升沧州太守。卒于官任。
吴一介	明朝	字元石，号菲庵，嘉靖三十五年（1556）进士。授河南光州知州，改禹州知州，擢屯田员外郎，再擢江西兵备副使，备兵湖西。后持节监南越军，升河南右布政使。为官清正廉洁，曾说："自有生以至盖棺，无一日不可死；自筮仕以至宦成，无一日不可罢休。"桐城县城本无城墙，吴一介与盛汝谦倡议建城，明末张献忠大军犯桐，城赖墙以全，百姓幸免于难。
吴自峒	明朝	字伯高，号石兰，吴檄之子。嘉靖四十一年（1562）进士。初授行人，以清望选翰林院待诏，充裕王朱载垕讲官。穆宗（即朱载垕）即位，擢尚宝寺卿，再擢太常寺卿，转南右通政。自峒爱乡爱民，桐城建城时，需要拆掉民居，自峒说："吾产可破，民居则不可损。"他把自家的田园界地让出来，以筑城墙。

姓名	主要活动年代	生平简介
方洵	明朝	字可苏，号少泉。性颖敏，7岁即能日记数千言，后入国子监，嘉靖四十三年（1564）举人，授浙江昌化县知县。在任亲丈田亩、核查面积，赋税从轻、抚恤灾民。三年后，辞职乞归，昌化百姓挽留未从，乃为其立"去思碑"，文曰："仁以保民，而廉以成之；明断以肃民，而勤以行之。"至今在昌化传为美谈。
何思鳌	明朝	字子极，嘉靖间贡生。何如宠之父，授山东栖霞县知县，栖霞地脊，民大半流亡，在他之前的几任县令，皆是因为赋税完成考核不及格而罢官。何思鳌赴任之后，积极劝农耕作，免其口赋，所输赋税为以往数倍。在任编定山川图考，分都鄙、里、社，相与约法。后因两子相继举于乡，致仕而归。
韩选	明朝	字惟贤，隆庆元年（1567）举人。授河北定州知州，政务利民，不避权贵，设计捕盗，盗遂屏息，民赖以安。
张大行	明朝	万历元年（1573）岁贡生，任湖广湘阴县令。为官廉静刚毅，多施善政。
刘崇仁	明朝	字符夫，号见山，万历四年（1576）宾贡。官六安州训导，升山西闻喜县教谕，旋升县令，有惠政，年94卒。
盛世承	明朝	字以烈，盛汝谦之子，万历五年（1577）进士。授户部主事，寻改兵部，遍历兵部四司，凡兵部有重大机务，咸倚之以决。后出为按察司副使，备兵大同，转陕西右布政使，开垦河滩千余顷，为秦中世利。擢四川左布政使，以病免，再起以原官备兵陕西。后又以病归，再起为光禄寺卿。魏忠贤阉党专权被削职，崇祯初，又以原官起用。年88卒。工诗，有《菊泉集》存世。
盛世翼	明朝	字以忠（？—1592），盛汝谦第五子，万历十四年（1586）进士。初授江西乐安知县，三年大治，调任万安县知县。又经过3年，以治行举天下第一，奉召入京，卒于道中。
方大美	明朝	字黄中，一字思济，万历十四年（1586）进士。授湖广常德府推官，擢御史，巡按江西，抗税珰，饬吏治。再转按河南、江西，时江西大旱，方大美捐俸赈灾，被救活者万余人。后升任太仆寺少卿。性清正，无锼薄之行。
邓士美	明朝	字实卿，万历十四年（1586）以选贡授广东灵山知县。灵山滨海凋残，邓士美一意抚绥，于署中自铭一联，文曰："平反袖有阳春笔，清白堂无暮夜金。"为政简惠，百姓称之，后引疾归里，年93卒于乡里。
吴应宾	明朝	字尚之，一字客卿，号观我（1564—1635）。万历十四年（1586）进士，授翰林院编修，后以目疾告归。天启年间，以同里左光斗、方大任推荐，诏加左春坊左谕德，兼翰林院侍读。有《宗一圣论》《方外游》等存世。
方大镇	明朝	字君静，号鲁岳，方学渐长子，万历十七年（1589）进士。授大名府推官，平反冤狱，救活130余人。升御史。后以病乞归。再起巡盐浙江，累迁大理寺少卿。皖属六邑，旧食墨盐，方大镇上疏，桐城此后改食白盐。著有《诗意》、《田居乙记》等存世。

姓名	主要活动年代	生平简介
吴用先	明朝	字体中，一字本如，号余庵，万历二十年（1592）进士。授江西临川知县，均赋便民，民怀其德，征为户部主事，旋改职方，典闽闱，历议曹，迁浙江按察使，为政平恕，卓有政声。入京为户部主事。后历任浙江按察使，调布政使司任右布政使，擢都御史，巡抚四川。时播州安慰使杨应龙叛乱，吴用先躬先出师，督总兵杨绖合战，戮力剿抚，数月荡平。以疾去官，家居8年，再起为工部侍郎，改蓟辽总督，事建防，御十策，不遗余力，诸边以宁。珰祸起，致政归，卒于家。有《〈周易〉筏语》、《寒玉山房集》、《抚蜀疏》等存世。
钱可贤	明朝	字祯卿，别号凤南，18岁补县学生，万历二十二年（1594）副榜。授浙江海盐县丞，实心为政，宽猛相济，曾条便宜十事上监司，监司嘉允之，饬他县皆以海盐为式。后升广西来宾县知县。未几，以劳卒于官，年56。有《四书要旨》、《海上草》等存世。
胡瓒	明朝	字伯玉，万历二十三年（1595）进士。授都水司主事，分司南旺，兼督泉闸，驻济宁，以疏浚运道有功，加俸一级，擢江西右参政。督理粮储，凡三督运至淮，飞挽无滞，旋告归。性简静好学，有《泉河史》15卷，《〈尚书〉过庭雅言》若干卷等存世。
方学御	明朝	字名卿，万历二十三年（1595）贡士。初选庐州府学教授，正身率物，以风教为己任。不久，升任湖广临湘县知县。在任期间，以德行教化百姓，从不轻易动用刑罚。崇奖学校，湘人由是彬彬好学。卒于官署，有绝命词云：广湘中有郁林石，赢得轻舟载月明。
何如申	明朝	字仲嘉，号虚白，万历二十六年（1598）与兄何如宠同中进士。授户部主事，寻督辽东粮储，擢浙江处州太守，后以参政分守嘉湖，累迁浙江右布政使，以病乞归。归时，囊无钱物，唯图书数卷而已。后世桐城人称廉吏必推何如申。有《方伯遗诗》存世。
马孟祯	明朝	字泰符，号六初，万历二十六年（1598）进士。授江西分宜知县，礼士爱民，抚绥有术，擢江西道监察御史，忠谠敢言，不避强御。后巡太仓、长芦、山东。天启初，为南京光禄寺少卿，转太仆寺，遭魏忠贤陷害，削职为民。崇祯初复官，晋太仆卿。有《奏略》4卷存世。
阮自华	明朝	字坚之，阮鹗之子，万历二十六年（1598）进士。初授福州府推官，再任饶州，转户部侍郎，榷税德州，卓廉干声，出守庆阳。崇祯初，再起为福建邵武知府，兴利剔蠹，不遗余力。后以病乞休回籍，年77卒于家。有《雾灵诗集》等存世。
阮以鼎	明朝	阮鹗孙子，万历二十六年（1598）进士，官河南布政司参政。

姓名	主要活动年代	生平简介
潘汝祯	明朝	字镇璞，号石乳（1564—1631），廪生。万历二十八年（1600）举人，万历二十九年进士，位列第四，由大理寺观政，授浙江缙云知县，有"循吏"之称。寻拜监察御史，视屯田。迁任山西巡抚，厘奸剔弊，墨吏股栗。累迁掌河南道，以病归。天启初年，升佥都御史，巡抚浙江，慈严并用。后升南京兵部左侍郎。后因事罢官归里。
胡士奇	明朝	字易楚，万历二十八年（1600）举人。授湖北黄州知府，兼理府县事，为官多善政，以卓异升任云南姚安府知府，会黔蜀交讧，昼夜经画，竟保无虞。后因病辞官乞归，卒于途中。
戴君采	明朝	字允孚（？—1643），万历二十八年（1600）举人。授浙江青田县知县。在任履亩定税，确定赋额；兴学倡教，止讼恤刑，慎用刑罚，青田士民无不歌思其治绩。后因不肯屈节媚上官，辞官归里。居乡之日，不忘乡民，周恤贫困，平易近人。
姚之兰	明朝	字汝芳，号芳麓，万历二十九年（1601）进士。授福建海澄知县，补博野知县，迁南京礼部主事，升任郎中，再出任杭州知府，后任按察司副使。年69卒。
姚若水	明朝	号功元（1563—1628），郡庠生，万历二十九年（1601）进士，授太常寺博士。后充丙午科（1606）顺天乡试同考官，选刑科给事中，充乙卯科（1615）湖广乡试主考官，转江西水利道副使，终广西布政司参政。
吴应琦	明朝	字景韩，号玉华，万历三十二年（1604）进士。由太常寺博士擢升监察御史，巡按云南，疏请蠲免贡金。寻补浙江道御史，巡视顺永、保和。后迁升南京大理寺卿。致仕归里，年82卒。
刘胤昌	明朝	字燕及，号湆水，万历三十二年（1604）进士。任江西宜黄知县，调任临川知县，发奸摘伏，豪贵敛手。两充乡试同考官，汤显祖出其门下。调广济县，广济民素苦漕运，刘胤昌条陈上奏，得减半折兑。万历四十二年（1614）转大理寺评事，未赴任而卒。有《刘氏类山》等存世。
倪应眷	明朝	字申之，号吉旋，万历三十五年（1607）进士。授上杭知县，为政平易近民，擢升御史，敷陈皆军国重计。熹宗时，晋太仆少卿。崇祯初，累迁至南京太仆正卿，未几乞归，年80卒于乡里，祀乡贤祠。
姚之骐	明朝	字汝调，号渥源，万历三十五年（1607）进士。授湘潭知县。待人宽厚，尤其注重教育，勤于课士。年48卒于官署。驻潭兵备副使素不与其相洽，闻其去世，驰至县署，见其囊中仅有府给路费的百二十金，也抚尸大恸。
吴善谦	明朝	字伯亨，号黄岭，万历三十七年（1609）举人。初任台州府推官，考核卓异，擢监察御史，以执法触怒权贵，遭中伤，遂乞休归里。

姓名	主要活动年代	生平简介
刘之赓	明朝	字若飚，万历四十一年（1613）府廪生。以岁荐任四川蓬州知州。其时有大商人罗殷遭受诬陷，获重罪，刘之赓察悉冤情，予以开释。平时和同里阮自华相友善。
方大铉	明朝	字君节，方学渐之子、方大镇弟，万历四十一年（1613）第七名进士。授刑部主事，父卒，回籍守制，服丧期满，补户部主事。未几，卒于京邸。方大铉才气纵横，工于诗歌、古文辞。有《听峡斋草》、《搴兰馆集》等存世。
齐琦名	明朝	字越石，号群玉，齐之鸾之孙，万历四十一年（1613）进士。初授大理寺评事，以平恕称于时，转户部任职，清理出屯粮银两万余两。出任浙江绍兴知县，大力简拔人才。喜作文吟诗，每一字句，均加以锤炼。有《清屯纪略》、《慕草》等存世。
叶灿	明朝	字以冲，号曾城，万历四十一年（1613）进士。授翰林院编修。万历四十七年充会试同考官，迁国子司业，士习浮竞，为开示明理，进以古学，复召入充讲官。。天启年间，魏忠贤阉党专权时，不与之同流合污，遂落籍归里，潜心理学。崇祯初，再起掌院事，教习庶吉士。后转任南京吏部侍郎，升礼部尚书。以病乞休归里，年78卒。著《读书堂稿》、《天柱集》、《南中稿》、《庑下草》等存世。
孙继陛	明朝	字我阳，万历四十一年（1613）副榜贡生。万历四十三年授江苏海门训导，时值大旱，建议从南关外开石闸，引海水灌田，禾苗尽苏；翌年大水，泰、通、海三州及如皋诸水均由此出，田庐无损，商、民两便，人称此闸为"孙公闸"。四年后，擢河南项城县知县，兼摄商水。再调山东郓城，大挫境内白莲教，郓城人为之立生祠，勒石纪功。后以年老乞休。归里后与方大任、姚孙棐、何如宠、戴君采倡立金兰诗社。崇祯初年，议叙前功，以员外郎征用，坚辞不就，年88卒。
马懋功	明朝	字长卿，万历四十三年（1615）副榜贡生。授浙江杭州通判，升江西道监军佥事，湖西道兵备参议。顺治三年（1646），清军围赣州，督师出战，遇截焚船投水死。精天文象数之学。有《天文古验》、《介石斋稿》等存世。
吴叔度	明朝	字勿铭，号青芝，万历四十四年（1616）进士。授工部主事，人不敢干以私。不久，任黄州知州，平黄州盗，兴文学，黄州之士赖以成名者甚众。因性疏阔遭忌，左迁光州知州，再入为工部郎，以疾卒。
方大任	明朝	字玉咸，号赤城，万历四十四年（1616）进士。初任元城知县，以廉明公正著称。不久，升任监察御史，因为反对魏忠贤宦官专权，被削职。崇祯元年（1628）复官，升都御史，出巡山海关。次年，巡抚顺天，出守通州。有《霞起楼集》存世。

姓名	主要活动年代	生平简介
江之湘	明朝	字楚望，号九嶷，万历四十六年（1618）举人。授四川峨眉知县，其间，有两生因父仇，遭诬陷下狱，江之湘查实案情，立雪其冤。峨眉境内有一白鹤潭溪，百姓涉水过溪，不时有人被淹死。江之湘捐资填治，消除水患，百姓称白鹤潭为"江公潭"。辞官归里后，葛巾野服，质朴敦厚。年85卒。
叶耀	明朝	字太素，万历四十六年（1618）恩贡。初授江苏武进县司训，继升广东文高知县。年80卒。
何应奎	明朝	字任城，万历四十七年（1619）进士。授吉水知县，为政崇尚廉平。后入京，任礼部主事。崇祯初，历任吏部诸郎。时铨政久坏，何应奎力佐长官深心调剂，拔沉滞，杜苞苴，为人所叹。崇祯时，邑人阮大铖因忌恨左光斗，遂构珰祸，何应奎左右其间，持正不阿，令时人钦佩。
姚孙榘	明朝	字心甫，号石岭（1595—1645），姚之兰第三子，天启二年（1622）进士。授浙江龙游知县，再补福建晋江知县，寻擢江西道监察御史。锦衣项震乘醉杀妻，孙榘严加处置。后迁上林院典簿，改南京吏部验封司主事，历大名道佥事，浙江水利道参议，迁福建漳南道。再起任湖广荆南道按察司副使，终尚宝寺丞。
倪嘉善	明朝	字受之，号琼圃，倪应眷第四子，天启二年（1622）进士。官庶常，晋升检讨。后典试北闱，文风大振，擢升经筵讲官，充任右谕德。因积劳成疾，卒于京邸。有《媚笔泉集》存世。
左光先	明朝	字述之，一字罗生，号三山，左光斗七弟，天启四年（1624）举人。崇祯元年（1628）授福建建宁知县，以卓异政绩，升任御史，巡按浙江。任满出境，许都造反于东阳，左光先闻变，疾返讨平。福王既立，马士瑛专权，力荐阮大铖，左光先执意不可，特纠之。年80卒。
殷家允	明朝	字眉源，天启四年（1624）举人。授庐江县教谕，勤督月课，捐俸修文庙，在西门外置学田。后升任泸县知县，颇有政声。有《莎草集》、《茗前集》存世。
孙晋	明朝	字明卿，号鲁山，天启五年（1625）进士。授河南南乐知县，调滑县，擢工部给事中。曾上疏弹劾大学士温体仁乱祖制，一时谏垣推为敢言，因忤政左迁转大廷尉。后升大理寺卿。因病乞休归里。有《冬垣奏草》、《黄山》、《南岳》等存世。
左光明	明朝	字允之，号石楼，左光斗弟。少有文名，天启七年（1627）选贡。因兄左光斗遭珰祸，未参加廷试。崇祯年间，始授黟县训导，行端才敏，教士有方。后升任福建武平知县。因兄左光斗抗疏触忌权奸，左光明遂谢事归里。有《拾余录》、《礼记旨要》、《性学宗》等存世。

姓名	主要活动年代	生平简介
倪祚善	明朝	字永锡，倪应眷之子。天启间以明经授湖南永兴县知县，居官清慎，迁岳州通判，补金华同知。许都倡乱，首犯金华，倪祚善身先士卒，亲冒矢石护城，以功升处州知府。年72卒。
方象乾	明朝	字广野，方苞曾祖父，天启年间贡士。授黄州通判，以督粮剿寇有功，升广东高州府海防同知，又以退狼寇有功，转广州府同知，督师海上。历任按察司使、岑西左江兵备道，未几谢职，不久病卒。
张秉宪	明朝	字淑之，号清庵（1596—1685），治诗经。明崇祯元年（1628）恩贡吏部考授知县，给假未仕。康熙二十四年（1685）卒，享年89岁。
左德球	明朝	字球如，崇祯元年（1628）岁贡生。选授广西奉议州同知，因时局混乱，友人劝其不要赴任，德球毅然曰："国家多事，正臣子效死之秋。"携妻儿及时到任理事。后迁湖广沅州知州，清军攻下沅州，德球触石，脑裂而死。
方大普	明朝	号中渡，崇祯三年（1630）举人。任福建宁知县，廉洁慈爱，莅事严明。明亡后，辞官归隐，守先庐五亩，曰"梅花馆"。门人谥为"文节先生"。有《归田录》、《课儿指南》等存世。
吴国琦	明朝	字公良，号雪岩，崇祯四年（1631）进士。授浙江兰溪知县，擢升漳州推官，政宽刑简，为八闽之最，升兵部主事。其时国家多难，乃撰《渡江九策》，每策千余言，都切中时务。博治能文，尤精于经术和诗律。有《水香阁集》存世。
汪国士	明朝	字君酬，崇祯四年（1631）进士。授福建闽县知县，以简静治县，爱民如子。后改任揭阳知县，擢户部主事，再以功升户部郎中。调任山东兵备参议。后因幼子遇害，哀痛过度而卒。有《简轩十一集》存世。
光时亨	明朝	字羽圣，崇祯七年（1634）进士。授四川荣昌知县，治声为吏蜀者之冠，擢刑部给事中。桐城因遭兵患，漕米三年未缴，布政使下檄文补征，光时亨疏请减免。京师陷落后，遭马士英杀害。
夏统春	明朝	字符夫，姚之兰之婿，诸生。崇祯八年（1635）保举贤良方正，授湖北黄陂县丞，摄黄安、黄梅二县事，皆有治状，迁湖南麻阳县知县，未赴任，清军进犯黄陂，督众拒守，城陷后，因怒骂清军被残酷肢解。入清后，赐谥号"烈愍"。
左国柱	明朝	字子正，一字硕人，号醒园，左光斗长子，崇祯十二年（1639）中副榜贡生。荫授浙江武康县知县，莅任两载，民戴之若亲戚，吏惮之若师，考满且内召。适逢国变，遂辞官归里，民为之立"去思碑"，入"名宦祠"祀之，年62卒。
潘映娄	明朝	字次鲁，号复斋（1594—1653），潘汝桢之子，崇祯十二年（1639）特准贡生。初授浙江台州府推官。清顺治三年（1646）任浙江盐法道，次年升福建福宁兵备道、按察司副使。诰授中宪大夫。

姓名	主要活动年代	生平简介
姚孙棐	明朝	字纯甫，号戊生（1598—1663），姚之兰第四子，崇祯十三年（1640）进士。授浙江兰溪县知县，调东阳。不久，有许都之乱，东阳城陷。姚孙棐一面派人请求援军，一面组织义勇，克复东阳，平许都之乱。因功擢兵部职方司主事。后马士瑛、阮大铖以高官厚禄引诱姚孙棐陷害左光先，不与之从，激怒马、阮，遭其诬陷，被逮下狱。后清军南下，归隐龙眠山。有《亦园诗集》10卷存世。
白瑜	明朝	字瑕仲，一字安石，崇祯时以岁贡生举贡入都，崇祯十五年（1642）赐特用进士。授云南府推官，补登州知州。崇祯十七年辞官归里，隐居大龙山。年67卒。学者称"靖识先生"。
叶绅	明朝	字正则，崇祯十六年（1643）恩拔贡生，旋授河南永城知县。
周歧	明朝	字农父，号需庵，崇祯十七年（1644）以贡生应召入京，授开封府推官，参与陈元倩军务。后授金事衔，参与大学士史可法军务。后因病归里。与方以智、孙临、陈子龙等组成泽园社和复社。筑土室于龙眠山，吟咏终生，学者称"土室先生"。有《孝经外传》等存世。
阮之钿	明朝	字实甫（？—1639），阮自嵩之孙，诸生，初以明经授江宁主簿。崇祯年间以制科授湖北谷城知县。时张献忠诈降明军于谷城，屯兵掠民，民不堪受，阮之钿尽心调剂，民稍安。又察张献忠反迹，上疏密报，又劝兵部尚书熊文灿防备，皆不听。张献忠再反，亲至张献忠营中劝降，遭其辱骂，并索要知县印，誓死不与，张献忠大怒，杀之。后赠太仆寺少卿。入清后，赐谥号"忠节"。
孙临	明朝	字克咸，号武公（？—1646），崇祯年间湖广巡抚方孔炤之婿，诸生。少游吴越，为复社、永社所推重，南明唐王时，由苏松巡抚杨文骢推荐为职方主事，加监副使衔。清兵入闽，与杨文骢守仙霞关，兵败拒降，被杀。与杨文骢合葬于桐城龙眠枫香岭，当地人谓之"双忠墓"。入清后，赐谥号"节愍"。
琚伯昆	明朝	字山甫，崇祯年间，以明经中副榜。授江西武宁县知县，在任政平讼简，劝学课士，威惠并用，均赋清亩，民食其利。以治行卓异，征试广东道御史，因病乞归，年72卒。有《政略》、《石湖集》等存世。
叶士璋	明朝	字允南，礼部尚书叶灿之子，以父荫仕至户部郎中。生而沉静，不喜奢丽。
胡士美	明朝	字衷朴，以明经授如皋学博，擢文昌知县。后迁升广东惠州府同知，治绩有声，卒于官。
方懋	明朝	号三峰，以国子监生除宁州州判，擢湖南桃源知县。疏滞决疑，案无留牍，为大吏所推重。
方极	明朝	字良则，号竹墩。由诸生入国子监，授鸿胪寺序班，三年考核，擢升福建连城县知县。后辞官归里。

姓名	主要活动年代	生平简介
朱太枫	明朝	字子宸，号竹伍，以诸生入南京国子监。历官合州知州，强干清慎，以除暴安良为己任，摄重庆府印。母卒，回籍守制，致仕归里。
熊应亮	明朝	字异麟，以拔贡生授福建永定县知县，兼摄上杭县事。以刚耿拂上官，会行取，牒至遂请假归。
戴时章	明朝	号墨斋，附监生，积分授浙江处州府通判，屡摄县印。有贤声，以终养乞休，五请乃允，年82卒。
刘元勋	明朝	字长人，号体仁，19岁补县学生。喜好孙吴兵法，史可法巡抚安庆，选为标下听用官，代理都司职。后隐居孔城。此前，孔城有五百余家居住，后毁于兵火。刘元勋来此隐居后，居民逐渐来此聚集，后饶裕如旧。其孙刘开成为桐城派代表作家。
方履素	明朝	字白沙，号东田，选明经，授南京西城司，升湖广衡州府道州知州。在西城时，每捕一盗，必多方劝说，争取悔悟，少用刑罚。
吴德操	明末	字鉴在，号凫客，隆武年间，由太学生黄道周引荐，参加吏部考试，授福建长汀县知县。永乐年间，再擢监察御史。因激怒刘承允，遭削职。旋起原官，巡按广西，在任铮铮有声，再擢大理寺丞。后卒于广东。有《西台封事》等存世。
马永思	明末	字盛公，福王时贡生，以荐授中书舍人，直文华殿。桂王时，任刑部员外郎，对那些积案疑狱，力求平反。调吏部任考功员外郎，迁户部云南司郎中，督理粮饷，卒于粤西。
方拱乾	明末清初	字坦庵，一字肃之，方大美之子，崇祯元年（1628）中进士。官庶常馆，考选第一，文名震当世，转左谕德，升少詹事充东宫讲官。入清，补弘文院学士，官少詹事。因江南科场案，流放宁古塔，后释归，改字甦庵。著有《宁古塔志》、《方詹事集》等存世。
马之瑛	明末清初	字倩若，号正谊，马孟祯之孙，崇祯十三年（1640）进士。授广东阳江知县，洁己爱民，卓有殊绩，时局变乱时归里。入清继续为官，顺治十八年（1661）授山东定陶知县，筑城兴学，垦荒劝农。康熙八年（1669），擢兵部督捕主事，未赴任而卒。生平博学工诗，有《秋庄集》40卷存世。
何应珏	明末清初	号道岑，何如申之子，崇祯十五年（1642）中副榜，顺治五年（1648）贡生。授河南归德司理，转平凉丞。三年后，升湖广黄州知府。七年后，辞官归里。年66卒。
王天璧	明末清初	清顺治二年（1645）举人，初任庐州府英山县教谕，补镇江府丹徒县训导。康熙九年（1670），升山东阳谷县知县，在任兴利除弊，卓有贤声。有《存心堂文集》存世。
方孔一	明末清初	号凝斋，方大铉长子，县学生。顺治三年（1646）应岁荐，授广东清远知县。以老病告归，隐居金鸡山。有《击柝集》等存世。

姓名	主要活动年代	生平简介
王大初	明末清初	字以介，号愿五，顺治四年（1647）进士。授国史院编修，因耻于随俗奔竞，乞休，家居九载。功令敕补，乃起江西布政右参议，督视漕务，悉罢苛细。寻复告归。有《西园杂录》、《怀堂集》等存世。后学称"文静先生"。
吴道凝	明末清初	字子远，顺治四年（1647）进士。初任山东长清县知县，寻改浙江奉化县知县，未几归。少负才略，豪放不羁。长于诗赋、古文；善草书，自称得李北海笔意。有《大指斋集》等存世。
彭粥岑	明末清初	字孔晳，顺治六年（1649）进士。任粤西参议，赐节钺，单骑赴任。理军务，决疑狱，四境安宁平息，百姓安居乐业。任满，调到河南按察司，任汝南道副使。后因蜚语罢官归里。年56卒。学者私谥"孝靖先生"。
吴道观	明末清初	字容若，号遂田，崇祯年间举人，顺治六年（1649）进士。授河南商水县知县，在任期间，理政尚宽平，教士劝农，提倡节俭，禁溺女陋俗。民有生女者，名为"桐女"，以示报答。后谢事归里，家居十余年，食淡茹素。
胡如珪	明末清初	字子允，明末诸生，顺治八年（1651）中副榜。选授浙江临海县知县。在任期间平抑米价，安定社会秩序。后卒于官署。
姚文烈	明末清初	字觐侯，又字屺怀（1616—1665），姚孙棐长子，顺治八年（1651）中举人。授汉阳府推官，锄豪强，理冤狱，赈饥济困，尽革陋规。为官之余，亲临书院讲经论史，名声大著，迁辰州州判，擢云南楚雄府知府。康熙二年（1663）父丧归里，哀恸致疾，年50卒。
何应璜	明末清初	字元瑜，号蓉庵。顺治十年（1653）督抚以人才推荐他，授户部主事，转刑部郎中。后升江西赣州府知府，赣州扼守闽粤之要冲，位置十分重要，何应璜在任三年，谨守津隘，抚恤百姓，民皆颂之，上官察其能，想推荐他，因其不乐于仕，遂乞休归里。
邓铨	明末清初	字田功，号栲岑，顺治年间贡生。选授唐山知县，以贤良卓识著称于世。为官不久，告假归里，在家乡筑北山草堂而居，与友人相酬唱。有《集杜诗》等存世。
王玑	明末清初	字其人，号蒿伊，雍正年间，以贡生授河北栾城县知县。岁革羡余千金，浚井数百溉田。迁绍兴府通判，在任佐大臣治下河水患，专浚丁溪草堰，省帑金四万，擢河南彰德府知府。后致仕归里。
何亮功	清初	字次德，号辨斋，顺治十四年（1657）举人。授福建古田知县，在任期间，宽严有度，恩威并施。为政之余，到书院传经论学，课士授徒，改变鄙俗陋风。康熙二十六年（1687）充乡试同考官。后卒于官任。有《长安道集》存世。

姓名	主要活动年代	生平简介
马教思	清初	字临公，号严冲，马之瑛之子，康熙十八年（1679）进士。改庶吉士，授编修。曾任会试同考官，充《会典》及《鉴古辑览》纂修官，充日讲起居注官，夙夜在公，勤于其职。有《等韵捷要》、《古学类解》、《〈左传〉纪事本末》、《皖桐幽贞录》等存世。
姚文焱	清朝	字彦昭，号磐青（1623—1685），姚之骐孙，顺治十七年（1660）岁贡，廷试第一。康熙八年（1669）顺天乡试举人，授长洲教谕。康熙二十年、二十三年聘为浙江同考官，课士衡文，唯以不欺为本学。后迁峡江知县，在任以宽简为政，兴革利弊，后守制服丧，辞官归里。
姚文燕	清朝	字翼侯，号小山（1630—1675），姚文然弟，顺治八年（1651）举人，顺治十八年进士。官江西德安县知县，康熙十三年（1674）举江西循良第一，诏赐蟒服。智破三藩兵乱。以卓异授任主事，未任而卒。有《春草园诗文集》存世。
姚士重	清朝	字勃少，号松潭（1637—1694），康熙十一年（1672）贡生。选授宁国府学训导，讲学课士，敦行励节，秩满，移任渝川县丞。后代理高安县印，再擢升渝川知县，因以漕务不忍苛于民，降级而归。
姚士塈	清朝	字注若（1639—1664），姚文然长子，康熙间迁刑部正郎。精律例，论决平允，著有《兹园诗集》。
姚士堂	清朝	字佩若，号敬斋（1639—1687），康熙八年（1669）举人。官内阁中书舍人，工书，所书制诰，众人环观叹绝；入武功馆纂修《方略》，卒于官。有《云怡阁诗文集》存世。
姚文熊	清朝	字望侯，号非庵（1640—1690），姚孙椠之子，康熙六年（1667）进士。授浙江江山知县，调萧山，康熙十四年充任浙江乡试文武同考官。迁陕西阶州知州，阶州地脊民贫，本应免交附加钱粮。但上官仍按旧例派吏督征，姚文熊将其中骄横者，捆绑狠打，然后赶出境外，悉除无名之征。因打上官之吏，被降职。归里后，病逝。
姚士莱	清朝	字瑶圃（1646—1712），姚文燮长子，贡生。选授福建漳州府通判，补云南鹤庆府通判，终湖北荆门州知州。
姚士蕳	清朝	字绥仲，号华曾（1648—1708），姚文燮之子，康熙二十七年（1688）进士。授编修，补入直内廷，擢左春坊左赞善。历典湖广、北直隶乡试，所拔皆成名士。有《泳园诗文集》存世。
潘芳芝	清朝	字杜孙（1649—1707），康熙十三年（1674）以从戎功，授贵州镇远协标左营军中守备。康熙四十一年改补广西上林营掌印守备，恭遇覃恩，诰授武德将军。
张茂秩	清朝	字子式，号南畸（1649—1691），张秉贞三子，治诗经，荫生。候补光禄寺署正。

姓名	主要活动年代	生平简介
姚士基	清朝	字履若，号松岩（1649—1702），姚文然第四子，康熙十一年（1672）举人。授湖广罗田县知县，至则减公费，迁学官，廉政爱民，以慈爱为治，不轻笞辱。有《松岩诗集》8卷存世。
张菁	清朝	字梓一，号澡岑（1650—1723），张秉宪七子，治诗经，监生，考授州同知。康熙四十二年（1703）补河南开封府郑州州判，康熙五十二年遇覃恩勅授儒林郎，妻姚氏封安人，父母赠如其官。康熙六十年升直隶延庆州知州，不久，休致回籍。
张豫	清朝	字子崇，号瞻白（1653—1700），治诗经，监生。考授州同知。
张夔	清朝	字次皋，号一斋（1655—1703），张秉彝六子，治诗经，岁贡生。以明经授靖江县学训导，康熙乙亥计典卓异，钦赐蟒服，升直隶正定府平山县知县。戊寅调顺天府固安县知县，己卯调保定府清苑县知县，所至仁惠有声，壬午升大名、广平两府管河同知，督理河务，康熙四十二年（1703）漳河水涨，亲率百姓，捍御堤防。因积劳成疾卒于官署。诰授奉政大夫。
张苣	清朝	字武仕，号雪岑（1656—1717），张秉哲四子，治诗经，监生。康熙二十二年（1683）选授湖广武昌府通判，廉政爱民。康熙二十七年，署武昌府知府，值夏逢龙借口索饷为乱，张苣挺身斥责，抗节不屈。被逮，乘间逃出，随振武将军瓦岱等屡建功绩，克平夏变。康熙二十九年，请养回籍。康熙三十五年，其母病逝，依例守制，服丧期满，官复原职。康熙三十九年补湖广襄阳府通判。康熙四十一年，迁四川嘉定州知州，到任后开垦荒田，兴办学校。康熙四十九年十月，升工部都水司员外郎。康熙五十年三月，告病回籍。
姚锐	清朝	字藻如，号退存（1658—1715），康熙二十一年（1682）贡生。初任浙江鄞县知县，均族丁徭役，公平赋税，抚恤灾民。后授四川雅州知州，清理商税，支持邮递，尽力减轻百姓赋税负担，深得民心。居官廉洁，卒时，未积存一钱。
张芳	清朝	字次兰，号秋圃（1663—1734），张秉彝七子，治书经，廪贡生。康熙戊寅选授陕西西安府咸阳县县丞，己卯升盩厔县知县，赐御书七言绝句一幅。甲申升西安、延安两府督捕同知。辛卯罢归。雍正甲辰，大学士朱轼保举引见，特旨补授浙江严州府知府。丁未以黄河清，恩加一级。庚戌奉特旨升太常寺少卿。旋请休致，奉旨谕允。后因子廷璪诰赠中宪大夫。
张廷玮	清朝	字玉峰，号笃山（1663—1741），张茂稷长子，治诗经，荫生。候补光禄寺署正。

姓名	主要活动年代	生平简介
张有孚	清朝	字鹤田，号守愚（1663—1716），年十四补府学生，治诗经，康熙四十一年（1702）选授凤阳府临淮县学教谕。康熙四十七年迁升四川重庆府南川知县，康熙五十二年遇覃恩，敕授文林郎、四川重庆府南川县知县。在南川任知县九载，捐资修路，召民垦荒，建义学，革陋规，南川地富民乐。妻姚氏封孺人、父赠如其官、母封太孺人。康熙五十五年卒于官。
姚孔钧	清朝	字和修，号约轩（1663—1731），廪贡生。康熙癸巳（1713）恩科举人，选授江西湖口县知县，授文林郎。
姚孔镛	清朝	字祝如，号西畴（1665—1695），姚锐之弟。康熙十七年（1678）以贡生选授河南罗山知县，补湖广保康知县，擢四川合州知州，上任后，裁革陋规，清除苛政，颂声响遍蜀中。未及再擢而卒，士民奔哭者数月不绝。有《西畴集》5卷存世。
张廷理	清朝	字义峰，号再苏（1669—1722），张茂稷三子，治诗经，荫生。候补光禄寺署正。
姚孔瑄	清朝	字翰擢（1669—1722），姚士蕙次子。初任直隶永平知县，以卓异之绩，擢河北沧州知州，补陕西葭州知州。因运送军需物资到西藏，曾迷失沙漠之中，后几经周折，才到达目的地。康熙五十六年（1717）大军凯旋，议叙军功一等。后因积劳成疾，卒于官署。为官清廉，卒后，家无余资。
姚铃	清朝	字卿如，号梓岚（1670—1734），姚士塾之子。由附贡生授贵州湄潭县知县，湄地苗民杂处，姚铃开诚化导，引导百姓垦山为田，教民以竹制水车灌田，留心学校，集诸生讲论经义，民皆德之，以卓异擢京府通判，迁户部郎中。后外用浙江绍兴府知府，调处州，治事益勤，卒于任上。有《葭斋集》10卷存世。
张崇	清朝	字季申，号定山（1671—1734），治诗经，附贡生，候选训导。以子鸿畴贵，貤赠登仕郎，署直隶天津府青县运河主簿，晋赠儒林郎州同，管直隶保定府雄县县丞事。康熙五十一年卒。
姚士圭	清朝	字时六，号竹廊（1672—1733），监生。雍正四年（1726）顺天乡试副榜，以保举才猷特授河南永城县知县，调补密县知县。
张廷琪	清朝	字芝田，号闲斋（1674—1744），治易经，附贡生。康熙五十七年（1718），选授江宁府溧水县教谕。雍正二年（1724），母卒，依例回籍守丧。服丧期满，授山西潞安府平顺县知县。雍正十年，调汾州府平遥县知县。雍正十一年，告病回籍。

姓名	主要活动年代	生平简介
张鸿绪	清朝	字雁民，号遵渚（1674—1750），庠生。雍正七年（1729），以叔曾祖张芳保举引见，奉旨发往直隶，以知县试用。历署正定府栾城县、保定府深泽县和蠡县知县。雍正十一年，实授蠡县知县。后升直隶天津府通判，勒授承德郎，父赠如其官，母封太安人。母卒，回籍守丧。乾隆十五年去世。
张蕃	清朝	字筱亭，号剩溪（1674—1755），治书经。监生。考授州同知江南河工效力。雍正十年（1732）署扬州府粮河通判。雍正十一年，告假回籍。
张廷庆	清朝	字荣怀，号蓉斋（1677—1737），张芑长子。治诗经，以恩贡生考补官学教习。雍正六年（1728）陕西潼商道方正瑗保举引见，授湖广德安府安陆县知县，精干任事，民畏且敬，上官贤之，调武昌府江夏县知县。雍正八年丁母忧，回籍。旋奉旨回任守制。雍正十年，迁湖南永顺府同知。雍正十一年，升常德府知府，调汉阳府知府，皆有循声。雍正十三年，升湖广湖北粮储道按察使司副使。乾隆二年（1737）卒于官。
张廷佩	清朝	字莘田，号岵亭（1678—1729），张英侄，治易经，附贡生。康熙五十九年（1720）选授直隶宣化府赤城县县丞，雍正元年（1723）遇覃恩，勒授修职郎，妻刘氏赠孺人。雍正二年，丁母忧。服阕，雍正七年，因翰林院编修赵晃保举引见，授江西广信府上饶县知县，为政简静，士民爱戴。因病，卒于官。
张廷琰	清朝	字瑗度，号悔亭（1678—1757），治诗经，附贡生。康熙五十七年（1718）选授陕西泾州州判。康熙六十一年，计典卓异。雍正元年（1723）钦赐蟒服，升福建福州府福清县知县。雍正四年缘事挂误。后特旨引见，经总督疏荐，胜任海疆，题补台湾府台湾县知县。特旨请训，蒙赐御制墨刻、紫貂、香珠之属。雍正八年，调回内地，奉特旨引见，升山西岢岚州知州。雍正十一年，升汾州府知府，诰授中宪大夫。妻姚氏赠恭人，父母赠如其官。乾隆四年（1739），告病回籍。历官20余年，所至雪奇冤，释锢讼，除积弊，卸任时士民无不攀辕泣送，因不乐仕途，归养天年。
张若崒	清朝	字峰松，号赤埠（1679—1762），治书经，郡廪生。雍正七年（1729）以弟张若震保举引荐，命往山西以知县试用。历署虞乡、洪洞、翼城县事，题补平阳府太平县知县，后调曲沃县知县。乾隆八年（1743）九月，告病回籍。乾隆二十七年卒于家。
张廷珩	清朝	字苍闻，号凝斋（1680—1725），张芑次子，治诗经，以廪贡生考补官学教习。雍正元年（1723）举人，同年进士，殿试二甲第一名，保和殿御试第一名，奉特旨授翰林院检讨。奉旨入直南书房，旋充日讲起居注官。雍正二年，充顺天乡试同考官；六月，御赐七言诗一章，勒授征仕郎。刚入仕途，即深受雍正皇帝的器重。雍正三年八月因病去世，雍正特恩赐白银200两为其治丧。

姓名	主要活动年代	生平简介
张若霈	清朝	字云举，号北冲（1681—1727），张廷瓒之子，治诗经，郡廪生。康熙四十七年（1708）举人，康熙四十八年就职，授内阁中书。康熙五十四年，选授浙江严州府同知，监修海塘事。康熙五十六年，充浙江文武乡试同考官。康熙五十七年，计典特荐。康熙五十八年八月引见，钦赐蟒服。康熙五十九年，升任广西梧州府知府，在任政声洋溢，大吏交章保荐。雍正元年（1723）升广西苍梧道按察使司副使兼管全省驿盐事务，诰授中宪大夫。雍正四年，谕旨：张若霈居官实好，着管收梧州厂税。本年计典卓异，引荐，雍正五年正月陛辞请训，蒙恩赐墨刻、紫貂、水注、松花石砚。四月初三日抵署，即卒。旋奉旨：张若霈居官勤慎小心，着加按察使衔，以示优恤。雍正十年，崇祀广西桂、平、梧三府名宦祠。
张承先	清朝	字奉律，号松山（1683—1730），张芳长子，治书经，附监生。选授山东胶莱分司运判，勑授儒林郎、山东都转运使司运判，后升运同衔。
张廷琳	清朝	字菊臣，号漉亭（1683—1723），治易经，监生。候选州同知，英年早逝。乾隆四年（1739）以孝行题请奉旨建坊旌表，崇祀忠孝祠。
马朴臣	清朝	字相如，一字春迟（1683—1747），雍正十年（1732）马朴臣50岁时，始中举人，屡上春官不第。经推荐，考授内阁中书。乾隆元年（1736）举"博学鸿词"复不遇。与同里方贞观相友善。卒于京邸，有《报循堂诗钞》存世。
张若宣	清朝	字鲁泽，号镜雪（1684—1756），治诗经，附贡生。雍正元年（1723）选授刑部司务厅司务，雍正十三年，钦差户部南新仓监督，赠祖父母如其官。乾隆二年（1737），遇覃恩，勑授登仕郎。乾隆六年，升本部直隶司主事。乾隆八年，以疾告假回籍。乾隆二十一年，卒于家。
张方爽	清朝	字叠来，号默稼（1685—1724），治诗经，廪贡生。康熙五十三年（1714）顺天乡试副榜第三十名，考补官学教习，候选知县。雍正二年卒。乾隆二年（1737）以孝行题请，奉旨建坊旌表，崇祀忠孝祠。
姚士埰	清朝	字引渊，号跃亭（1685—1748），姚文燮第四子，附贡生。考取《明史》馆纂修，议叙引荐，分发云南，以知县用，补广西南宁县知县。

姓名	主要活动年代	生平简介
张若岩	清朝	字及申，号梨谷（1686—1738），张廷璐侄，治诗经，工书法。监生，考授州同，选充圣祖仁皇帝实录馆誊录效力。雍正七年（1729），以叔父张廷璐保举引见，命往直隶以知县以下等官试用，本年委署大名府东明县知县。时畿辅郡邑遭水灾，张若岩奉檄赈灾，全活无数。题署广平府曲周县知县，实录告成，议叙以知县应升即用，实授曲周县知县。在曲周任上，体恤下属，诉讼立判，决不逾期；修学官，筑堤堰，惠泽于民。升湖北黄州府同知，因叔父廷庆任湖北粮道回避。留直隶候补。乾隆元年（1736），补保定府同知。本年冬，世宗皇帝梓宫恭奉泰陵，董役治道，恩加一级。本年调北路刑名捕盗同知，诰授奉政大夫。乾隆三年五月，因积劳成疾，卒于官。
姚孔钠	清朝	字象山，号铁崖（1686—1750），姚文焱之孙，雍正戊申（1728）举孝廉方正。授滑县知县，擢苏州府知府，大计卓异升苏松常镇太督粮道，署江苏按察使司，终广东惠潮兵备道。
张廷瑚	清朝	字夏臣，号南坪（1687—1771），治书经，附监生。候选县丞。雍正七年（1729）因浙江建德县知县纪廷召保举引见，分派户部学习、行走，选授江西建昌府泸溪县县丞。母病逝，依例回籍守制。服丧期满，赴部候选。遇覃恩，貤赠父母如官，本年补山东泰安府泰安县县丞，乾隆十年（1745）告病回籍。乾隆三十六年卒于家。
张廷琛	清朝	字菱田，号栗亭（1688—1752），张㷱第五子，治书经。附贡生。康熙五十七年（1718）选授庐州府庐江县教谕。雍正二年（1724）丁母忧。服阕，引见，授湖北荆州府宜都县知县，在任时秉公执法，不欺心，不徇情，兴利除害，以循良闻于当时。雍正十三年，升宜昌府归州知州。遇覃恩，诰授奉直大夫，妻崔氏封宜人。因为其兄任湖北粮道回避，调补湖南长沙府茶陵州知州。茶陵民刁悍难治，张廷琛省刑薄税，除莠安良，茶陵人为之供长生位祀之。乾隆七年（1742），告病回籍。
姚孔针	清朝	字秋水，号实峰（1690—1763），姚士蠡第五子，廪贡生。初授福建长乐县知县，调诸罗县知县，补河南太康县知县，调中牟县，署郑州知州。
张廷球	清朝	字泽臣，号澄斋（1690—1755），张苣第三子，治诗经，监生。雍正七年（1729）因翰林院庶吉士周龙官保举引荐，奉旨命往福建，以知县一下等官试用。本年署福宁州宁德县知县。雍正八年，署福州府永福县知县。十一月丁母忧，回籍。旋奉旨回任守制。雍正九年，补福州府福清县知县，所至有声。雍正十二年，升龙岩州知州，诰授奉直大夫。治州简要，民甚便之。乾隆十年（1745）五月，告病回籍。乾隆二十年卒于家。

姓名	主要活动年代	生平简介
姚淮	清朝	字书巢（1691—1744），姚孔铺之子。雍正元年（1723）拣授云南河西知县，雍正四年擢雅州知州。雍正七年擢重庆府同知，专理苗务。雍正八年署嘉定府，再擢浙江嘉兴府。乾隆元年（1736）调杭州，乾隆七年擢嘉湖道，因病卒于任上。
姚孔锌	清朝	字道冲，号归园（1691—1757），府学生，姚文焱之孙。雍正年间经方正瑗举荐任广东恩平县令，所至抚流寓，清狱讼，奸吏畏之皆相引去，再升广州理瑶同知，宣扬德化，勤耕桑，绥人悦服，擢知韶州府。乾隆十一年（1746）知赣州府，深受乾隆称赞，后以病乞归。
姚孔鋆	清朝	字道南，号雷崖（1692—1741），监生。以保举人才引荐，授湖广应山县知县，擢沅州府通判，保举引荐，命以知州用。
张若𤋮	清朝	字守讷，号恬村（1693—1749），治易经，监生。雍四年（1726）选授浙江台州府太平县县丞，升天台县知县。雍正九年，调温州府永嘉县知县。雍正十一年，因其弟张若震任浙江盐驿道，回避，改补江南苏州府元和县知县。勅授文林郎。乾隆五年（1740）告归。以子曾墀贵，诰授奉直大夫、云南姚州知州。乾隆十四年卒。
张筠	清朝	字渭南，号瓯舫（1693—1766），幼年随其父游历蜀中，出入三峡，览山川名胜。治书经。监生。雍正十年（1732）科顺天乡试第240名。乾隆二年（1737），考取内阁中书。乾隆三年，补授内阁中书舍人。乾隆十一年，钦差户部富新仓监督，勅授承德郎。乾隆十七年，升内阁典籍。乾隆十九年，告病回籍。乾隆三十一年卒于家。
张若潭	清朝	字紫澜，号澄中（1695—1741），治《易经》，廪贡生。雍正二年（1724）科江南乡试第64名。乾隆元年会试，因其叔父张廷璨为总裁，若潭依例回避，参加单独命题考试，列会试榜第51名；殿试三甲第60名，钦选翰林院庶吉士，勅授征仕郎；五月，授翰林院检讨。八月，告假回籍。乾隆六年卒。有《远峰亭诗文集》存世。
姚兴滇	清朝	字南召（1695—1759），姚孔瑄之子，姚元之曾祖。初官河南荥阳县丞，以才能署尉氏县，严保甲，奸宄远遁。雍正六年（1728）应诏，举品行才猷，授山西太平知县，调任临汾知县兼摄洪洞县。乾隆元年（1736）升山西隰州知州，御赐衣一袭。同年八月，再擢山东武定知府，创建书院，振兴文教，平凡冤狱，一郡称神明，督捕阳信巨盗，合郡晏然，遂总理泰安四郡盗案。调任曹州府知府。乾隆七年，兼摄兖州。乾隆十二年，因案被谪戍于军台。有《基城集》存世。
张若昶	清朝	字长黍，号磊阿（1697—1760），治诗经。监生。考授州同知。其余不详。

姓名	主要活动年代	生平简介
张若宗	清朝	字青泽（1697—1756），附贡生。雍正八年（1730），江南河工请效力人员，叔父张廷玉保举引荐，发往江南工河效力。雍正九年，署淮安府高堰通判。雍正十年，补授淮安府安东县知县。雍正十一年，题署淮安府山盱通判。乾隆二年（1737），告病回籍。乾隆二十一年，卒于家。
张若矩	清朝	字闲中，号椒麓（1697—1735），治诗经，监生。河工效力。雍正五年（1727），补授山东兖州府泇河通判，因揭发上官受贿遭落职，随经开复。雍正十一年，再起为广西桂林府通判。引荐，特擢为广西永安州知州，诰授奉直大夫。父母赠如其官。旋调任全州知州，在任值境内苗民乱事，张若矩单骑前往苗寨，开诚宣谕，苗民皆被感化，州赖以安，上官知其才，欲委以重任，但因积劳成疾，雍正十三年卒于官。
张若霭	清朝	字树堂（1698—1766），张廷庆长子，治诗经，邑庠生。雍正七年（1729），以廷庆保举引荐，奉旨分派礼部学习行走。雍正八年，署仪制司主事。雍正九年，补主客司主事。雍正十一年奉旨充会试提调官。雍正十二年，钦差伴送安南国使臣到福建。雍正十三年，遇覃恩，勅授承德郎、礼部主客司主事，父母封本身官职。乾隆元年（1736），命往福建，以同知用。丁父忧，服阕，仍赴福建补漳州府南胜同知，调补台湾府鹿耳门同知。后升浙江衢州府知府，诰授中宪大夫。其间因公降职，补直隶宣化府通判。其母病逝，回籍守制。服丧期满，赴部候选，奉旨发往四川效力，补授雅州府通判。乾隆三十一年卒于官。
张裕爌	清朝	字韩起，一字阮青，号休庵（1698—1771），监生。考取誊录实录馆，议叙主簿。乾隆八年（1743），选授浙江湖州府归安县主簿。乾隆二十四年，调嘉兴府秀水县主簿。援例捐升县丞。候补，以子张同咸贵，赠文林郎、湖北宜昌府经历。乾隆三十六年卒。
张桐	清朝	字荆南，号蔗亭（1699—1740），治易经，附贡生。考补官学教习。雍正四年（1726）顺天乡试，因叔父张廷璪为同考官回避，参加专门考试，列第27名。挑选知县，奉旨往浙江以知县试用。授杭州府临安县知县，以廉干著称。调温州府平阳县知县，因其兄张若震升授浙江盐驿道，咨送江南补用。旋升江南苏州府同知，升江南通州、直隶州知县。赃赠祖父母、父母如其官。乾隆三年（1738），特旨升山东莱州府知府，治绩益起。诰赠朝议大夫。乾隆五年，卒于官。有《武成日月表》、《战国策纪年目录》各1卷等存世。
张鸿畴	清朝	字周访（1699—1743），监生。考授州同，北河效力。署直隶天津府青县主簿，借补保定府雄县县丞，勅授儒林郎，父母赠如其官。历升沧州州判、顺天府东安县知县，洁己爱民，勤于职事，上官知其能，以疾病告假，留直隶候补。后改调静海知县，以捕蝗致疾，乾隆八年卒于保定。

姓名	主要活动年代	生平简介
张若霔	清朝	字嘘山，号小村（1700—1769），张廷瓛长子，治书经，附监生。候选州同。
张裕燕	清朝	字兴逸，号易川（1701—1768），监生，考授州同，北河效力。乾隆八年（1743）补直隶正定县县丞。署藁城县知县。乾隆十五年，其父病逝，依例回籍服丧。乾隆二十六年，以子张觐瑶官江西南昌府南昌县巡检任内勒封儒林郎、州同衔，借补直隶正定县县丞。乾隆三十三年卒。
张廷璪	清朝	字埶陈，号虔斋（1702—1773），张芳次子，治诗经，监生。雍正十二年（1734）选授銮仪卫经历，同年因父亲病逝，依例回籍守制。雍正十三年遇覃恩，勒授征仕郎，妻彭氏、生母刘氏俱封孺人。
姚范	清朝	字南青，号薑坞（1702—1771），乾隆元年（1736）参加顺天乡试，考取第二名。乾隆七年中进士，选庶常，授编修，充三礼馆纂修。充乾隆甲子科顺天乡试同考官。任职未十年，即请求致仕回籍。致仕后，到天津、扬州等地书院主讲。生平博极群书，藏书达十余万卷，注释校勘。曾孙姚莹将其整理，辑为《援醇堂笔记》。有《援鹑堂诗文集》等存世。
张廷璇	清朝	字清少，号律斋（1702—1768），张芑第五子，治书经，监生。雍正七年（1729）以翰林院检讨杨廷勘保举引荐，奉旨分派礼部学习行走，本年署祠祭司主事。雍正八年丁母忧。服阕，赴部，以盐场效力，挑选引见，奉旨发往两淮，以盐大使用，补泰州东台场盐大使，擢升通州通判，廉慎于法。
张若普	清朝	字旸舒，号警轩（1703—1759），治书经，监生。考授州同知。雍正七年（1729）吏部挑选盐场大使，引见分发广东，以盐场大使补用。本年补东莞场大使，后调任淡水场大使、双恩场大使，以才能称最，擢升惠州府博罗县知县，兴利去害，锄暴除奸，有循吏声。乾隆元年（1736），擢贵州镇宁州知州。乾隆十年，再擢安顺府郎岱同知，诰授奉政大夫，父母封如其官。
张曾翰	清朝	字嗣徽，号藻林（1703—1780），廪贡生。乾隆二十三年（1758）选授湖北黄州府粮捕通判。历署枣阳县、枝江县知县，沔阳州知州，宜昌府知府。勒授承德郎，父母赠如其官。乾隆四十五年去世。
姚延栋	清朝	字嘉禾，号梅山（1704—1755），姚士壤长子，监生。考授州同，保举河工引荐，授淮扬中河通判，擢海防同知，调桃源同知，升河南许州府知府，江苏淮徐道，调河库道。
张若泌	清朝	字珊骨，号餐芋（1705—1768），张廷璪长子，治书经，附贡生。雍正十三年（1735）江南乡试第九十六名，候选知县。因侄子曾敩贵，嘉庆元年（1796）貤赠朝议大夫、广西庆远府知府。

姓名	主要活动年代	生平简介
张曰典	清朝	字道闿，号二纪（1705—1791），治《易经》，监生。雍正十三年（1735）江南乡试第67名。乾隆七年（1742）拣发江南，河工候补。署扬州府粮捕通判。乾隆五十六年卒。
张衷	清朝	字枢言，号萃民（1706—1772），贡生。遵例选授河南河南府通判。历署永城、嵩县、洛阳县知县。调陈州府通判，署归德府知府。勅授承德郎，父母封如其官。后迁江西九江府同知，调南安府同知，历署南安府、赣州府知府。升江西广信府知府。丁母忧，服阕，补授广西庆远府知府，诰授朝议大夫，貤赠祖父母、父母如其官。丁父忧，服阕，补授江西瑞州府知府。后因病辞官归里，乾隆三十七年卒。
张若霪	清朝	字景岳，号函晖（1707—1783），治书经，邑庠生。乾隆元年（1736）江南乡试第132名，选授国子监学正。乾隆十八年（1753）升国子监助教，勅授承德郎（文官正六品升授之阶）。乾隆二十七年十月，以疾告假回籍。乾隆四十八年卒于家。
张若淞	清朝	字东湖，号东轩（1707—1750），治书经，监生。考授州同知，直隶河工效力。题补河间府河间县县丞。乾隆九年（1744），丁母忧，回籍。乾隆十四年，赴京候补。拣发江西，题补饶州府余干县县丞。乾隆十五年卒于官。
张裕莘	清朝	字又牧，号樊川（1708—1788），治易经，附监生。乾隆九年（1744）顺天乡试第12名。十月，乾隆帝巡幸贡院，迎驾，蒙赐五经全部。乾隆十三年会试中式第11名，殿试二甲第十名，御试钦取第七名，选翰林院庶吉士。乾隆十四年，恩诏加一级。乾隆十六年散馆，钦取一等第二名，授职编修。次年，充五朝国史纂修官。御试翰詹诸臣，列二等第二名，充日讲起居注官。乾隆十八年，充山东乡试副考官。乾隆十九年，充会试同考官。教习本科庶吉士。丁母忧，回籍。服阕，到扬州恭迎乾隆帝南巡，上于御舟指问。抵达苏州后，蒙赐布匹、墨刻等物品。送皇帝到香阜寺。乾隆二十三年赴京，补原官。充《续文献通考》纂修官。次年，充顺天乡试同考官，后教习本科庶吉士。乾隆二十六年，充日讲起居注官，升国子监司业，诰授奉政大夫。乾隆三十二年，升翰林院侍读，充《续文献通考》纂修官，累升右春坊右庶子，掌坊事；国子监祭酒。乾隆四十三年，奉旨稽察右翼觉罗官学，诰封中议大夫、妻赠淑人，貤赠曾祖父母、祖父母、父母如其官。乾隆四十五年，京察，以年老奉旨以原品致仕回籍。乾隆五十三年卒。

姓名	主要活动年代	生平简介
张若需	清朝	字树彤，号中畯（1709—1753），张廷璐之子，治《易经》，廪贡生。乾隆元年（1736）江南乡试第42名，乾隆二年进士，殿试二甲第八名，钦选翰林院庶吉士。乾隆四年，御试《汉书》，获得一等第三名，授翰林院编修。乾隆五年，充礼书纂修官。乾隆六年，充顺天乡试同考官。乾隆八年，充武英殿纂修官。乾隆十年，先后丁忧，服阕，补原官。乾隆十六年，充会试同考官，教习本科庶吉士；十月，充日讲起居注官；分校乡、会试，得士最盛。乾隆十七年，扈从圣驾恭谒泰陵，途中赓和御制诗章，受到乾隆帝嘉奖。六月，皇帝在正大光明殿考试翰詹大臣，张若需被钦取二等，擢授左春坊左赞善。其兄张若震因陕西事务向乾隆帝回报，乾隆帝面谕曰："汝弟张若需，为人正直，学问亦优。"八月，充会试同考官，教习庶吉士。乾隆十八年，升翰林院侍讲，同年卒于官。有《见吾轩诗集》、《从迈集》等存世。
张若霈	清朝	字澄宇，号雨亭（1709—1781），治书经，廪贡生。乾隆元年（1736）江南乡试第123名，乾隆十一年拣发河南、山东河工效力。题补获嘉县县丞，升虞城县知县，因公挂误。后保举引荐，仍发原省，题补武安县知县。勅授文林郎，乾隆四十六年卒。有《绿涛轩诗集》存世。
张曰谟	清朝	字仪昭，号三陈（1709—1775），监生。考授州同，明史馆誊录。议叙即用，援例告降县丞。乾隆三年（1738）选授江苏松江府金山县县丞。乾隆六年调苏州府元和县县丞，乾隆八年，升元和县知县。乾隆四十年卒。
张若本	清朝	字根实，号荫泉（1710—1770），治诗经，郡庠生。乾隆元年（1736）江南乡试第104名，乾隆七年会试，名列通榜，选授江苏镇江府丹徒县学教谕。保题引荐，奉旨以知县用。选授山东济南府新城县知县，在任改锦秋湖为稻田，捐建义学，修理河防，新城人德之。调兖州府曲阜县知县。乾隆二十四年，充山东乡试同考官。乾隆二十五年计典，保举引荐，奉旨：准其卓异注册，回任候升。钦赐蟒服，貤赠祖父母、父母如其官。升授湖北汉阳府同知，署施南、德安县事。乾隆三十年乙酉科，充湖北乡试内帘监试官。诰授奉政大夫，乾隆三十五年卒于官，囊无余资。

姓名	主要活动年代	生平简介
张若瀛	清朝	字印沙，号春堂，别号逸园（1711—1782），张若淮弟，治易经，监生。兵部则例馆誊录效力。议叙，候选主簿，乾隆十七年（1752）就职，九月拣发直隶。乾隆十八年，借补延庆州永宁巡检。乾隆十九年，调热河巡检。其间，随同直隶总督方观承赴伊犁办事，乾隆二十一年回任。调乌兰哈达巡检。乾隆二十三年，援例捐升兵马司副指挥。圣驾巡幸热河，张若瀛差次得觐见天颜，仰蒙垂问。上谕：张若瀛于直隶地方差务，颇为熟悉，着留直以对品补用。随咨补大兴县县丞，署粮捕通判。顺天府尹出考，送部引荐，升良乡县知县，旋署顺天府治中。乾隆二十七年，南巡，良乡为首站，大学士傅恒对其政绩非常认可，奏称能事，遇有应升之缺，即行升补，以示鼓励。乾隆二十八年，南路同知员缺，张若瀛奉特旨补授。以捕盗不当，议当革职，后减罪发往甘肃，以知县用，旋署张掖县知县，题补镇番县知县。两年后因疾回里。乾隆三十六年，因子鸿肇贵，诰封奉政大夫。复出后补直隶抚宁县知县。乾隆四十二年冬，旋告病回籍。乾隆四十七年去世。
张龄丰	清朝	字绥祖，号曲江（1711—1768），张若宣长子，监生。候选州同，实录馆誊录。议叙，即用。乾隆五年（1740），吏部挑选引荐，奉旨发往江苏以州同用。历署江宁府南捕通判，常州府无锡县和荆溪县、淮安府阜宁县知县。借补镇江府溧阳县县丞，调松江府青浦县县丞。咨署青浦县知县，后告病回籍。乾隆三十三年病逝。
张垣	清朝	字试丹，号柏庄（1711—1768），监生。候选州同，乾隆三十三年卒。
张若泾	清朝	字征遂，号顾堂（1712—1764），治书经，监生。律吕正义馆誊录，乾隆十一年（1746）议叙，八月选授江西抚州府崇仁县县丞，后调广信府贵溪县县丞。貤赠父如其官，母封太孺人。其母病逝，回籍守制。服丧期满，补授湖南永州府零陵县县丞。乾隆二十六年（1761），告病回籍。
张赐香	清朝	字景纯，号南庄（1712—1785），治书经，监生。遵例从九品，拣发云南试用。题补昭通府镇雄州母亨司巡检，升署威信州州判。乾隆二十七年（1762）其母病逝，回籍守制。乾隆五十年卒。
张若易	清朝	字遵洛，号宜轩（1712—1791），监生。候选布政司理问。清代于直隶、江西、江苏、浙江、湖南、陕西、云南等省布政使司设理问所，署理问，秩从六品，掌勘核刑名案件。后以子曾彰贵封官。
姚培叙	清朝	字禹畴（1714—1766），姚元之祖父，荫监生。乾隆三年（1738）举人，授贵州修文县知县，历任龙里、永从知县。擢升古州同知，摄黎平府印。后升铜仁府知府，因目疾未赴任。

姓名	主要活动年代	生平简介
张曾肇	清朝	字大资，号芗林（1714—1766），张若霭长子，二品荫生。候选光禄寺署正，拣发东河效力。署山东东昌府通判。题署兖州府泉河通判，升河南开封府上北河同知。调补浙江杭州府东塘海防同知。乾隆三十一年卒，诰授奉直大夫。
张曾敏	清朝	字逊求，号凫门（1714—1798），治书经，贡生。乾隆十四年（1749）选授宁国府南陵县教谕，在任十七年，以培养人才为己任。俸满，保题引荐，选授山西霍州灵石县知县，在任增城浚隍，修建书院，勤课诸生，人文蔚起，士民德之。敕授文林郎，赠父母、生母如其官。乾隆三十七年，因公降职。后引荐，奉旨：张曾敏着往四川，仍以知县用。题补叙州府屏山县知县。后告病辞官归里，嘉庆三年卒。有《读书所见录》存世。
张曾牧	清朝	字安功（1715—1762），张若霭次子，监生。援例授盐运判，分发两淮，补泰州运判，管理泰州坝事。署两淮仪所监制同知。以子元表贵，敕赠承德郎、两淮泰州分司运判。乾隆二十七年卒。
姚孔金	清朝	字丽午（1718—1766），姚兴洁之父，监生。考授州同知，授承德郎，署泰州知州。
张若炘	清朝	字庐山，号午桥（1718—1798），治书经，廪生。乾隆九年（1744）江南乡试第25名。乾隆十年（1745）遵例捐纳主事。旋补刑部督捕司主事，诰授奉政大夫。历授本部湖广司郎中，京察一等，引荐记名。升授广东高州府知府。因公降调。乾隆四十五年接驾，恩赐五品职衔。嘉庆三年卒。
张若翼	清朝	字肃中，号湘泉（1719—1777），张廷琬长子，治书经，府学廪贡生。考充平定金川方略馆誊录，议叙选江西饶州府乐平县县丞。后授江西建昌府广昌县知县，勤政惠民，但因公降职，调部引荐，奉旨仍以知县用。挑选中城兵马司正指挥，引见，补授中城兵马司正指挥，诰授奉政大夫，旋以治行升刑部山东司主事，综理诸狱，多所平反。乾隆三十九年（1774），因病致仕回里。
张元长	清朝	字芷生，号善继（1719—1774），治诗经，廪生。乾隆十七年（1752）江南乡试第68名，乾隆二十三年选授内阁中书。乾隆二十六年，协办侍读。遇覃恩，貤赠祖父母、赠父如其官，母封太宜人。乾隆二十八年，升翰林院起居注主事。后告养回籍。乾隆三十九年卒。

姓名	主要活动年代	生平简介
潘恂	清朝	字君实，号兰谷，一号莪溪（1720—1771），县学生。乾隆七年（1742）进士，殿试三甲第15名，授江苏震泽知县。后历任江阴、上海、阳湖知县。在震泽县任职时，适逢灾荒之年，冒禁开仓，救济百姓。在阳湖县，办理"海票案"时，严惩首恶，对受株连的数百人，全部予以释放。洁己爱民，深受百姓拥戴。升常州知府，疏浚河道，建造水闸，使府内数万亩农田旱涝保收。乾隆十六年，升扬州府清军总捕同知。乾隆十九年，因上海任内失察捕役一案，被革职，奉旨仍以同知补用。乾隆二十年，借补阳湖县知县。乾隆二十七年，起补苏州府督粮同知。乾隆二十九年，升江西吉安府知府，调补常熟府知府。乾隆三十三年，擢升浙江宁绍台兵备道，三署按察使，终因积劳成疾，卒于官署。乾隆三十七年遇覃恩，追封中宪大夫，浙江杭嘉湖道海防兵备。
张若炳	清朝	字辉宇，号彭山（1721—1795），张廷琛之子，治书经。以增贡生，援例选授广东潮州府南澳同知，勤恤民隐，肃清吏治。后补黄冈同知，以母老乞养归。诰授奉宪大夫，加捐盐运使司运同。乾隆六十年卒。
张元表	清朝	字予卓，号郑乡（1723—1801），监生。乾隆二十五年（1760）江南乡试第二十一名副榜。就职州判。乾隆四十二年，补授顺天府涿州州判，调直隶广平府磁州州判。勅授征仕郎，妻封孺人。历署广平府邯郸县、冀州枣强县知县，广平府磁州知州。以子贵，累诰赠朝议大夫，升用知府。陕西潼关厅抚民同知，加一级。嘉庆六年卒。
张若骍	清朝	字轩立，号逸公（1723—1811），治书经，监生。充方略馆誊录。乾隆二十七年（1762）议叙，分发云南试用。乾隆二十九年，补授弥勒州吏目。乾隆三十六年，告病回籍。乾隆四十一年，病痊愈赴滇。旋补楚雄府镇南州吏目。乾隆四十三年，调补昭通府镇雄州苗疆吏目。乾隆四十五年，丁父忧回籍。遵例捐授布政司经历，嘉庆十六年病逝。
张寯	清朝	原名骞，字六翮，号还村（1724—1780），以贡生考授县丞。乾隆二十年（1755）拣发直隶，补授易州涞水县县丞。父卒，依例回籍守丧。服丧期满，加捐知州，选授山东东昌府高唐州知州。母卒，服丧期间，仍留东昌办理城工事宜。服丧期满，仍补高唐州知州。乾隆四十一年，计典卓异，引荐，升顺天府知府。其间，诰授朝议大夫，父母赠如其官。后因病辞官回籍，乾隆四十五年卒。
张曾政	清朝	字懋恒，号萱亭（1725—1763），治诗经，贡生。乾隆十七年（1752），遵例选授工部营缮司主事，累升本部都水司员外郎、营缮司郎中，诰授奉政大夫，加级。后因病辞官回籍，乾隆二十八年去世。
张曾堉	清朝	字申伯，号倚鸥（1725—1764），乾隆年间国子监生。援例授府经历，分发贵州，补大定府经历，署安顺府经历，管安顺州巡检事。历署清平县、龙里县知县。乾隆二十九年卒。

姓名	主要活动年代	生平简介
姚羲轮	清朝	字丹海，邑增生（1728—1788），姚范第二子。乾隆十八年（1753）举人，授山西曲沃县知县，调洪洞县知县，以卓异擢銮仪卫经历，出为广西南宁府同知，署南宁府知府。
张元泰	清朝	字骏生，号晞郭（1728—1781），治易经，廪生。乾隆二十四年（1759）江南乡试第70名，乾隆二十六年会试第113名，殿试二甲第36名，保和殿御试，钦取第14名，以知县即用。十一月，选授湖北襄阳府光化县。引见，奉旨补甘肃平凉府隆德县知县，告病回籍。乾隆三十年，病愈。次年，补授广东广州府龙门县知县。乾隆三十四年，调补东莞县知县。次年，充广东乡试同考官。乾隆三十六年，辞官回里。乾隆四十六年卒。
姚肇修	清朝	字蓬观（1730—1788），姚锐之孙，由大兴籍中乾隆十五年（1750）举人。乾隆十七年会试后，以搜取遗卷授昌黎县教谕。乾隆二十一年改归桐城籍，补河南光山县知县，在任植良锄恶，摘伏如神，治蝗有功。后移汲县，再调任孟县知县。
张曾敞	清朝	字恺似，号橝亭（1731—1777），张若需长子，治《春秋》，荫生。乾隆十五年（1750）江南乡试第63名，乾隆十六年会试，父张若需为同考官，依例回避。御试第35名，殿试三甲第31名进士，钦选翰林院庶吉士。乾隆十八年授检讨，勅授文林郎。乾隆二十四年，充顺天乡试同考官。父丧归里，服丧期间，值桐城大饥，捐钱赈灾，建永惠仓，积谷以备荒歉。服丧期满，赴京候选。乾隆二十八年，在正大光明殿御试翰詹诸臣，钦取二等第二名。引荐，奉特旨擢授侍读，充日讲起居注官。次年，升左春坊左庶子，旋升翰林院侍讲学士。乾隆三十年，充顺天乡试同考官、顺天武乡试正考官。乾隆三十三年，升任詹事府少詹事，充咸安宫总裁，顺天乡试同考官。御试翰詹诸臣，钦取一等第三名，特颁谕旨优奖。乾隆三十四年，充会试同考官。乾隆三十六年，皇太后80大寿，恩赏五品顶戴。乾隆四十二年卒。
张曾效	清朝	字勉绳，号鲁堂（1733—1807），监生。乾隆三十三年（1768）江南乡试第48名，乾隆三十七年中式中正榜，乾隆四十二年补内阁中书。乾隆四十八年，升起居注主事，调户部陕西司主事兼浙江司事。内廷军机处行走。乾隆五十一年，充顺天武乡试同考官，升户部贵州司员外郎，诰授奉政大夫。嘉庆十二年卒。
张曾放	清朝	字演纶，号纳堂（1734—1783），治《易经》，监生。乾隆二十四年（1759）江南乡试第51名。考取景山官学教习，选授浙江嘉兴府石门县知县。乾隆四十八年卒。
张元信	清朝	字煦生，号养亭（1735—1786），监生。四库全书馆誊录。议叙县丞，分发江苏，历署句容县县丞、滁州府经历，补苏州府震泽县县丞。以子张聪思贵，勅赠文林郎、四川邛州蒲江县知县。

姓名	主要活动年代	生平简介
张龄鑑	清朝	字颖荪，号骼若（1736—1782），张若宣次子，监生。候选州吏目，分发湖北补郧阳府房县巡检。俸满，咨署安陆府京山县县丞。乾隆三十九年（1774），委办松石事竣，奉旨加一级。其母病逝，依例回籍服丧。乾隆四十七年去世。
章攀桂	清朝	字华国，一字淮树，号宝严居士（1736—1804）。生而颖异，援例捐知县，拣发甘肃，补渭原，调武威，擢镇江府知府，再调江宁府。时乾隆帝南巡，诏改通镇江至江宁水道，章攀桂奉命督凿修，昼夜劳瘁，克期竣事，既成，谓之"便民港"——新河，既便于乾隆南巡，又利于商民运输。因曾为军机大臣于敏中在金坛故里相度营造私家园邸，遭革职。后再起，授松太兵备道。不久以母年高，请告归里侍母。
张曾慕	清朝	字心兰，一字性兰，号花洲（1737—1812），乾隆间国子监生。由礼器馆誊录，议叙，拣发山东，以县丞用。历署东昌府博平县知县、德州州同、泰安府通判、冠县知县。因公降调。乾隆三十六年（1771），恭迎圣驾东巡，赏给八品职衔。乾隆三十八年，分发江西，补新淦县县丞。历署金溪县、峡江县知县。貤封父母如其官。升宁都州瑞金县知县。服母丧，依例回里守制。嘉庆十七年卒。
姚培原	清朝	字贯一，号姚峰（1737—1796），监生。授江苏元和县丞，擢宝应县知县，历任江都、南汇等县知县。
张曾敩	清朝	字誉长，号柟轩（1739—1806），张廷璐之孙，治《易经》。生而颖异，乾隆三十三年（1768）江南乡试第一，俗称解元。乾隆四十年就职，以盐场大使用，分发福建，历任福建莆田、诏安等场大使。乾隆四十四年（1779）恩科，充福建文武乡试同考官。次年，再任福建文武乡试同考官。所拔多知名士。俸满引荐，升授云南楚雄县知县。乾隆五十一年，升昭通府大关同知。乾隆五十六年，云南总督富纲保举：堪胜知府。八月，奉旨升授广西庆远府知府，诰授朝议大夫，父母封赠如其官。乾隆六十年，署右江兵备道，充广西乡试文武监考官。嘉庆三年（1798）充广西乡试内簾监试官。俸满卓异。嘉庆六年引荐，奉旨记名，升授贵州贵西道，所任皆在边远，苗民杂处难治，张曾敩本经术为治，张弛激扬，有古循吏风。其母病逝，辞官回籍服丧。嘉庆十一年卒。
张曾垶	清朝	字樽宜，号鉴堂（1739—1795），治书经，廪生。中乾隆三十九年（1774）江南乡试第一百一十二名。乾隆四十六年进士，殿试二甲第18名，奉旨以知县即用。选授陕西延安府定边县知县。乾隆四十八年，调华阴县知县。历署邠州、直隶州知州、华州知洲、澄城县知县，卓荐推升贵州黔西州知州，诰授奉直大夫。因公降一级，选授福建兴化府通判。乾隆六十年去世。

姓名	主要活动年代	生平简介
张若稣	清朝	字卓山，号柳塘（1739—1798），治易经，廪贡生。候选布政司经历（掌文移收发诸事，品秩从正六品至正八品不等）。后因孙贵，诰赠奉政大夫，晋赠中宪大夫。
张蒳	清朝	字惠常，号栗人（1740—1791），原名曾产，张曾敹弟，治书经，附监生。乾隆四十二年（1777）顺天乡试举人。乾隆四十六年，补觉罗官学教习，期满引荐，奉旨以知县用，拣发山东。题补宁阳县知县，调汶上县知县，蠲免民间筑坝岁费，改为官办，汶人为其立石颂德。署历城县知县。乾隆五十三年，充山东乡试同考官。升署济宁、直隶州知州。乾隆五十六年，卒于官署。
张曾诒	清朝	字志祖，号敬堂（1741—1794），张若霭次子，廪生。乾隆四十二年（1777）拔贡生，充四库馆誊录。议叙，县丞，分发甘肃试用。乾隆五十九年卒。
张曾坛	清朝	字荔青，号稼畦（1743—1816），治《诗经》，监生。充四库馆誊录，议叙州同，分发湖南，借补长沙府善化县县丞。历署衡州府通判、长沙府同知，充乡试收掌官。署临武、安仁、东安等县知县。充乡试收掌官，军功加一级。题升溆浦县知县，署茶陵州知州。父卒，回籍服丧。服丧期满，加捐同知。诰授奉直大夫，嘉庆二十一年卒。
张曾墀	清朝	字绮堂，号鲁庵（1744—1813），国子监生，援例捐布政司经历，分发湖北，历署沔阳州、随州州同，黄州府、武昌府同知。乾隆五十四年（1789），题补湖北布政司经历。乾隆六十年，因卓荐，升授云南楚雄府姚州知州，在任期间，决疑狱，锄强暴，有能声。诰授奉直大夫，父母、生母赠如其官。因积劳成疾，乞休归里。
张曾授	清朝	字荔盘，号艾堂（1744—1779），张若澄子，监生。遵例授经历，分发山东，署东昌府高唐州州判。乾隆四十四年卒。
潘端	清朝	字午桥，号裴庄（1745—1805），邑庠生。乾隆四十五年（1780）举人，充景山官学教习。期满引荐，以知县用，分发云南，历署浪穹县知县，补禄劝县知县，后调任保宁县知县。嘉庆六年（1801）云南乡试同考官。敕授文林郎。

姓名	主要活动年代	生平简介
张曾谊	清朝	字正夫,号励室(1747—1797),张若淳之子,监生。捐纳知县,选授广东镇平县知县,调补兴宁县知县。乾隆四十五年(1780)服母丧,依例守制,期满,挑选引荐。乾隆四十七年拣发广西,题补桂林府义宁知县,调临桂知县,升思恩府白色同知,调赴越南行营,总理军务。告竣引荐,乾隆帝亲自垂询有关情况:汝系张若淳之子,曾做过几年知县?张曾谊奏对:做过广东、广西等地知县,先后八年。乾隆五十四年升授山西平阳府知府,再次受到皇帝召见,并谕曰:汝曾祖英、祖廷玉,皆为贤相,汝家世受国恩,非他臣可比。看汝颇能办事,好好居官。乾隆五十七年,调任太原府知府。乾隆五十八年,乾隆帝巡幸五台山,张曾谊总理差务,两次受到召见。旋奏升冀宁兵备道。赴部引见时,乾隆帝谆谆告诫他:汝好好居官,还要大用,不可自满。次年,署理山西布政使司印务。乾隆六十年,擢山西按察使,旋调浙江按察使。乾隆帝希望他办事"一切皆要准情酌理,汝系世臣,操守自好。"诰授通议大夫。
张元俊	清朝	字任偶,号庚园(1747—1795),监生。援例府经历,分发山西。乾隆四十一年(1776)补朔平府经历,署宁武府偏关县知县。乾隆四十四年,其母病逝,辞官归里服丧。乾隆六十年卒。
张曾诒	清朝	字翕如(1749—1781),监生。充四库馆誊录,议叙,布政司经历。以曾孙绍文仕加级。请封诰赠荣禄大夫,江苏即补知府。乾隆四十六年卒。
张钧	清朝	字人鉴,号蓉塘(1749—1805),监生。乾隆四十二年(1777)顺天乡试第一百六十二名,充四库全书馆誊录。期满,议叙知县,分发广西,题补柳城县知县。勒授文林郎,封父母如其官。题升归顺州知州。历署柳州府融县、平乐府荔浦县知县,平乐府同知。乾隆四十八年、五十一年、五十三年,充广西乡试同考官。乾隆五十九年,因病辞官归里。嘉庆十年卒于家。
姚仲	清朝	字春溪(1749—1808),姚兴洁兄。初任山东汶上县袁口闸官,转原武县主簿,调巨嘉,擢河南睢州州判,署卢氏、尉氏、郏县、巩县,皆有政声。擢河南怀庆府黄沁同知,卒于官署。
张裕术	清朝	字旅师(1749—1820),号钝斋,廪贡生。候选训导,历署凤阳府寿州学正、凤台县学训导。以孙张开运仕,诰赠资政大夫、二品衔。升用道即补知府、湖北汉阳府同知。嘉庆二十五年卒。
潘鸿儒	清朝	字保林,号觉庵(1750—1815),乾隆年间,例捐布政司理问。分发四川,历署忠州、直隶州州判,清溪县知县。乾隆四十一年(1776)改发湖北,历署通山、建始等县知县。援例赠儒林郎。

姓名	主要活动年代	生平简介
张裕柱	清朝	字开辅,号春崖(1750—?),监生。援例府经历,分发江苏,题补松江府经历。署松江府金山县知县。
张裕衢	清朝	字康达,号云浒(1751—?),监生。援例从九品,分发南河。乾隆四十六年(1781),补淮安府山阳县高堰主簿。乾隆四十八年,丁祖母承重忧,回籍。乾隆五十年服丧期满,仍赴南河,候补徐州睢宁县主簿,升睢宁县县丞。貤赠父如其官,母封孺人。嘉庆六年(1801),其母病逝,回籍服丧。嘉庆八年服丧期满,复补睢宁县丞。乾隆十年,因病辞官归里。
张裕勷	清朝	字彦恒,号又枝(1752—1823),监生。充方略馆誊录,议叙府经历,分发河南。嘉庆五年(1800),借补许州吏目。嘉庆八年,父卒,依例回籍服丧。嘉庆十年服丧期满,分发广西,嘉庆十二年,补桂林府经历。嘉庆十三年,调泗城府凌云县县丞。嘉庆十七年,升梧州府苍梧县知县。道光三年卒。
张曾圻	清朝	字畛青,号朴庄(1752—1817),治书经,监生。乾隆四十八年(1783)顺天乡试举人。由四库馆誊录,议叙知县,分发云南,署云南府安宁州知州。乾隆五十四年,充文武乡试同考官。乾隆五十五年,因病回里,加捐同知,遵例加级,请封,诰授朝议大夫。嘉庆二十二年卒。
张元弼	清朝	字欧枚,号苏人(1752—1798),廪监生。乾隆五十一年(1786)顺天乡试第119名,乾隆六十年会试,挑选一等,引荐,签制陕西。嘉庆元年(1796),题补延安府宜川县知县。历署延安府定边县、靖边县、西安府富平县知县。以孙张绍华仕,诰封光禄大夫、湖南布政使司布政使。嘉庆三年十二月卒于官。
张曾枚	清朝	字储瓯,号凫汀(1752—1810),治《诗经》,监生。乾隆三十九年(1774)江南乡试第八名,乾隆五十二年,大挑一等,分发江苏,借补太仓直隶州州同,旋补苏州府震泽县知县。嘉庆元年(1796),遇覃恩,貤封长兄嫂如其官。调苏州府长洲县知县。喜藏书,晚年致仕后,在城北置亭榭"憩园",春秋佳日,觞咏其中。乾隆十五年卒。
张曾敉	清朝	字司纶,号盟露(1753—1812),治《诗经》,庠生。乾隆三十九年(1774)江南乡试第25名,乾隆五十二年,大挑一等,分发湖北,题补施南府咸丰县知县,升随州知州。后因事流放伊犁,某将军力保复职,蒙恩赏给知县衔。嘉庆十四年(1809),选授湖南江华县知县。嘉庆十七年卒。
张裕叶	清朝	字侍乔,号华崖(1754—1806),廪贡生。乾隆六十年(1795)顺天乡试第二名,副榜。候补教谕。历署滁州州学训导、徽州府歙县教谕。以子张用熙贵,诰赠中宪大夫、道衔,升用知府,江苏铜沛同知。嘉庆十一年卒。

姓名	主要活动年代	生平简介
张元辂	清朝	字虬御，号石绮（1756—1823），监生。援例从九品，分发广西。嘉庆六年（1801），署桂林府经历。嘉庆七年，署桂林府临桂县六塘巡检。嘉庆九年，因病辞官归里。道光三年卒。
姚兴洁	清朝	字香南（1756—1819），姚文燮曾孙，乾隆六十年（1795），湖南湘西苗民作乱，姚兴洁单骑从军，协同知傅鼐赞理军事，屡立奇功，奏保知茶陵州。以苗乱未靖，仍请随军，擢凤凰厅同知，锐意击贼，大破苗匪两头洋大寨。又亲往上岗苗寨接受苗匪请抚，擒其匪首归。嘉庆九年（1804），苗乱平息，即上陈善后治理之策，首言屯田，傅鼐纳之并上请委姚兴洁经理屯田事宜，边境大安。嘉庆十三年，以知府衔擢署辰沅道，讲武务农，威惠并重，嘉庆十六年，实授辰沅道，上特旨褒嘉。卒后苗民将其与傅鼐合祠并祀之，名曰"傅姚二公祠"。
张裕泰	清朝	原名裕乾，字伯平，号心耘（1757—1821），张曾墇长子，治书经，附生。乾隆四十八年（1783）江南乡试第58名，乾隆六十年大挑一等，分发直隶。历署宣化府怀安县、顺天府房山县、大名府长垣县知县，开州知州。嘉庆三年（1798），题补大名府东名县知县。嘉庆十三年，其母病逝，依例回籍守制。服丧期满，赴京候补。题补河间府肃宁县知县，改补冀州新河县知县。道光元年卒。
姚莆	清朝	字勤若（1758—1835），姚文焱玄孙。嘉庆初年，以县丞投效湖北南河，后以军功擢升商城知县，在任期间，锄强却馈，岁旱枭赈有法，大吏檄列他县仿行，后迁任陕州知州，因积劳成疾，请求致仕归里。
张元祐	清朝	字莆康，号则堂（1758—1813），监生。投效陕西军营。因陕甘总督勒保保举，军功告竣，嘉庆十二年（1807）咨部议议叙，奉旨给五品顶戴。嘉庆十四年遇覃恩，诰授奉直大夫，父母赠如其职。嘉庆十八年卒。
张同咸	清朝	字孟恢，号小楞，又号香雪（1759—1821），监生。方略馆供职。议叙府经历，分发湖北，寄籍顺天，亲老要求就近任职，改制山西，署大同府经历，补潞安府经历。其生母病逝，回籍服丧。服丧期满，仍发湖北，补宜昌府经历。后因公降职调用，旋即捐复原职，选授福建泉州府经历。道光二十一年卒。
张建封	清朝	字渐达（1759—1811），监生。援例州吏目，分发江苏。嘉庆十五年（1810），署元和县县丞。嘉庆十六年卒。
张元儁	清朝	字锺台，号阜成（1759—1846），监生。援例同知，嘉庆六年（1801），选授四川保宁府同知。嘉庆八年，调理金川懋功屯政，三年期满，循例保题即升知府。嘉庆十一年，其父病逝，回籍守制。嘉庆十三年，服丧期满，赴部候选，选授湖北安陆府同知。嘉庆十八年，升授广西柳州府知府。后来其继母病逝，回籍服丧。服丧期满，选授贵州思南府知府，署贵东道，加二品衔，诰授通奉大夫，父母赠如其官。道光二十六年卒。

姓名	主要活动年代	生平简介
张元位	清朝	字雁宾，号守亭（1760—1829），张曾敩次子，监生。乾隆五十七年（1792）江南乡试第五名副榜，就职州判。嘉庆五年（1800），分发四川。次年，充乡试收掌官、文武乡试磨对官。调赴营山县堵御天马、固周等寨，歼灭匪寇，军功告成，蒙恩议叙。嘉庆九年，署巴州州判。嘉庆十一年，其父病逝，回籍服丧。道光元年（1821），举孝廉方正。道光九年卒。
张元勋	清朝	字道周，号克斋（1762—1835），附监生。援例从九品，分发江西，补吉安府万安县皂口司巡检。署万安县县丞，敕授修职郎。道光十五年卒。
张曾诗	清朝	字纯夫（1762—1814），张若淳七子，监生。充方略馆誊录，议叙县丞，选授福建平和县县丞，署上杭县知县。
张元僡	清朝	字问鸥，号泊亭（1764—？），廪贡生。援例授县丞，分发湖北。嘉庆十七年（1812），署安陆府天门县县丞。次年，署布政使司经历。嘉庆十九年，其继母病逝，回籍服丧。卒年无考。
姚晅	清朝	字蓉初，号雨村（1764—1831），监生。以军功保举补河南唐县县丞，擢南阳县知县。
张元宰	清朝	字锡赓，号息耕（1767—1805），附生。乾隆五十一年（1786）江南乡试第58名，参加嘉庆七年（1802）会试，中109名，殿试二甲第50名。朝考22名，钦点翰林院庶吉士。嘉庆十年授编修，同年卒。
张裕劭	清朝	字鑑恒，号芝舫（1767—1829），监生。援例县丞，嘉庆八年（1803），分发山东，五月，其父病逝，回籍服丧。嘉庆十年，服丧期满。嘉庆十二年，署东昌府聊城县县丞。嘉庆十四年，署武定府滨州吏目。嘉庆十六年，署济南府历城县主簿、知县，后补聊城县县丞。道光九年卒。
张元丰	清朝	字汶舟，号雪蕉（1767—1849），监生。援例知县，选授四川资州内江县知县，加同知县衔。历署顺庆府西充县、忠州垫江县、潼川府三台县、夔州府奉节县、雅州府清溪县知县，潼川府太和镇通判，资州、直隶州知州。道光十七年（1837），告病辞官回籍。道光二十九年卒。
姚储	清朝	字照芸，号余圃（1768—1848），姚培原之子。监生。授文林郎，任江苏沭阳县知县，历任江阴、阳湖、武进、震泽等县知县。
吴廷康	清朝	字康甫，一字赞甫，号元生，又号晋斋，晚年更号茹芝（1769—1837）。官浙江县丞，工书善画，尤擅长金石篆刻。有《桃溪雪传奇》等存世。
姚景衡	清朝	原名烺，字振重，号庚甫（1770—1845），姚鼐长子。乾隆五十七年（1792）举人，任江苏泰兴县知县。有《思复堂文存》等存世。平生主修过多地志书。

姓名	主要活动年代	生平简介
张元奇	清朝	字宥闻，号石参（1770—？），监生。援例县丞，分发江西。嘉庆九年（1804），补授吉安府庐陵县县丞。嘉庆十七年，以协获龙泉县会匪，送部引荐，奉旨仍发原省以知县用。同年，其父病逝，回籍服丧。卒年不详。
张爱景	清朝	字晨暄（1771—1806），附监生。嘉庆六年（1801）顺天乡试第35名。就职直隶州州判，与州同分掌督粮、捕盗、海防、水利诸事。
姚麟绂	清朝	字世纶（1773—1831），嘉庆十年（1805）进士。选翰林院庶吉士，改北河同知，历任直隶、顺德、河间、天津等府同知，调天津盐运分司运同，署长芦盐运使。
姚维藩	清朝	字价人（1773—1819），少时师从姚鼐，嘉庆十六年（1811）进士。选翰林院庶吉士，改官山西石楼县知县，调汾阳县知县，嘉庆二十一年充山西乡试同考官。
潘相	清朝	原名襄，字孝宽，号辅之，亦号辅廷，又号云岩，更号霁轩，一号晚甘，又称归云山人（1776—1840）。乾隆六十年（1795）恩科，顺天乡试副榜贡生，嘉庆四年（1799），考取觉罗官学教习，就职直隶州州判，分发四川，补授绵州直隶州州判。历署大足、内江、什邡、汶川等县知县，绵州、直隶州知州。后回籍服丧，期满，选授直隶州州判，两次考核卓异，历署柏乡、高邑、临城、无极、博野、新乐等县知县。道光九年任良乡县知县。荐升顺天西路厅同知。俸满，保荐署理广平府知府。诰授奉政大夫。
张同勋	清朝	字竹如，号辅成（1776—？），监生。援例从九品，投效北河，补天津府青县杜林镇管河巡检，署保定府新城县县丞。后升大名府元城县县丞。卒年无考。
张裕正	清朝	字颂椒（1776—？），监生。援例从九品，分发山东。历署济南府齐河县县丞、东昌府聊城县县丞。嘉庆十二年（1807），补授东昌府馆陶县典史。嘉庆十四年，其母病逝，回籍服丧。服丧期满，赴京候选，嘉庆十七年借补武定府惠民县典史。卒年不详。
张元伊	清朝	字聘三，号待园（1777—？），三品荫生，候选中书科中书。嘉庆四年（1799），引荐，奉旨内用。嘉庆六年，加捐通判，分发山东。历署东昌府同知、济南府通判。卒无考。
姚延之	清朝	字子卿，号少颜（1779—1854），姚元之弟，监生。精天文，由钦天监博士晋擢左监副，改云南昭通府大关同知，调补开化府安平同知，历署征江、昭通知府。
姚赓之	清朝	字季谐，号雪舫（1782—1838），姚元之弟，监生。署增城县知县，粤海关库大使，因同官借印降盐运司知事，署电白场大使。
张曾垠	清朝	字汉衢，号蓉舫（1782—1816），国子监生。援例授员外郎，签制户部山西司行走。嘉庆十三年（1808），诰授中宪大夫，父母赠如其官、生母封恭人，加捐知府。嘉庆二十一年卒。

姓名	主要活动年代	生平简介
张万年	清朝	原名尔复（1782—1825），字青士，号竹野，又号梦双，庠生。嘉庆二十一年（1816）顺天乡试第189名，参加嘉庆二十五年会试，中第120名，殿试三甲第19名，钦点翰林院庶吉士。散馆，授职检讨，充实录馆纂修官。勅授文林郎，晋封奉直大夫，妻宁氏赠安人，方氏封安人，父母赠如其官。道光五年，卒于官署。
张芹鸾	清朝	字从鲁，号南坡（1783—1824），监生。援例州吏目，分发贵州。历署贵阳府经历，定番州、大唐州州判，大定府经历，镇远府黄平州吏目。嘉庆十四年（1809）补平远州吏目，升镇远府施秉县丞。嘉庆十七年，调任都匀府强苗通判，旋署大定府水城抚民通判，代理瓮安、镇远、施秉等县知县，升用知县。道光四年卒。
张元锦	清朝	字中岳，号竹溪（1785—1837），监生。援例通判，分发甘肃。历署西宁府贵德抚番同知、平凉府盐茶同知。诰授奉政大夫，道光十七年卒。
张庆昌	清朝	字保东，又字正邦，号云畦（1785—1848），廪生。嘉庆二十四年（1819）顺天乡试第48名。大挑一等，以知县分发河南补用。历署杞县、夏邑、武陟、西华、镇平等县知县，补开封府尉氏县知县，加知州衔。诰授奉直大夫，妻封宜人，父母赠如其官。
张元珏	清朝	字喆人，号季鸳（1787—1841），监生。援例通判，分发云南，补大理府弥渡通判。嘉庆二十一年（1816），因病辞官归里。后加捐同知。
张大绪	清朝	字春桥（1788—1874），由供事议叙府经历，分发广东。道光十年（1830），署潮州府经历，道光十一年，署潮州府大埔县知县。道光十二年，补肇庆府经历。道光十三年，署肇庆府恩平县知县。以三次获海盗，奉旨以知县升用。道光十四年，署广州府三水县知县。道光二十四年，调任连州阳山县知县。道光二十五年，补肇庆府高要县知县。遇覃恩，敕授文林郎、广东高要县知县，妻封孺人。道光二十七年卒。
张用熙	清朝	字介纯，号志华（1789—1865），监生。嘉庆十五年（1810）江南乡试第九名，大挑一等，以知县用，分发江苏。历任淮安府桃源山阳清河等县知县，南河、扬河、高堰中河通判。后擢铜沛同知，军功保升知府，加道衔，诰授中宪大夫。父母赠如其官。
张裕攀	清朝	字高桂，号步月（1791—1846），监生。援例县丞，分发江苏候补。道光二十六年卒。
张用糠	清朝	原名伯棠，字辛田，号召亭（1791—1864），庠生。嘉庆十八年（1813）江南乡试第十四名副榜。考取武英殿校录，议叙盐大使，分发福建，补诏安、前江场大使。历署福建漳州府漳浦县，汀州府上杭县、长汀县知县。升泉州府同安县知县，加同知衔，诰授奉政大夫。

姓名	主要活动年代	生平简介
张桢	清朝	字汉臣，号荼圃（1791—1875），国学生。嘉庆二十四年（1819）顺天乡试，挑取誊录，考职，授州吏目，分发河南，补裕州吏目。道光十四年（1834），服丧回籍。服丧期满，分发广西，补永安州吏目，署全州、西延州，因办事得力，被保举以县丞补用，加州同衔。同治元年（1862），补宜山县县丞。历署富川、义宁、兴安等县知县。光绪元年卒。
姚元寿	清朝	字直卿，号子仙（1792—1859）。以供事议叙授山东阳谷县荆门闸官，擢河南详陈巡检，保升怀庆府武陟县丞，加州同衔，升郑州州同，署济源县知县。
张同声	清朝	字振之，号石渠（1793—1855），监生。援例从九品，军功保举，以知县用，分发山东。历任泰安府肥城县、济南府齐和县知县。升莱州府胶州知州，加同运衔。遇覃恩，诰授朝议大夫、运同衔，山东胶州知州。父母赠如其官。
姚继泰	清朝	字阶六，号砺山（1793—1837），监生。任福建建安县丞，署福安县知县。
张祜	清朝	原名开禄，字伯亭（1794—1849）。援例盐经历运副衔，补两淮盐运司经历。援例请封父母如其官，貤赠叔父母如其官。
张元恒	清朝	字颂如，号岚屏（1794—1870），监生。援例未入流，道光三年（1823），分发广东，历署广宁、新会等县典史、海阳县潮连巡检。道光二十六年，补授广州府三水县典史，在外夷侵略时，守城有功，保升以府经历，县丞补用，加六品顶戴。咸丰二年（1852），其生母病逝，回籍服丧。服丧期满，仍留原省补用，署阳江县县丞、韶州府经历。同治四年（1865），补授潮州府揭阳县县丞。援例以通判候选，加盐提举衔。诰授奉直大夫，父母赠如其官，生母貤赠太宜人。同治八年，告病回籍。同治九年卒。
张纶	清朝	字志恒，号雨田（1794—1871），监生。军功七品衔。同治十年卒。
张寅	清朝	字子畏，号颐甫（1794—1862），庠生。嘉庆二十三年（1818）江南乡试，后参加会试、殿试，均获中，钦点主事，签分户部，补云南司主事。后转司员外郎、浙江司郎中。道光五年（1825）充顺天乡试同考官。充纂修户部则例提调官，京察一等，简放江西九江府知府，调南昌府知府，护理盐法道，钦加道衔，诰赠朝议大夫。父母封如其官。
姚镶	清朝	字季生，号石樵（1797—1874）。以军功升补江西吴城县主簿，权庐陵县知县，赏戴蓝翎，历署南康抚州通判，委办江楚两军军火，监铸炮位，奉旨以同知补用，升道员，加二品衔，赏换花翎。
张元镒	清朝	原名鉴。字郎亭，号铁笛（1797—1849），监生。援例县丞，分发江苏。历署海州赣榆县、沭阳县，江宁府句容县、江宁县、上元县县丞，代理海州州判。道光二十九年卒。

姓名	主要活动年代	生平简介
张元搓	清朝	字介石（1797—1853），援例县丞，分发江苏，补青浦县县丞，升镇江府丹徒县知县。后署嘉定县知县，加捐知州衔。诰授奉直大夫，父母赠如其官。咸丰三年卒。
张壬林	清朝	原名同浩，字少白（1797—1872），军功保举六品顶戴。
姚俞	清朝	字泽孚，号小山（1798—1863），由实录馆议叙分发陕西，补宜川县典史，擢西乡县、五里坝县丞。其父病逝，依例回籍守制。服丧期满，补江苏江宁县丞，以军功保升知县，加同知衔。后历署丰县、宝应、江宁、六合等县知县，以病辞官归里。
张万青	清朝	原名家达，字莲舫（1799—1847），廪生。道光十四年（1834）顺天乡试副榜第13名。考充镶红旗官学教习。期满，以教谕归部选用，校对官书。议叙七品京官。
张传敬	清朝	字慎修，号伯舆（1801—1866），由供事议叙从九品，分发福建任职。后以剿匪军功保举知县，升用同知，赏戴花翎。历任台湾凤山、嘉义、彰化等县知县，澎湖抚民理番通判，淡水抚民理番粮捕同知等职。后诰授奉政大夫。
张召虎	清朝	张聪咸长子，字又孚，号南昌（1803—1862），监生。由兵马司正指挥，改布政经历，分发陕西。旋补授实缺，援例加捐同知。历署潼关、宁陕、清军三厅同知，绥德直隶州知州，补留壩厅同知，调任孝义厅同知。遇覃恩，诰授奉政大夫、陕西留壩厅同知。妻徐氏、史氏赠宜人，王氏封宜人，父母封如其官。同治元年卒于官。
姚世恩	清朝	字孝宽（1804—1857），姚柬之长子，监生。补授江西赣州府经历，署定南厅同知，在出巡村堡时，贼突至遇害，事闻于朝，得赠知府加道衔，以定南同知议恤给云骑尉世职，崇祀昭忠祠，又敕建专祠于定南。
张训铭	清朝	字新甫（1806—？），援例未入流，分发云南试用，署楚雄府南安州吏目，补云南府云南县典史。军功保举，加五品衔。后随从镇压回民起义，殉难。奉旨赐恤世袭云骑尉。
张汇海	清朝	张聪咸次子，字潮青，号漱石（1806—1864），方略馆供事，议叙县丞，分发甘肃，署秦州徽县县丞。以次子公楫仕，援例请封赠儒林郎、布政司理问衔。同治三年卒。
张开代	清朝	字发儒（1806—1880）。军功四品顶戴。
张汇	清朝	字德生，号伯海（1807—1861），附监生。援例按察使司经历，分发福建。道光二十三年（1843）、二十六年两次任按察使司经历。道光二十七年，署漳州府经历。道光二十八年丁母忧，回籍。服阕，补授福建按察使司经历、泉州府南安县知县。咸丰十一年（1861），升建阳县知县，同年卒。
张开荣	清朝	字琪久（1807—1863），充刑部则例馆誊录，议叙从九品，分发湖北，补授圻州大同司巡检。被保举擢升府经历，以县丞补用，并加六品顶戴。

姓名	主要活动年代	生平简介
张用煦	清朝	原名同湛,字石伍(1808—1861),援例县丞,分发浙江候补。咸丰十一年(1861)十一月,在浙江军营遇害。
姚庆布	清朝	字吉甫,号恒斋(1808—1876),监生。由道光辛卯(1813)顺天乡试考取国史馆誊录,经议叙,铨选广西,任宜山县知县。保荐卓异,调平乐县知县,署桂林府同知,升山西保德、直隶州知州。
姚锟	清朝	字小江,号镜斋(1808—1869),由内阁供事金挈从九品。分发陕西,署宜川县尉,补宝鸡县虢川巡检,升咸阳县丞,秩满保荐选授河南涉县知县,调碓山县知县。历署辉县、上蔡县、知县,补滑县知县,以军功加知府衔,赏戴花翎。
姚世喜	清朝	字孝威,号佟台(1809—1858),姚柬之第三子,监生。候选通政司经历,改浙江盐运司经历,改补盐场大使,历署两浙、杜渎、清泉、长亭等场大使,宁海县知县,以病卒于任。
姚湘芝	清朝	字叔庚,号心斋(1809—1865),姚兴洁长子,监生。分发甘肃,候补布政司库大使,借补巩昌府经历,升补镇番县知县,拣发湖南,署临湘县知县。
姚润之	清朝	字嵩松,号朴君(1809—1873),姚麟绂长子,监生。历任山西长子、介休等县知县,改广西平乐县知县,署宁明州知州。
张元镕	清朝	原名裕南,字山如,号翰屏(1809—1859),监生。援例从九品。道光八年(1828),分发广西。道光十四年,补授岑溪巡检,后因有军功,升补泗城府经历。复保以盐大使,分发两淮,并加同知衔。咸丰九年卒。
张聪质	清朝	原名承恩,号静斋(1809—1874),监生。军功保举五品衔。
张万选	清朝	原名家骙,字汝谐,号驾千(1809—1874),监生。援例未入流,分发湖北,署黄州府黄冈县旦店巡检,汉阳府汉阳县汉口镇礼智司巡检,汉阳府孝感县典史,军功加州同衔,以县丞升用。同治十三年卒于官。
张同登	清朝	原名聪智,字镜江(1810—1861),监生。道光十二年(1832)江南乡试第12名。道光二十年会试第36名,钦点内阁中书。呈改知县。选授云南大理府云南县知县,调云南府昆明县知县,升大理府照州知州。调宾川州知州。升大理府知府,迤西兵备道,赏戴花翎。诰授中宪大夫。父母赠如其官。咸丰十一年(1861)在与太平军的战斗中阵亡。赠太常寺正卿,谥"忠烈",敕建专祠,并给骑都尉世职。
徐丰玉	清朝	字子逢,号石民(1810—1853),援例授平远、威宁、黄平知州,转任郎岱同知,署思州知府。特旨简授湖北黄州知府。咸丰三年(1853)升湖北督粮道,署汉黄德道,加按察使衔,驻兵田家镇,总湖北防堵军务。同年九月,在与太平天国军队作战中,被太平军打败,自刎而死。

姓名	主要活动年代	生平简介
张承志	清朝	字春江（1811—1869），监生。援例典史，分发浙江，补严州府建德县典史。以弟承涛仕，貤赠奉政大夫，同知衔。候选知县。
张弓	清朝	原名传宗，字子长，号季贤（1812—1867），援例候选州同。
姚翔之	清朝	字翅青，号山樵（1812—1878），邑廪生。道光十九年（1839）举人，考取国子监学政，升助教，选授广西养利州知州，提补百色同知，保升知府，署河池州、南宁府事，所至有政声。曾两任广西乡试同考官。
张际昌	清朝	字尔康。附贡生（1812—1878），援例未入流，分发甘肃，补秦州礼县典史。后调任安西州敦煌县典史。军功保升知县。以子张家相仕，援例加级、请封。诰封通议大夫、运同衔，甘肃候补知县。
姚绍唐	清朝	字莲青，号花农（1812—?），监生。任浙江宁波府鄞县四明驿丞，历升运通衔，直隶州知州，署象山县知县。
姚恩布	清朝	字赋彤（1813—1899），姚庆布弟。分发湖南，候补县丞。以军功保升知县，加同知衔，署巴陵县知县。
姚伯鸾	清朝	字少梁，号芸孙（1815—1864），监生。道光二十四年（1844）中举人，分发直隶候补知县，加同知衔。历署高邑、宁晋、涞水等县知县。
张保龄	清朝	字济堂，号赠陶（1816—1875），监生，援例候选詹事府主簿，军功保举候选通判。同治六年（1867）选授四川夔州府盐捕通判，加盐提举衔。同治十一年，调到潼川府太和镇通判。光绪元年（1875），调到叙州府庆符县知县，不久去世。
姚允文	清朝	字桂生，号石君（1817—1862），姚麟绂第三子。分广西候补州同，赏戴花翎、运同衔，以军功保升知州，署兴安县知县。
张光甲	清朝	字南耕（1817—1876），监生。援例从九品，分发江苏。历任通州昌车司巡检，军功保举知县，加同知衔。先后任通州、直隶州分州阜宁、沭阳等县知县。
张庆咸	清朝	原名家骐，字斯才（1817—1891），援例典史，因军官保举蓝翎五品衔。
张嘉宾	清朝	字燕卿，号鹿野（1817—1902），郡庠生。援例候选县丞，光绪二十八年病逝。
张澄鉴	清朝	字二樵，号金波（1818—1867），援例候选县丞。
张保福	清朝	字墨田，号花圃（1818—1870），援例候选州同。貤封朝议大夫，同治九年卒。
张惟馨	清朝	字秬甫，号梦梅（1818—1877），援例候选县丞。
姚铠	清朝	字伯坚，号宝叔（1818—?），姚继泰长子。由詹事府，议叙，候选从九品。咸丰六年（1856）在金陵大营办理文案，保举五品蓝翎。

姓名	主要活动年代	生平简介
张开栢	清朝	号新甫（1819—1885），监生。国史馆议叙县丞，分发湖北，署汉阳府孝感县县丞。军功保升知县，加同知衔。仍留原省补用，代理汉阳府汉川县知县。
张传昌	清朝	字凤五，号翙梧（1819—1890），援例候选县丞。投效广西团练局，因防守出力，加布政司经历衔。
姚朗	清朝	字伯桐，号舜荪（1819—？），姚延章兄，监生。由军功保举知县，分发福建补用，赏戴花翎。
张裕甸	清朝	字禹昀，号书田（1820—1876），翰林院供事国史馆，议叙，未入流。咸丰三年（1853），选授广东广州府从化县典史，收复水东巡防，出力保举，赏加州同衔。同治四年（1865），补广州府顺德县江村巡检，卓异保荐，以州同在任候升。敕授宣德郎，父母赠如其官。光绪二年卒。
张开诚	清朝	字汉章，号敬堂（1820—1898），监生。援例按察司经历，分发江西。历署上高、彭泽、乐平等县知县，补按察司经历。其间，父亲去世，回籍守制。守孝期满，仍赴江西复补原缺，捐升布政司经历，加盐提举衔。诰授奉直大夫。以子学勤仕，晋赠资政大夫。
张嵩龄	清朝	字申甫（1820—？），监生。援例知县，分发山东，历署文登、昌邑等县知县。
潘名科	清朝	字寿春，一字名震（1822—1880），同治三年（1864），以从成功，授至守备（五品），并赏戴蓝翎，例封宣武都尉。
张鹤龄	清朝	字琴甫，号守梅（1823—1884），监生。援例州吏目，捐升知县，加同知衔。选授广东广州府增城县知县，保举以同知直隶州升用。历署广州府兴宁县、嘉应州镇平县、肇庆府新兴县知县，南澳厅同知，嘉应、直隶州知州，绥瑶厅同知，补佛冈厅同知。光绪十年卒。
张世禄	清朝	字嘉甫，一字俟之，号二谷（1823—1890），军功保举，遇缺即选知县。帮办浙江海运，议叙加同知衔。光绪二十九（1903）年选授江西广信府兴安县知县。遇覃恩，诰授奉政大夫、同知衔、江西信安县知县。妻封宜人，父母赠如其官。
张佳龄	清朝	字宗翰，号慕遽（1824—1871），庠生。同治三年（1864）并补咸丰八年（1858）江南乡试第二名。同治十年请拣，以知县归部选用。以外甥孙慧基仕，遇覃恩，貤赠奉政大夫、同知衔，河南武安县知县。
张辅	清朝	字晋卿，号石麓（1824—1877），援例府经历，拣发山西。军功保升知县，加同知衔。补沁州武乡县知县。调解州平陆县知县。署蒲州府临晋县知县。保升直隶州知州，在任候补。光绪三年卒。
张承恩	清朝	字锡之，号戴三（1824—1879），援例河南县丞，历署博望驿丞，唐县、辉县典史。光绪五年卒。

姓名	主要活动年代	生平简介
张褉	清朝	字昀圃,号颖生(1824—1895),军功保举江苏候补知县,加运同衔。赏戴花翎,诰授朝议大夫。援例请封,覃恩二品封典。光绪二十一年卒。
张炳	清朝	字晓波,号耀廷,别号虎余(1825—1881),监生。援例授知县,加同知衔。分发甘肃,署鞏昌府宁远县知县。援例请封诰授奉政大夫、同知衔,甘肃候补知县。妻封宜人,父母赠如其官。光绪七年卒。
张绍文	清朝	字筱荣,号秀峰(1825—1896),邑附生。军功保举知县,分发江苏,题补苏州府震泽县知县。历保三品衔、江苏升用府,即补直隶州知州,随带加二级,赏戴花翎,兼袭云骑尉。援例加级。请封。诰授荣禄大夫,花翎三品衔,补用府,即补直隶州震泽县知县。妻董氏、继妻庄氏赠一品夫人,左氏封一品夫人。曾祖父母、祖父母赠如其官。父赠荣禄大夫、母封一品夫人。光绪六年(1880),依例回籍服丧。服丧期满,补松江府娄县知县。后以弟绍华仕,貤赠光禄大夫。
姚延章	清朝	字叔文(1825—1874),监生。由军功保举知县,分发四川,历署珙县、长宁、广元等县知县,补安县知县,加知州衔,赏戴花翎。
张开祁	清朝	字绍京,号惺斋(1826—1880),郡庠生。援例县丞,同治三年(1864)江南乡试副榜第12名。军功保升知县补缺,后以同知直隶州补用,加运同衔,赏戴花翎,分发江苏,补江宁府上元县知县,调署徐州府铜山县知县。遇覃恩,诰授朝议大夫、运同衔,江苏上元县知县;妻封恭人;祖父母赠如其官、父封如其官、母赠太夫人。同治十二年,其父病逝,回籍服丧。服丧期满,仍归原省,补授海门县。抚民直隶厅,在任后选知府。覃恩二品封典。光绪六年,卒于官府。
张邦彦	清朝	字俊卿,号小砚(1826—1904),援例授府经历,分发云南,历署镇远厅经历、大姚、楚雄、定远等县知县。姚州、镇南、宣威、陆凉等州知州,代理楚雄知府。军功保升知县,递升同知,并赏戴蓝翎。因为其父张同寿同在一省为官,回避,后咨送贵州补用。
张祖荫	清朝	字卓吾,号借春(1827—1888),监生。援例授府经历,分发河南,保升知县。仍留河南补用,续保补知县缺。后来以直隶州知州尽先补用。历任河南叶县典史、禹州吏目、开封府照磨、祥符县县丞。后来因为办理郑州河工事务,积劳成疾,病逝于官任。奉旨追赠道衔。荫一子,入监读书,期满,以州判归部选用。
张宝禧	清朝	字养吾,号绥甫(1827—1875),邑庠生,军功保举知县,加盐提举衔,分发河南,赏戴花翎。任汝宁府正阳县知县。后调到卫辉府濬县任知县。

姓名	主要活动年代	生平简介
张开镽	清朝	字兰舫（1827—1890），廪贡生。援例授巡检，分发江苏，署铜山县利国司巡检，军功保举补缺，后以知县用，赏戴蓝翎。
张承涛	清朝	字春泉，号小庄（1827—1892），监生。援例典史，选授四川峨眉县典史。服丧期满，再起用，投效军营，历保候选知县，加同知衔，赏戴花翎。后分发浙江任职。援例请封貤赠祖父母、父母并兄嫂如其官。
张开运	清朝	字子斌（1828—1857），军功六品顶戴。在镇压太平天国运动中，被杀。奉旨赏给云骑尉世职，崇祀昭忠祠。
张师亮	清朝	字筱愚，号谨甫（1828—1887），附生。咸丰二年（1852）贵州乡试第13名。参加丙辰科（1856）会试，列第186名，殿试三甲第五名。朝考二等，钦点即用知县，分发江西，补南昌府丰城县知县。同治六年（1867）升南昌府督粮同知。遇覃恩，诰授朝议大夫、候选知府、江西南昌府督粮同知。妻朱氏赠恭人，继妻程氏封恭人，祖父母、父母俱赠如其官。
潘青照	清朝	原名名炳，字光庭，号黎阁（1828—1898），由监生荐保江苏候补同知、直隶州知州，赏戴花翎。补缺后，以知府用。同治十年（1871），奏补松江府川沙厅抚民同知。光绪八年（1882），改留直隶省，仍以原职升用；光绪十年，特授直隶宣化府独石口抚民同知。后来历任宣化府延庆州、蔚州等州知州，怀来县知县，张家口抚民同知，万全县知县。三品衔在任候补知府。光绪二十四年，特授天津府知府。在任候补道，二品封典，诰授通奉大夫。
姚寿恺	清朝	字孝章，号慎斋（1828—1887），姚柬之第四子，监生。任江苏江宁府经历，历署扬州府经历，句容、山阳、上元等县丞，补海州州判。
张宝善	清朝	字命知，号受之（1829—1884），军功保举知州，加运同衔。赏戴花翎，分发直隶，补广平府磁州知州。诰授朝议大夫。
张汉昭	清朝	字绍骞（1829—？），监生。援例未入流，分发河南，历署汝州州同、鲁山县巡检、裕州吏目。军功保举补缺，后以县丞用，加六品衔，赏戴花翎。
张芝龄	清朝	字芸甫（1829—？），援例候选通判，分发山东，历署兖州东昌府同知。卒年无考。
张训泰	清朝	字昌林，号西斋（1830—1885），监生。援例候选县丞。道光十一年卒。
张恕	清朝	字连茹，号梓美，又号谨庵（1830—1889），援例授府照磨，军功保举五品衔。补缺后以按察使司经历升用。
张家钟	清朝	字连升，号子静（1830—1897），援例授典史，分发湖北补用。后以军功保举蓝翎六品衔。历任谷城县、宜城县典史，沔阳州吏目。光绪二十三年卒。

姓名	主要活动年代	生平简介
姚启瑞	清朝	字定邦，号缦云（1830—1907），监生。任山西河东盐法监掣同知，历任浑源州、朔州知州，历署潞安府知府，归化厅抚民同知，永宁州知州，高平、天镇等县知县。
张开龄	清朝	字小斋，号又初（1830—？），监生。援例授州吏目，分发江西，署大庾县郁林司巡检。军功保举补缺，后以县丞用。
潘鸿宾	清朝	原名鸿达，字鸣谐，号南渚（1831—1905），国学生。例授修职郎，候选县丞。
张裴	清朝	字春谷，号鲁斋（1832—1885），援例授盐大使，分发山西，补河东场大使。复捐升盐运判，在任候选，加知州衔。遇覃恩，赠祖父母、父母如其官，貤赠叔祖父母如其官。
张光鼎	清朝	字端甫，号确斋（1832—1895），监生。援例授光禄寺署正衔（从六品）。
张开禧	清朝	字惠吉，号谦益（1832—？），援例从九品，分发甘肃，补肃州嘉峪关巡检。回族民众起义，奉命剿杀，在任殉难。奉旨赐恤，给云骑尉世职。
张福谦	清朝	字益甫，号道民（1833—1875），监生。援例授县丞，投效江西军营，保升知县，分发河南补用。因公降府经历。嗣随营湖北，保升通判，改发江西。
张开杞	清朝	字克明（1833—1890），承袭骑都尉，军功保举知县，加同知衔，分发云南。历署河阳、平夷、牛街、陆丰等县知县。光绪十六年卒。
张训谦	清朝	字莆堂，号逊斋（1833—1904），监生。援例候选县丞，加五品衔。诰封奉政大夫，赠父母如其官。光绪三十年卒。
姚浚昌	清朝	字孟成，号慕庭（1833—1900），姚莹第二子，监生。在曾国藩的举荐下，以军功授江西湖口县知县，调任安福县知县，加同知衔。选授湖北竹山县知县，调署南漳县知县，加运同衔。有《叩瓴琐语》14卷、《慎终举要》1卷等存世。
张恩植	清朝	字蔗卿，号潜甫（1834—1898），监生。分发江西，候补巡检。
张宗瀚	清朝	字筱东，号东甫（1835—1893），监生。援例候选同知，军功赏戴花翎。以侄子张诚仕宦，遇覃恩，貤封朝议大夫。光绪十九年卒。
方龙光	清朝	名熙，字和甫（1835—？），国学生。纳捐巡检，署山西襄县典史，补授曲沃县侯马镇巡检，捐升通判。后因河防保举知州，署汾阳县知县。后又因为河防有功，保举特用直隶州知州。后经巡抚曾国荃推荐，保记名知府，署霍州知州。诰授奉政大夫，妻子张氏诰封宜人。
张开瀚	清朝	字文卿（1836—1864），投效陕西军营，以镇压太平军有功，多次被补用，至守备（正五品），并赏戴花翎。

姓名	主要活动年代	生平简介
张家相	清朝	字保容（1836—1876），监生。投效甘肃军营，累保举知县，留甘肃补用，加运同衔，赏戴花翎。历任巩昌府洮州抚番同知、西宁府大通县知县。援例请封貤赠祖父母如其官，父封如其官，母封太恭人。
张庆嵩	清朝	字莲生，号献门（1836—1881），援例从九品，加六品衔，分发浙江，署仁和、钱塘典史。光绪七年卒。
张开仕	清朝	字心尧（1836—1895），军功保举山东，尽先补用守备，赏戴蓝翎。道光二十一年卒。
张开运	清朝	字琼文，号藕舫（1837—1885），监生。投效军营，累保同知。补缺后，以知府补用。补知府后，以道员升用，加三品衔，赏戴花翎，分发湖北。补汉阳府同知，署汉阳府知府。援例加级请封，诰授资政大夫、花翎三品衔。升用道，补用知府，湖北汉阳府同知。妻丁氏赠夫人、吴氏封夫人，祖父母、父母赠如其官。光绪十一年卒于官。
张公楫	清朝	字次舟（1837—1898），监生。援例巡检，分发湖北。军功保加理问衔。补缺后，以布政司库大使用，赏戴蓝翎。后任汉川里潭司巡检。
张承琳	清朝	原名承林，字慕陶，一字松池，号海峰（1839—1889），监生。援例藩库厅加五品衔。
张祈年	清朝	字吉士，号蔼庵，又号药颠（1839—1902），监生。以运同衔，分发江苏，补用知县。光绪二十八年卒。
张国兰	清朝	字湘谷，一字纫秋（1839—1909），监生。军功保举知县，分发湖北补缺。后以直隶州知州用。赏戴蓝翎。历任崇阳、咸宁、大冶、襄阳、光化等县知县。补授谷城县知县，加知府衔。援例加级请封，诰授资政大夫。妻徐氏、继娶马氏，封夫人。
姚原焯	清朝	字伯华，号少谷（1839—？），姚兴洁子孙。以军功保举从九品，留湖南补用，调赴浙江军营差遣，保升府经历，留浙江，赏戴蓝翎，署新城县知县，保升知县，加同知衔，在任因公革职，后复原官，仍留湖南补用。
方亨咸	清朝	字吉偶，号邵村。13岁补县学生，顺治四年（1647）进士，任获鹿知县，由知县擢刑部主事，历谳湖广、广西两省，慎恤刑狱，被其救活者达千余人，授陕西道御史。后因江南科场案，谪戍宁古塔，两年后释归，不复仕。精于绘画，所绘《百尺梧桐卷》等被清代《国朝画识》称为"神品"。有《班马笔记》、《怡亭杂记》等存世。
方畿	清朝	字奕于，一字少游，号还青，又号四松居士。顺治五年（1648）以恩贡授陕西河间府推官，秉心平恕，活累囚数十人，升任汉中府同知，谢事归里。晚年隐居龙眠山，慕五柳先生风，自号四松。工诗善画精书法，与李雅、左国栋、钱澄之等相友善。有《四松斋集》存世。

姓名	主要活动年代	生平简介
潘士璜	清朝	字鸣瑅，初为县学生，后任宁国县学博，兴学官，立文会，士风兴起。顺治六年（1649）进士，授浙江东阳知县，时寇氛未靖，总兵马进宝驻扎金华，防弁攘夺，民甚苦之。潘士璜力除其弊，连罢数员，民赖以安。顺治八年致仕归里。
方孝标	清朝	原名玄成，字元锡，别号楼冈。顺治六年（1649）进士，改庶吉士。历官内宏文院侍读学士，充经筵讲官。后因江南科场案牵连，谪戍宁古塔，两年后释归金陵。后入滇，受吴三桂翰林职。三桂败，遁迹为僧，名方空。有《钝斋文集》、《滇黔纪闻》等存世。
方兆及	清朝	字子诒，号蛟峰，方学渐曾孙。顺治八年（1651）由拔贡生召试，授内宏文院中书舍人。顺治十一年中举人，累迁刑部郎中，出为济宁兵河道金事。在任为官七年，平疑狱，清欠赋，杜绝株连，民无冤屈。以积劳成疾卒，祀山东名宦祠。有《述本堂集》存世。
戴宏烈	清朝	字山民，顺治八年（1651）举人，授四川成都知县。时蜀中兵燹初定，成都乃四川省会，又有华阳并入，赋税征调、军需供应调济甚难，戴宏烈恩威兼济，民戴之若父母。在任还劝民垦田数万顷，岁增户口千余；访求遗迹，并修葺之，百废俱举，上官倚重并疏荐于朝。终因积劳成疾，卒于官署。
陈焯	清朝	字默公，号越楼。7岁能诗文，年20游吴越，名噪一时。明末曾建海屯之议，兵科陈子龙上其策，授以部职，不就。入清后以拔贡入国子监，诏选，擢第一，一时制诰多出其手。后参加乡试，顺治九年（1652）进士，殿试读卷官拟进呈第一，以其曾官内阁避嫌，改置第五，授兵部主事，念亲老告归。工于诗，善草、隶，著有《涤岑诗文前后集》10卷、辑有《古今赋会》若干卷、《宋元诗会》100卷；纂修《安庆府志》、《江南通志》等。年74卒。
刘鸿都	清朝	字尔雅，号西麓。顺治十一年（1654）拔贡，授江西广昌知县。广昌地脊民稀，刘鸿都莅任后，劝民垦荒千余顷，耕者给以耕牛和种子。户口日增，建立义学，鼓励士风。后致仕归里，年78卒。
吴子云	清朝	字霞蒸，号五崖。顺治十二年（1655）进士，历任庐州府教授、国子监助教，勤于训课，所至人文蔚起，迁户部郎中。后以刑部主事榷税临清，政尚宽平，商贾悦服。再由户部授金都御史，督河南学政，所拔士子皆一时俊秀，增秩以参议用。补城都同知。先后管辖雅州、温江、屏山政务，皆以清廉著称。后因老母年高，请求致仕归养。
方帜	清朝	字汉树，号马溪。年12补县学生，以诗、古文词名重当时，被推为"江上十子"之首。顺治十四年（1657），以明经贡廷试第一，授芜湖训导，课士以实学，孜孜不倦，旋摄繁昌县事。擢兴化教谕，以年老隐退。

姓名	主要活动年代	生平简介
左国林	清朝	号鹤岩，左光斗第三子。顺治十四年（1657）举人，选仪征教授，修庙课士，有鳣集之风。荐升广东南雄司理，执法平恕，宽严相济，不冤一民。后迁河南同知，未赴任，适逢广东乡试，留下来担任广东乡试分校官。不久，因病卒于官署。有《江陵草》存世。
戴芳	清朝	字令及，号敦初。顺治十七年（1660）举人，曾分校浙江乡试，所得士子，后来都成为当世名士。擢四川仁怀县知县，时兵燹凋残，戴芳到任后，极力抚绥，渐有起色。卒于官署。
江皋	清朝	字在湄，号磊斋。顺治十八年（1661）进士，授瑞昌县知县，升九江府丞，移巩昌知县。后改补柳州，又补平庆道，秩满，升兴泉道参政。年81卒，有《江在湄文集》30卷等存世。
刘鸿仪	清朝	字超宗，号深庄，又号石航，县学生。康熙二年（1663）、十六年两次登副榜，授国子监典簿。尝西游华岳，南泛五湖，遍历匡庐诸名胜。诗、书、画人称三绝。姚文然以博学鸿词荐举，以养老母之由，坚辞不就。年81卒，有《见闻录》等存世。
王文灿	清朝	字蔚然。其父王荧为史可法裨将，击贼遇害，时王文灿年仅3岁，随母避难，遍历楚粤，转徙10年后失散，寄籍苍梧。康熙二年（1663）广西举人，任广东清远知县，有治行，政声大起，民为其立"去思碑"。后改任象州学正，有《梦余草》存世。
李标	清朝	字育九。康熙三年（1664）武进士，官至守备。有《射学要编》存世。
杨臣邻	清朝	字钦四，号乐胥，县学生。康熙六年（1667）进士，任直隶邯郸知县，在任奉檄垦荒，民情不便，力请获免。后补河南光山县知县，赈济灾民，救活灾民无数；还建义学，鼓励士风，光山人德之。后升任光州知州，勤恤民隐，颂声载道。辞官归里，从不干预地方政事。有《〈禹贡〉笺》、《〈礼经〉会元》、《龙文鞭影》等存世。
方世庄	清朝	字冬日，康熙十七年（1678）举人。由内阁中书授山东蒙阴县知县，到任后，雪冤狱，捕巨盗，境内得以平安。擢泰安州知州。未几，罢官归里。后主讲中山书院。有《说书录》存世。
左之毅	清朝	字素臣，正治子。康熙二十一年（1682）武科进士，任直隶宣化府守备。
江广誉	清朝	字肃闻，号愚谷，江皋弟。康熙二十四年（1685）进士，授山东临邑知县，在任清廉慈惠，力减赋税漕役，剔除陋规，废革积弊。遇有诉讼，口决手批，是非明断，百姓都为之叹服。校童子试，一丝不苟，一经选拔，力促其成才。年59卒于官。

姓名	主要活动年代	生平简介
钱旃	清朝	字叔邑，号彭源。康熙二十七年（1688）进士，授四川苍溪知县，苍溪地处偏僻，土荒而民瘠，钱旃莅任后，革苛税，招流移，垦荒田，清狱讼，断苞苴，劝民植桑，修文庙，建义学，以治行入奏，将入都，忽以病卒，苍溪民众号泣送之。
倪念祖	清朝	字绍衣。康熙二十九年（1690）中副榜，授福建福安知县，清谨自持，廉洁公正，以勤劳卒于官署。
方登峰	清朝	字凫宗，号屏垢（？—1728），方兆及之子。康熙三十三年（1694）贡生，授中书舍人，迁工部都水司主事，凡所剖决，大司空及同官皆不再复核。后因受戴名世《南山集》案牵连，谪戍黑龙江卜魁。有《依园诗略》、《星砚斋存稿》等存世。
左藻	清朝	字子畏，号慕忠。康熙三十三年（1694）举人，考授内阁中书。平生乐善好施，建桥梁，育弃婴，孜孜不怠。
殷士哲	清朝	号达亭，议叙任山东德平县知县。康熙三十四年（1695），上官令办军需，在不扰民的情况下，把事情办好。后调到山东商河县任知县，升任德州知州。
江为龙	清朝	字我一，号砚崖。康熙三十九年（1700）进士，授江西宜春县知县，修泮宫，建义学，刻县志，以卓异擢兵部武选司主事，奉命前往直隶赈灾，经画尽善，制府荐为贤能第一，典试山西，调礼部文选司员外郎。年72卒。有《六经图说》存世。
胡宗绪	清朝	字袭参，号嘉遁。康熙五十年（1711）举人，充《明史》馆纂修官，中雍正八年进士，授编修，迁国子监司业，严师法、立教条，诸生皆服其德。著述极丰，有《〈易〉管》3卷、《古今乐通》2卷、《律衍》等存世。
左宰	清朝	字雒三，号巢松。康熙五十年（1711）举人，知福建建阳县，建阳地硗确，且民困于无田之赋久矣，左宰任后，奏请豁减，遂为永利。有《忠毅公年谱》2卷存世。
何隆遇	清朝	字志合，号石峰。康熙五十一年（1712）进士，选授贵州清镇知县，未几，改修文县知县，调遵义任知县，凡所莅任，洁己爱民。再调任福建安溪县知县，擢升漳州府同知。为官30年，两袖清风，卸任时，囊橐萧然，父母丧殡，无力运回。
陶之倬	清朝	字去翳，号镜园。康熙五十二年（1713）举人，授刑部主事，后来升吏部员外郎，出任云南大理府知府，惠泽在民。
方正瑗	清朝	字引蓬，号方斋，方中履子，康熙五十九年（1720）举人。授内阁中书，升内阁侍读，转工部都水司郎中。出任陕西布政司参议，分守潼商道，创立关西书院。后因"春月携宾从泛舟，出关观桃花，暮夜关未闭"，被免职归里。署所居曰"潇洒园"。著《连理山人诗钞》、《连理山人全集》、《方言小斋》、《白沙文集》等存世。

姓名	主要活动年代	生平简介
何永骏	清朝	字龙牧，号牧伍，何应钰之子。康熙间以明经授四川洪雅县知县，洪雅地处偏远，时值兵燹之后，士荒于嬉，民疲于役，何永骏在任课文章，劝耕织，士习民风为之一变。再升辰州府同知，署府事，案无留牍。后以母老乞请归养。
吴玉藻	清朝	字冰持，号菊堂。康熙年间以明经授内阁中书，摄马湖、雅州、温江、屏山诸州县事，皆有治声。后补升成都府同知，勤于吏治，案无留牍，恺悌廉节。卒于官署。
戴其负	清朝	字子方，号笁斋，县学生。康熙年间以拔贡授陕西西乡知县。曾捐俸为百姓修金牛堰，百姓农田均得其大利。在任9年，考核报最，升桂阳州知州，旋升大名府丞。专心诗学，尤精于注疏学。
刘荣秀	清朝	字汉护，国子监生。博通书史，精通医术。康熙年间任太医院御医，以军功补江西铅山知县，为政颇有循声。
方勋	清朝	字耕堂。在康熙年间，曾以鸿胪序班，补为广西柳州府经历。为政之余，悉心研究绘画创作，其作品受到时人赞赏。
姚焜	清朝	字伯鸾，号处斋。雍正元年（1723）举人，充明史馆纂修官，后改任江苏兴化县教谕，擢升山东宁阳县知县。有《处斋诗集》等存世。
胡承泽	清朝	字廷简，号蛟门。雍正元年（1723）举人，己酉科聘为山东同考。雍正八年（1730）进士，授刑部湖广司主事，冤狱多有平反。后调任山西灵石县知县，在任期间，兴利除弊，政无滥举。有《颐寿堂诗钞》存世。
周大璋	清朝	字聘侯，号笔峰。雍正二年（1724）进士，授湖南龙阳县知县。后来自己要求改任华亭教谕。受聘修《江南通志》，书成之后，主讲紫阳书院。有《四书精言》等存世。
陈昺鉴	清朝	雍正二年（1724）进士，后授浙江临海县知县。
左文高	清朝	字迳平，号二松，左文言仲弟。廪贡生。雍正五年（1727）保举孝廉方正，授广西迁江知县。在任期间平定叛乱，革陋规，剔衙蠹，风裁大著。后因病归里卒。有《经学类纂》、《纫椒诗集》等存世。
左兴	清朝	字性存，号意斋。雍正六年（1728）膺保举，以知县分发广东，历任南海、广宁、潮阳等县知县，擢潮州南澳同知，摄惠潮道印，智擒大海盗陈班峰一伙，擢升琼州知州。喜读史书，穷究是非得失，辑录成书，名曰《读鉴纂要》。
姚孔炳	清朝	雍正六年（1728）举孝友端方，官至惠潮兵备道，署江苏按察使。
吴贻诚	清朝	字荃石，号竹心。曾南游福建，北至京师，任直隶河工，补交河主簿。雍正七年（1729）迁大城丞。大城素称河防要塞，因其熟悉河务，深受上官信任。后代理安东县印，又升静海知县，再补新河知县。年49卒。有《基城集》存世。
方泽	清朝	字云梦，号涵斋，少时拜族人方苞为师。雍正七年（1729）举人，曾为八旗教习。雍正十年，聘为浙江乡试同考官，以拣选授两淮盐大使。著有《涵斋诗集》、《吴越吟》等存世。

姓名	主要活动年代	生平简介
方正玢	清朝	字弢采。雍正七年（1729）举人，授直隶正定府无极知县。县内民田被风沙掩埋，水道被风沙壅塞，方正玢到任后，疏浚水道，沿岸植柳以御风沙，于是田皆得以耕。后擢福州理事同知，署永春州知州，以循良著称，后乞休归里。有《梁研斋诗文集》存世。
方日岱	清朝	字慕斋。年15补县学生，雍正七年（1729）以拔贡入都，时朝廷征讨准噶尔，诏谕遣各部大臣率庶吉士及六部学习人员同往陕甘，宣谕教化，命于拔贡中拣派随行俾分历郡邑，方日岱应选，补福建沙县知县，调泰林，10年后隐退。在任清廉为官，归装中唯有炉砚等物。
方求义	清朝	字绮亭。雍正七年（1729）贡生，任江西龙南知县，兼理安远县印。任内值岁荒，不顾上官反对，毅然开仓放粮，赈济饥民，抚军陈文恭嘉奖他果断为民，并具文要其他各县效仿。后请求归里，年76卒，刘大櫆为其立传，袁枚为其撰写墓志铭。
方浩	清朝	字孟亭。雍正八年（1730）进士，授山西太原府祁县知县，调任阳曲，迁保德州，又知隰宁、平定二州，迁任蒲州知府，移潞安府知府，擢江西广饶九南道按察副使，调吉南赣道，因公误降职，卒于都。刘大櫆为其撰写墓碑。
王瀚	清朝	王文灿孙，雍正十一年（1733）进士。历聘雍正壬子科云南同考官、乙卯科湖南同考官。乾隆六年（1741）选授江西永新知县。
王沧	清朝	王文灿孙，雍正十一年（1733）进士。授四川西昌知县，后调直隶、陕西等地任知县。
王洛	清朝	字仲涵，号慕庭，又号怀坡，王玑之孙。雍正十一年（1733）进士，官至吏部郎中，因病告归。后主讲豫章书院，课读勤严。善诗文，甚有文誉。有《沧灵集》、《怀坡诗钞》等存世。
刘大宾	清朝	字奉之，号螺峰，刘大櫆兄。雍正十三年（1735）举人，授山西徐沟知县，迁贵州普定知县，慈惠爱民，政绩卓著。
周芬斗	清朝	字汝调，号虚中，又号知还。雍正十三年（1735）举人。授福建平和县知县，因失察台番，降补四川叙州府经历，署马边县丞。有《波余集》等存世。
张渡	清朝	字元辅，府学生。雍正年间准噶尔叛乱，西北用兵时，奉诏举品行才猷，授甘肃华亭县知县，兼理崇信、庄浪、平番、西宁等县事。又代理狄道知州，雍正九年（1731），父丧，依例回籍守制，上宪复留办理军务，直至准噶尔归顺，乃得请假回家治丧。
倪之鐏	清朝	字司城，号一斋。雍正年间贡生，因荐举授中书，历任郿县、洋县、南郑县事。精于作诗，格调沉郁苍劲。有《一斋集》等存世。

姓名	主要活动年代	生平简介
马泽	清朝	字根香,号定庵。乾隆元年（1736）举人,授山东阳信县知县,勤于政事,劝课农桑,平均调役。后调长清县任县令。曾充任山东乡试同考官。后因事解职归里。
叶酉	清朝	字书山,号花南。乾隆元年（1736）应博学鸿词诏,乾隆四年中进士。入词馆,荐升国子监司业,后任右春坊右庶子掌坊,补翰林院编修。曾主试河南,视学贵州、湖南,悉心任事,所取皆名士。辞官归里后,被两江制军延聘主讲钟山书院十余年。有《春秋究遗》、《易经补义》等存世。
张尹	清朝	字无咎,号莘农。乾隆元年（1735）授长乐知县。学从方苞,而文不因循。有《石冠堂诗文钞》等存世。
马占鳌	清朝	字载阳。以考授州同知,任山东兖州府通判。乾隆元年（1736）,补中城兵马司指挥。
方世俦	清朝	号竹溪。乾隆四年（1739）进士,由户部职擢升御史,为官铮铮有声,不徇私情。历鸿胪太仆寺卿,出为陕西布政使,治陕六年,政绩卓著。擢任贵州巡抚,一年后,移任湖南巡抚,为官以大局为重,不事烦苛。后受黔中矿案牵连,奉严旨入都,不久便卒。
陈启佑	清朝	字抡表。乾隆六年（1741）举人,授江苏丹徒县教谕,奉命赈灾,救活无数百姓,升山东沾化县知县,慈惠爱民。后来调任四川定远知县,勤于政事,善解民忧,定远大治,上官以其能干,将调之铜梁县,却因疾告归。
张敏求	清朝	字燮臣,号勖园。乾隆六十年（1795）举人,选授奉贤县知县,改甘肃漳县知县。有《纪游诗草》等存世。
倪企望	清朝	字颖田。乾隆三十九年（1774）举人,知山东长山县,在任力赈灾、灭虫患、课农桑等等,惠政不尽枚举,任满即将离任时,长山士民奔走相告,共请于大吏,遂留任。后历任文登、武城、博山等县知县,皆受民爱戴。时两江总督铁保曾布告僚属:"为州县者,俱当以怀宁令左辅、长山令倪企望为法。"
周芬佩	清朝	字汝和,号纫斋。乾隆十年（1745）进士。历任浙江龙游县知县。后辞官归里,以授徒讲学为业,许多名宦要员都争相延聘其任教。经过他指导的许多学子,在科举考试中都取得了成功。有《六江诗文集》存世。
马鹏飞	清朝	字乐山,号玉屏。考授州同,先后在江苏南汇、靖江、丹徒、崇明、宿迁等县任职,为政以清、慎、勤为本,以惠民为要,以实心为质,在任治行为江南第一,升河南开封府同知。乾隆十二年（1747）擢升归德知府。有《玉屏山庄诗存》存世。
马濂	清朝	字牧斋,号木侪。乾隆十二年（1747）举人,官内阁中书舍人,充《玉蝶》馆纂修官,卓有时誉,年36卒。有《短檠斋诗钞》等存世。

姓名	主要活动年代	生平简介
方玉麟	清朝	字耕杞。乾隆十三年（1748）进士，初摄桐山县印，补华亭知县。历任松滋、咸宁、郧县等县知县。郧县和蜀郡接壤，道路险阻，他捐俸开道，劈山开路，为百姓出行、商贾交往提供了极大方便。年49卒于郧县官署，卒时，身无余资。
叶中	清朝	字登明。乾隆十五年（1750）举人，授甘肃隆德知县，调平番县任知县，升河州知州，平、河两地，皆少数民族，地瘠民贫，叶中履任后，号令严明，四野肃清，百姓安居乐业。上官赞赏其能干，保升直隶泾州知州。后卒于官。
周大魁	清朝	字鹤亭。乾隆十五年（1750）举人。任泗水县知县。后因年老，请求改任全椒县教谕。
左衢	清朝	字赓唐，号耕堂。乾隆十七年（1752）进士，授内阁中书。乾隆二十五年充顺天乡试同考官，得士陈嵩年、孙潢等皆知名于时，升宗人府主事，再典试陕甘。年52卒于官。
方张登	清朝	字午庄，号耘墨，一号褚堂。乾隆十七年（1752）举人，授甘肃平罗县知县。平罗有土地数万顷，全靠桃花渠灌溉。该渠日久淤塞，方张登督民疏浚，发挥灌溉作用。有《褚堂文集》等存世。
戴涵	清朝	字华渚，号春塘。乾隆十八年（1753）举人，初任贵州玉屏知县，调署普安、龙里、毕节等县任知县，所至有循吏声。后升安顺知府，再擢贵西兵备道。因积劳成疾，卒于回籍途中。
方萝袍	清朝	字民贤。乾隆十八年（1753）举人，由教习授江西安远知县。县境内九龙山产茶，每年按例进贡数十万斤，百姓不堪重负。他上任后，裁减附加，只上交正贡。有《过亭诗文集》存世。
左行坦	清朝	字履中，号问北。乾隆二十一年（1756）举人，授广西上林知县，奉身以约，抚民以宽。为政清廉，去官之时，囊无余资。
张若淑	清朝	字慕苟，张廷玉第三子。少有文誉，与兄张若蔼、张若澄齐名。乾隆二十四年（1759）以正一品荫生，授户部浙江司员外郎，在任勤恪为公，每钱粮出纳，必亲自核算，吏胥无所措其手，长官同僚交相倚重，惜莅任未久即以病卒。
方世仁	清朝	字松楼。乾隆二十四（1759）举人，初任湖北新化县知县，移邵阳县任知县。
吴逢圣	清朝	字眉爽，号铁侬。由附监生中乾隆二十五年（1760）恩科顺天举人，考取学正，授兴化县教谕。历任万泉、平遥县知县。迁保定府同知，台湾府知府，善决疑狱，所至有贤声。有《铁侬诗钞》4卷存世。
张元泰	清朝	字骏生。乾隆二十六年（1761）进士，补授广东东莞知县，充广东乡试同考官，居官勤慎，士民爱戴，因亲老致仕回籍。

姓名	主要活动年代	生平简介
方赐豪	清朝	字染露，号恬庵。乾隆三十年（1765）举人。以方略馆议叙，授四川清溪知县。有《味佳居诗文钞》存世。
吴赓枚	清朝	字郭虞，号春麓。嘉庆四年（1799）进士，以翰林院庶吉士，充实录馆纂修。后改任礼部礼祭司主事，升郎中。纂修《会典》及《学政全书》。升山东道监察御史。潜心理学，成为清代较有影响的理学家。晚年在安庆主讲书院。有《吴御史奏稿》等存世。
胡业宏	清朝	字屺堂，号芑唐。乾隆三十三年（1768）举人，充咸安宫教习，授山西赵城知县，为政公允明察，民有讼案，及时讯断，后以病归，不久即卒。有《芑唐文集》、《诗钞》存世。
左周	清朝	字逸濃，号问庄。乾隆三十四年（1769）进士，授检讨，充国史馆纂修官，转浙江道御史、兵科给事中，以京察授浙江宁绍台道，理关榷，厘积弊，上不缺额，下不病商。后署布政印，因所属县丞舞弊失察，遭到降级处分。年66卒于家。
方于泗	清朝	字师鲁，号春池。乾隆三十五年（1770）举人，以教习授浙江知县，历任缙云、长兴、萧山等县知县。
吴元念	清朝	字在官，号芳庄。乾隆三十六年（1771）官云南建水州知州，有治声，摄临安府印，在任殚力区画，辨冤案，惩罚诬告，修筑桥梁和道路，滇人皆颂德不衰，擢户部员外郎。后因母老告归。
刘应世	清朝	字五奇，号诚斋。乾隆三十六年（1771）武进士，选授河南武标守备。嘉庆元年（1796）赏戴蓝翎，给都司衔。嘉庆五年，授襄城都司，升汉阳城游击。嘉庆六年，进京引荐，赏戴花翎。嘉庆七年，莅汉阳任，嘉庆十九年，辞官归里。
吴元德	清朝	字懋斯。官刑部主事，擢郎中。乾隆三十六年（1771），出守贵州思州知府。思州地处偏远贫瘠，吴元德在任一切饮食起居等费用皆自费，并出其廉俸为思州修城垣，去官日吏民颂之。
吴贻沣	清朝	字泽在，号华川。乾隆三十七年（1772）进士，历任江西靖安、安福、永宁、鄱县知县，口碑载道，靖安百姓为其建有生祠。以政绩卓异，升云南大光同知，署景东厅。后署澄江府，因公罢官归。有《华川诗文集》存世。
赵之璧	清朝	字明川，号月波。乾隆三十九年（1774）中副榜，乾隆四十四年恩科举人，以知县分发广西，补北流县知县，在任捕贼党渠魁，贼党自散。安南内讧时，奉檄代办郁林印，兼署陆川县事，复带佐贰杂职等印，连北流本任，凡身兼七职。北流产铜，后以运铜卒于途中。
张曾秀	清朝	字台峻。乾隆三十九年（1774）举人，以四库馆议叙得知县，分发湖北，历任郧西、保康、汉阳、随河等县知县，多惠政。后任黄陂知县，三年之中，文武两鼎甲皆出自他的门下。

姓名	主要活动年代	生平简介
汪志夔	清朝	字经昀，号问松。乾隆三十九年（1774）举人，充方略馆誊录，选授湖北崇阳知县，崇阳土瘠民骄，俗尚轻悍，王志夔以诚信治之，闾井怡然。后卒于官署。
邓梦禹	清朝	字信斋，弱冠补县学生。乾隆三十九年（1774）举人，授河南南召县知县。为政公慎明恕，清理刑狱，冤案都被平反，士民德之。后服母丧，归里守制。著有《芳润轩文集》。
何循	清朝	字质厚，号南陔。乾隆四十年（1775）进士，授编修，因得罪掌院大学士和珅，辞官归里。有《南辕诗草》等存世。
张蓉塘	清朝	字人鉴，一名钧。乾隆四十二年（1777）举人，曾任四库馆誊录，补柳城县知县，升归顺知州。曾三次担任同考官。辞官归里后，以讲学授徒为乐。
汪正宗	清朝	字掌园。乾隆四十二年（1777）举人。由教习授常熟县教谕，调无锡，以卓异升贵州龙里知县，因积劳成疾，卒于官署。
左为璜	清朝	字季膺，号孚缶。乾隆四十二年（1777）举人，授直隶邢台知县，为官清慎端介，不阿事上官，勤于听断，邢台士民咸颂之。
左世琅	清朝	字挹清，号一轩。国子监生。考授湖北黄冈县丞。乾隆四十四年（1779），升罗田县知县。在任五载，清慎自守，折狱平恕。常至学官，召集诸生讲论经义。有《一轩诗集》存世。
许镇	清朝	字曙声，号问凫。乾隆四十五年（1780）举人，充觉罗官学教习。嘉庆六年（1801）始，历任安福、安仁、会同等县知县。有《问凫遗稿》存世。
光环	清朝	字葆田，号滁亭。乾隆四十八年（1783）举人，历任湖南酃县（即今炎陵县）、新化、耒阳、零陵、善化、湘乡等县知县，充乾隆乙卯科（1795）湖南乡试同考官。居官清慎，士民德之。
吴贻咏	清朝	字惠连，号种芝。25岁始补县学生，肄业国子监。乾隆四十八年（1783），时年48岁始中举人，乾隆五十八年会试第一，改翰林院庶吉士，服母丧，依例回籍守制。服丧期满，改刑部主事，旋授吏部验封司主事。年71卒于官署。有《芸晖馆诗文集》等存世。
张裕乾	清朝	字伯平，号心耘。乾隆四十八年（1783）举人，历任东明、肃宁、新河等县知县。
方怀萱	清朝	字莐臣，号庄亭，原姓许，号霁园。乾隆四十八年（1783）举人，大挑用知县，发四川，摄南溪县，在位除蠹役，别陋规，编行保甲，权叙州府雷波县通判，首创文庙，捐俸倡修文庙，置训导1人，设文武学额6名，雷波人自此忻忻向化，文风得以振兴。历署安县、彭水县知县。皆有名绩。在彭水任上，毅然决定减免钱粮额外耗数。有人替他担忧，他说："吾知便民耳，他何计焉！"还以此为定例，置铁碑于堂下。

姓名	主要活动年代	生平简介
张曾献	清朝	字小令,号未斋。乾隆四十九年(1784)召试举人,官中书舍人。分校《四库全书》,充文渊阁检阅,外出任潞安知府。官山西分巡冀宁道,署按察使。工诗善画。有《未斋诗存》存世。
顾堂	清朝	字步先,号云岫。乾隆五十一年(1786)举人,历任云南通海、南安、镇南知县,后任剑州知州。
方观鲤	清朝	字心庄,号河门。乾隆五十三年(1788)举人,由方略馆誊录,议叙知县,历任江苏东台县、湖南桃源县县丞,署浙江高淳、江苏如皋知县,后调任宝应县、甘泉县知县。有《碧吾轩诗草》等存世。
叶灼	清朝	字仲平,号坤生。乾隆五十八年(1793)进士,授南台知县,擢邓州知州。其时,裕州境内发生一起人命案,株连多人,案情难以判决,百姓上告大府官员,要求让叶灼断定此案,"愿得邓州叶青天活我",大府官员从百姓之请,让叶灼审理此案。叶灼据实判决,民众大悦。此后他轮流治理邓州、裕州达两年,两州皆安。后迁洮州同知,署北昌府。
张鸿恩	清朝	乾隆时任兵部郎中,后擢升延平知府。
金之忠	清朝	字启宗。乾隆年间,初为直隶高阳县丞,擢玉田知县。筑堤御水,邑人称为"金公堤"。两任天津知县,升河间府同知,擢任山东曹州知州。调登州,特旨授湖北宜昌府知府,兼总理粮台三载,略无遗误,入奏赏戴花翎,署荆宜道。以积劳成疾,卒于军前,上恩旨加赠道衔,赐祭葬。
石文成	清朝	字闻琢,号晚堂。乾隆年间以贡生,授宝庆通判。有《国朝诗话》等存世。
殷琦	清朝	字星众,号磊村,乾隆间国子监生。议叙授广西全州州判,摄全州知州,勤慎慈惠,州人贤之,闻母病即告归回籍,遂不复出为官。
张楫	清朝	字无涉,乾隆间贡生,张渡弟。任浙江温州通判、迁山东高堂知州,后任云南建水知州。
金之昂	清朝	字若千,号北庄,乾隆年间县学生。后任云南剑州知州,署潮州府事务。
张兰	清朝	字芳谷,张渡之子,乾隆间贡生,授中书科中书,京察优等,授江西吉安府同知。乾隆二十一年(1756)充乡试内监试官,改授广西桂林府同知,署柳州知府,有廉能之誉。
张思聪	清朝	字兼士。嘉庆元年(1796),以廪生授职赴苗疆军营任职,屡建功绩,考授叙州府经历,保举知县。历任四川蒲江,广东归善、四川长宁等县知县。

姓名	主要活动年代	生平简介
李宗传	清朝	字孝曾，号海帆。嘉庆三年（1798）举人，历官浙江丽水、平湖、瑞安、建德、平阳等县，补上虞知县，所至求民隐、刈豪强、平冤狱，议叙知府，授浙江督粮道。因公事降调，但经程含章奏荐，仍以知府用，选永州知府，迁四川成绵龙茂道，累摄盐道、布政使，论功最，赏戴花翎，擢山东按察使，迁湖北布政使。年70余，引疾归。不久，卒于家。有《寄鸿堂诗集》、《文集》等存世。
赵玉	清朝	字蓝生，号虚舟。嘉庆四年（1799）进士，选庶常，充国史馆纂修，改工部主事，荐升郎中。在部十余年，奉职唯谨。后擢升汉阳府知府。以疾乞归。有《赵氏语录》等存世。
吴赓枚	清朝	字登虞，吴贻咏之子。乾隆三十年（1765）举人，嘉庆四年（1799）进士，翰林院庶吉士，充实录馆纂修。散馆改授礼部祠祭司主事，升郎中，纂修《会典》及《学政全书》，擢山东道监察御史，转掌江西。年67卒。
金国宝	清朝	字燮堂。嘉庆五年（1800），由国子监生考取四库馆誊录，议叙知县，分发山西。历任山西潞城、文水，广西兴安等县，再升百色同知，擢山东武定府知府。
朱杰	清朝	字春藻，号镜三。由监生考充方略馆誊录，任广西临桂县丞，升武清县知县，治绩循吏，折狱神速。嘉庆六年（1801）京圻大水，朱杰未经上请，即径自发仓谷赈灾，遭御史弹劾其专擅，嘉庆帝却予以褒奖，夸奖他是"实心任事"。后因拨船事被革职，巡抚再次奏请留任，士民千百人替其乞留，嘉庆帝又谕曰："朱杰得民心，着加恩留任。"未几卒，武清人建祠设像祀之。
方求鼎	清朝	字虞尊。援例授直隶同知，签发湖北，授武昌汉黄丞。嘉庆六年（1801）授汉阳知县，补孝感知县，为了养亲而辞官归里。不久，卒于家。
马鼎梅	清朝	字汝为，号东园。嘉庆六年（1801）贡生，屡试不第。后历任福建容县、上林县知县，左州知州，勤于政事。补浔州通判，署思恩知府，在任刑政廉平，治绩日起，任职一年后，卒于官署。诗法汉魏六朝，为同乡姚鼐所称赞。有《代躬耕轩诗钞》存世。
孙世昌	清朝	字少峰。嘉庆七年（1802）进士，后官至浔州知府。
李震鳣	清朝	字念祖，号雨枫。嘉庆九年（1804）钦赐翰林院检讨。
张聪贤	清朝	字爱涛（？—1831）。嘉庆十年（1805）进士，选庶吉士，散馆授甘泉知县，调任长安知县，政绩卓异，擢升直隶州同知，乞养归。道光初，再出任长安知县，补潼关厅，摄同州府事。为政以教养、振起士风民俗为务。在长安，创义学二十余所，教百姓识字，亲自考课；立教条除弊俗，实行保甲法，稽户口，奸宄远遁；捐资修《长安志》。道光十一年（1831）卒于官署。

姓名	主要活动年代	生平简介
马瑞辰	清朝	字献生，又字元伯。嘉庆十年（1805）进士，选庶吉士，改主事，后升工部营缮司郎中。在任期间，因遭同部料工某人诬告，被罢官职，发配黑龙江。不久释放归里。先后主讲江西白鹿、山东绎山、安徽庐阳等书院，死于兵难。有《崇郑堂诗文集》存世。
金国勋	清朝	字辅廷，号相芸。国子监生，考取四库馆誊录，初补云南顺宁府知事，历任云南沾益、弥勒等州县。改任府经历，拣发浙江，补湖州府经历，署武康县知县。嘉庆十年（1805），奉抚军委办双林镇赈务。复选贵州都匀府经历，后署绥阳县知县。
马树华	清朝	字公实，一字君实，号筱湄。清嘉庆十二年（1807）副贡生。授河南清化通判，补汝南，请求致仕归养。有《桐城选举记》、《岭南随笔》等存世。
叶景	清朝	叶肇之子。嘉庆十三年（1808）进士，授广东鹤山县知县。有《怀韦诗文集》存世。
光聪谐	清朝	字律原，一字栗原。嘉庆十四年（1809）进士，选庶吉士，改刑部主事。典试贵州，再迁郎中。外擢湖北荆宜施道，再由福建按察使，迁甘肃布政使。后调直隶任职，寻引疾归里。有《稼墨轩诗文集》、《笔记》、《〈易〉图说》等存世。还曾搜集乡先辈撰著百数十种，辑为《龙眠丛书》，惜刊未竣。
徐镛	清朝	字咏之。嘉庆十四年（1809）进士，选庶吉士。历任顺天府知府、山西布政使、太仆寺卿。有《石笏斋诗钞》存世。
吴庭辉	清朝	字振行，号蝠山，初名泰临，吴赓枚弟，嘉庆十六年（1811）进士。初任部曹（六部属员），勤勉奉公，公馀读书不懈。授职县令，分发四川。母卒，回籍守丧。服丧期满，起补四川定远知县，理合州事。一心勤求民隐，关心民众疾苦，兴利除弊，百姓称颂来了一位好"父母官"。自书古人嘉言为座右铭，并且撰一对联悬于堂上："人称父母名难副，自诩才能职便亏。"后升涪州知州。著《蝠山家训》存世。
胡小柬	清朝	名方朔，字翰臣。嘉庆十六年（1811）进士，由庶吉士改曹郎，出任广州知府。有《果斋诗钞》存世。
徐璈	清朝	字六襄。嘉庆十九年（1814）进士，授主事。以母老，改外补浙江寿昌县，在任导民开山种地，兴书院，调山西阳城，居阳城六年，后引疾归，阳城人立祠祀之。历主亳州、徽州书院，自少至老，纂述不辍。著有《〈诗经〉广诂》30卷、《牖景录》6卷、《河防类要》6卷等，又选乡先辈诗辑为《桐旧集》42卷，皆刊行。
谢益	清朝	字子迁。嘉庆二十一年（1816）举人，授河南汜水县知县。在任期间，境内曾遭水灾，河堤溃败，他亲自督工役，开掘河道，既能防洪，又可灌溉农田，百姓大获其利。后任嵩阳书院院长，卒于讲舍。有《子迁杂著》等存世。

姓名	主要活动年代	生平简介
马伯乐	清朝	字伯顾,号星房。嘉庆二十二年(1817)进士,由庶吉士改县令,任浙江长兴县知县,后调归安、乌程、德清知县。擢升知州,未赴任,坐公事罢职,发配新疆效力。后复官,以原品衔致仕归里。主讲敬敷、庐阳、河朔等书院。
许丽京	清朝	字务滋,一字绮汉。嘉庆二十三年(1818)举人,道光六年(1826)进士,历任浙江安吉、陕西安定、雒南等县知县。后署耀州、商州知州。有《兰园诗集》等存世。
孙起端	清朝	字心筠,孙临五世孙。嘉庆二十四年(1819)进士,选庶吉士,改部职,转任御史。出为贵州粮储道,再摄按察、布政,为官以清廉自守自居。
龙鲤门	清朝	字泽堂。嘉庆二十五年(1820)进士,授河南上蔡县知县,治行称河南州县第一,迁知州,掌禹州印。适逢上蔡筑河堤,与邻境争工段,奉命前往勘断,事平息,后卒于工所,年仅34岁。上蔡百姓感其恩德,建祠祀之。
马维璜	清朝	字鲁予。嘉庆二十五年(1820)进士,授四川阆中县知县,任职时间不长,卒于官任。精通经术,著作多散佚。
潘光泰	清朝	字雅青,原名群,号掌文。道光二年(1822)举人,历任贵州天柱、遵义知县。刚到遵义,告状的百姓很多,有时一天多达数百人,理事几个月后,告状人数大为减少。鼓励百姓发展生产,安居乐业。
光聪讷	清朝	字敏之,后更名朝魁。道光六年(1826)进士,授陕西蒲城知县。
叶琚	清朝	道光十五年(1835)进士,授翰林院编修。
叶球	清朝	字叔华。道光二十年(1840)进士,由庶吉士改主事,再迁兵部郎中。后出任江西南安府知府。
方奎炯	清朝	字昭甫,一字子明,又字润之,号憬岩,道光二十年(1840)进士。授甘肃文县知县,后调隆德、高台等县任知县;又调到陕西,补蓝田县知县;再迁四川打箭炉同知,卒于官署。著《方憬岩诗文集》等存世。
刘宅俊	清朝	字恺生。道光二十四年(1844)进士,授广西来宾县知县。后历任天河、修仁、荔浦、怀远等县知县。自己认为不适合做官,辞官归里。工于诗,方东树谓其诗在刘开等人之上。
左元烺	清朝	字保临。道光二十四年(1844)进士。后授四川彭水县知县。
叶瓖	清朝	字球弟。道光二十六年(1846)举人,授知县,历任浙江新城、石门知县。
董征镜	清朝	字思陶。道光时期举人,初署东流县训导,升怀远县教谕,再升知县。
马起升	清朝	字慎甫,号慎庵,一字趣园。咸丰年间县学生,议叙同知,未就任。生平专注治学,服膺韩愈、欧阳修、朱熹和王守仁,深受桐城派文学理论影响。有《趣园诗文稿》等存世。
叶毓桐	清朝	咸丰九年(1859)进士。后官至安肃道。

姓名	主要活动年代	生平简介
张绍华	清朝	字小传。同治十三年（1874）进士，任江西布政使，屡摄巡抚事。
孙惠基	清朝	字积甫。同治七年（1868）进士，由庶吉士改授河南武安知县。
方铸	清朝	字子陶，号剑华，自号槃陀育叟，又号华胥赤子。光绪九年（1883）进士，官至户部郎中。晚年潜心研究佛学。有《华胥赤子文集》等存世。
齐登辅	清朝	字员倩，齐琦名之子。由贡生授山东青州府通判，淄川土寇告警，齐登辅训练乡兵，披甲跃马，一出而灭渠魁，余孽自散，民为之立生祠。后升江西南安府同知，政绩卓异，再升赣州道，未任归里。博览多通，工诗文，兼善骑射；琴棋、音律、医卜皆冠绝一时。年84卒。
陈堂谋	清朝	字大匡，号络翁，陈焯长子，年16为县廪生。荐授青浦训导，勤于课文，好周恤寒士，改束鹿丞，历署束鹿、故城、景州、祁州诸州县。著有《北溪诗集》等。
孙元衡	清朝	字湘南，以明经为山东新城知县，以廉能卓异擢四川汉州牧，再擢台湾同知，寻升东昌知府，以母丧去官。工为诗，著有《赤嵌集》、《片石园诗》各4卷。
左之稷	清朝	字契友，左光斗孙。以明经授山东茌平县丞，升直隶河间府任邱知县，恪慎职守，杜绝苞苴，不妄取民间一物，因病卒于官署。
方将	清朝	字当时，岁贡生。初任无锡县训导，擢浙江孝丰知县，任上除暴安良，捐资赈灾。后升安吉牧（即知府），因病告归。
倪灏	清朝	字绘江，号黄谷。初任山西高平县丞，却税金之羡千余两，升湖广南漳县知县，适逢大饥，甘愿以自己的官职易众人之性命，毅然发仓粮赈灾；又修泮宫，建义学，有功于士林。著有《寄园诗钞》。
方正瑺	清朝	字纮长，号芥帆。初任山西五台知县，居官廉惠，治狱多所平反；捐修学官，兴文教；岁荒赈之；筑河堤，造船通往来，五台人歌思之。有《稽古斋诗文集》存世。
刘玉树	清朝	字仲芳，号南村。由浙江桐庐县教谕升桐乡知县，洁己奉公，以端风俗为先，劝学教教，熏德善良，为一时之循吏。
黄良栋	清朝	字晋仙，附监生。肄业国子监，期满任祭酒，后任直隶赤城知县，署龙门县，调武清县，治绩循良，入名宦祠。著有《北游纪略》、《南游诗草》。
姚士塾	清朝	字庠若，号茂生，姚文然第五子。初为砀山教谕，后升陕西朝邑知县，朝邑县治在河西，部分农田在河东，和蒲州接壤，两地民众经常发生争斗。姚士塾力请上官，秉公划界，栽植柳树作为界标，从此争斗平息，百姓和睦相处。后患病辞官归里，康熙曾叹息说："姚文然好官，其子姚士塾亦好官。"

姓名	主要活动年代	生平简介
齐永	清朝	字肇奕，号西堧。初任福建临海县县丞，防治海水之患，保障居民安全，政绩卓著，上官令其护福宁州并福安县印，皆有政声。后服母丧归里。有《青莎馆集》存世。
左文言	清朝	字衍初，一字椒堂，左光斗曾孙，廪贡生。考取教习，选授直隶完县知县，升山西潞安府知府。待属下以礼，待来客以诚，民情利害，无不尽晓。有《椒堂文略》存世。
吴嵩	清朝	字绍封，号素轩，府学生。历任江苏沭阳、湖南桃源、安徽定远教谕，所至扶植寒畯，教诲不倦。后升直隶南皮知县，勤于案牍，多有惠政。有《仪园诗文集》存世。
胡台	清朝	字西章，号星山。以拔贡生充镶蓝旗教习，补浙江寿昌知县，因性格刚直，不肯贿赂上官，得罪总督而罢官归里。
张廷璇	清朝	字颖峰（？—1734），张芳三子，治书经，监生。后选州同知，英年早逝。
方辅悟	清朝	字惺民，号介石。初任福建晋江县佐，迁升长汀知县，调台湾凤山县。在凤山时，由于平定黄胶叛乱的需要，未经上官允许即自行开仓补充粮饷，待叛乱平定后，以擅动帑金罹议褫职，凤山士民千余人奔行省挽留，后奉特旨以知县补江苏仪征，再调上元县。
徐廷锦	清朝	字蜀来，号云居，恩贡生。官阳谷县知县，教民孝悌，勤劳稼穑。
程仕	清朝	字松皋，号梅斋，程芳朝之子。以荫补内阁中书，授福建建宁知府。为官政简刑清，士民安居乐业。因事罢官后，囊无一物，百姓以薪米相赠。有《梅斋诗集》存世。
张裕钟	清朝	字学韶，国子监生。由四库馆誊录，议叙授浙江兰溪县丞。历任浙江金华、永康县知县。
江绳	清朝	字怀书，号宜庭。由廪贡生考取太学志馆誊录，选授江西安福县丞。历官永新、吉水、新淦诸县，迁升上饶县知县，补上犹县知县。
方曾畬	清朝	字伯耕。授布政司理问，签发山西，后擢升知州。
郑肇芳	清朝	字书堂，号灼亭。由贡生授山西布政司经历，升任汾州同知，其间回籍服丧。服丧期满，历任贵州平越、麻哈、清镇等县知县，皆清慎慈惠，颇有政声。升甘肃宁州知州。在宁州任上，建立书院，捐膏火，延聘老师讲课，州内文风日起，科甲渐盛。
张曾份	清朝	字安履。以廪贡生授直隶临清知县，调南皮，迁大兴县知县。在任执法严明，拒绝请托，政绩卓著。擢南路同知，因淀水泛滥，亲自前往护堤，自夏季到秋天，昼夜奔波。因积劳成疾，卒于官署。
黄安泰	清朝	字汉章，黄良栋孙。援例授布政使司经历，调署湖北麻城知县、宜昌府通判，随同制军办理军务，后升沔阳知州，捐俸筑堤，使低洼之田不被水淹，深受百姓爱戴。

姓名	主要活动年代	生平简介
吴昆	清朝	字汝梅，县学生。30岁官江西新淦知县，治理平恕，士民德之，以疾卒于任上。
方裕曾	清朝	字光远，号芝稼。由考授吏目分发云南，擢升云南知县。到任后，创建书院，清理冤狱，离任时，送者千余人。后摄定远县知县，署姚州知州。后引疾归金陵，年75卒。有《芝稼诗词》存世。
张元俅	清朝	字象环，监生。援例从九品，分发福建。历署汀州府宁化县县丞、汀州府经历、汀州府连城县典史等职。
邓尔昌	清朝	字仲韩（？—1863）。以从九品发往湖南，后因军功升知县。擢任直隶知州，补会同。历署宁远、平江、浏阳等知县。同治二年（1863）被太平军所杀。
张勋	清朝	字小嵩（？—1854），庠生。为了抵抗太平军，张勋在桐城倡办团练，被朝廷以军功保举加六品衔。桐城被太平军占领后，张勋多次赴庐州临淮大营，请求清朝军队去桐城剿杀太平军。咸丰四年（1854）十月，张勋随同四品卿衔举人臧纾青带兵到桐城，与太平军作战，在桐城南门外清涟庵被太平军打死。奉旨赐恤，给云骑尉世职，附祀昭忠祠。
吴自高	清朝	字若山，一字慈受。博学多才，尤工书法，张廷玉延为记室，章疏恒出其手。后授翰林院待诏，历户部司务，擢户部主事、仓场监督、刑部奉天司员外郎。在官清勤有声，后因病辞官归里。有《善卷堂四六注释》等存世。
叶馥	清朝	字鹤滩，叶酉之孙。肄业国子监，由河南主簿升山东临清州判、汶上县知县，所至有政声，因疾请归。
殷从兴	清朝	字余堂，号起岩。以国子监生，议叙授浙江瑞安县丞，后擢升泰顺知县，皆有循声。
伍云骥	清朝	字海跃。总戎李思泰招募勇士，应召入伍。后以功升本部参将。定八闽，平两浙，破海盗，屡建奇功，遂挂总兵印。后以亲老告归。
方锡庆	清朝	初名传书，号麟先。始任中城兵马司指挥，改任江苏沭阳县知县，在任筑六塘河堤堰，开支流，教百姓种植木棉，久之成俗。再调江宁任知县，迁升通州知州，再调任太仓知州，皆有政绩。后任松江府知府，赏戴花翎，以道员用，授陕西凤翔府知府，寻改江西临江府知府，引疾归里。居家时，增置义田，设义塾，倡赈灾，累计筹费达数十万金。深受乡民赞赏。
金达	清朝	字斗生，年16补县学生，以助赈，议叙训导，由兵部主事改授湖北郧阳府知府。郧阳地处偏僻山区，教化落后，金达赴任后，大兴教育，推动文教事业的发展。率领百姓修建石堤，筑砌城垣。百姓安居乐业，士民德之。
张勋	清朝	字叔园。援例巡检，分发甘肃，军功保升知县，加四品衔。署肃州敦煌县知县。在攻打捣马串滩起义中阵亡。奉旨赏给云骑尉世职。

姓名	主要活动年代	生平简介
方昌翰	清朝	字宗屏，号涤侪。少时和方宗诚同学，后任河南新野知县。后辞官归里，与方宗诚同居住安庆。善为文，喜吟咏。曾搜集祖上墨迹，汇辑成"方氏五代遗书"。有《虚白室诗文钞》存世。
姚为霖	晚清	字锡九，号猗园（1840—1898），监生。分发直隶试用县丞，保升知县，仍留原省补用，历署河北大名、肥乡、临城、枣强、青县等县知县，在任治理黄河有功，保举三品衔，赏戴花翎，候补知府。
张绂保	晚清	字子佩（1840—1862），军功保举五品顶戴。早卒。
张开萧	晚清	原名成龄，字集甫（1840—1879），军功保举，蓝翎候选县丞。早卒。
张承纶	晚清	字藻卿，号研经（1841—1903），监生。投效军营，累保通判，加盐提举衔，赏戴花翎，分发山东。同治八年（1869）恭遇覃恩，加二级，祖父毗赠朝议大夫，祖母毗赠太恭人；父封朝议大夫，母赠太恭人。同治十年，以军功保举，升同知，加三品衔，赏戴花翎。援例加级，请封曾祖父、祖父，俱诰赠荣禄大夫；曾祖母、祖母俱赠一品太夫人；父封荣禄大夫，母赠一品太夫人。后改官东河。同治十三年，任山东东昌府下河通判。光绪五年（1879），因为祥符、黑堽工程紧要，调到开封府任下南河同知，不久，补同知之缺。叙功，以知府在任候补。后保举以道员用。道光七年（1827），恭遇恩诏，加一级。次年，再遇恩诏，加一级，累诰赠荣禄大夫，三品衔，河南候补知府，加二级。
张开樾	晚清	字达璋，号梅村（1841—1898），监生。援例从九品，分发陕西，署歧山县典史。其父去世，回籍守制，服孝期满，仍到陕西补缺，历署靖边县宁条梁巡检，榆林府照磨、南郑县典史。城防保举补缺，后以县丞用，并加五品衔，护理靖边县知县，补凤县三岔驿驿丞，并巡检事。诰授奉政大夫。光绪二十四年卒。
张开鉴	晚清	字尔言，号忍斋（1842—1908），援例授五品衔。光绪三十四年卒。
姚均	晚清	字少玉，号筱泉（1842—1910），监生。历任甘肃秦安、宁朔、正宁等县知县，补西河县知县，奉旨嘉奖保荐卓异，调宁夏县知县，署平罗县知县，擢升贵德厅抚番军民同知，加知府衔，历署抚彝厅抚民通判，海城、安定等县知县。
姚长龄	晚清	字铁珊，号皖生（1843—？），以同知衔任直隶东光县知县，历任海县、天津县、广西北流县知县。
张开栋	晚清	字少章，号棣村（1843—1887），监生。援例典史，分发四川，历署黔江、綦江、纳溪等县典史，保举补缺，后以县丞用。光绪十三年卒。
张光裕	晚清	字述仲，号谨斋（1843—1894），国学生。军功保举花翎五品衔，委办河务。保举候选知县。勤于政事，因积劳成疾，光绪二十年，卒于直隶献县差次途中。

姓名	主要活动年代	生平简介
张麟	晚清	字瑞生（1843—1896），监生。援例未入流，分发江西，随营参加镇压太平天国运动，力保免补本班，以县丞尽先补用，补县丞缺。后以知县补用，加盐提举衔，赏戴花翎。光绪元年（1875）补南昌府南昌县丞。光绪三年遇覃恩，诰授奉直大夫、盐提举衔、江西候补知县、南昌县丞。妻姚氏赠宜人，继妻姚氏赠宜人；父母封赠如其官。不久，张麟升任安仁、玉山、瑞金等县知县。
张福豫	晚清	字道成，号笠甫（1843—1912），附生。同治三年（1864）江南乡试第110名举人。援例候选郎中，签分户部行走，旋升补司法部郎中。
张邦杰	晚清	字仁卿，号小翼（1843—1914），援例同知，投效云南军营，保加运同衔，并赏花翎。指分四川，保升知府。父亲去世，回籍守制，期满，又由军功保加道衔，改留云南补用。遇覃恩，诰授资政大夫。
姚钊	晚清	字松云（1844—1901），监生。由考取誊录议叙藩经，后改通判，分发山东补用，屡掌各任抚院文案，历署招远、莱芜知县，济南、泰安知府，升道员加二品衔。
张瑞芝	晚清	字熊生，号莲溪（1844—？），军功保举，以知县用，赏戴花翎，分发广西，补柳州府融县知县。
张开棪	晚清	字戟门，号柳村（1845—1880），军功保举主簿补缺，后以县丞升用，留甘肃候补。光绪六年卒。
张绍棠	晚清	字星五，号棣村（1845—1910），附贡生。考取方略馆誊录，议叙，授盐大使，分发两淮。援例捐升知县，分发江苏，加花翎三品衔，在任候选道。历署江宁府句容县，扬州府东台县、兴化县，镇江府丹徒县等县知县。护理镇江府知府，兼署镇江卫。调署徐州府萧县知县、补授苏州府昆山县知县。诰授中议大夫，晋赠资政大夫。
张家璨	晚清	字懋甫，号璞斋（1846—1910），监生。援例候选州同。
张礼元	晚清	字志山（1846—1919），由陕甘剿办回族起义，以军功保举千总，留甘肃补用。赏戴花翎。
张开锦	晚清	字会嘉，号蓉江（1848—1884），监生。援例候选府经历，军功保加蓝翎六品衔，诰授承德郎。以子传易仕，援例加级请封，诰封通议大夫、盐提举衔，升用同知、直隶州知州，四川候补通判。
张家琚	晚清	字瀛卿，号洁庵（1848—1887），军功保举五品衔，候选盐大使。
张传惠	晚清	字次山（1848—1890），军功保举知县，留甘肃补用，赏戴蓝翎。
张葆绅	晚清	字子书（1848—1908），监生。直隶候补知县。

姓名	主要活动年代	生平简介
张家骥	晚清	字子馨（1848—1909），监生。援例典史，分发甘肃，历任玉门县知县，岷州、灵州知州。
张家珍	晚清	字聘侯（1849—1903），由河南镇压捻军起义，累保举任守备，加都司衔。归浙江抚标候补同知。同治十二年（1873）署理处州丽水营守备。次年，补金华府左营守备。是年遇覃恩，诰授武翼都尉都司衔，浙江金华府左营守备。
张家瑚	晚清	原名国瑞。字星斋（1849—1909），监生。援例县丞职衔。后因办事得力，保举候选县丞。太平天国运动爆发后，参与镇压太平天国运动，被奏保免补县丞，以知县留省补用，并加同知衔。诰授奉政大夫。
张麟	晚清	字景运（1849—1912），监生。投效甘肃军营，保举以府经历、县丞，留甘肃补用，加盐提举衔，赏戴花翎。补巩昌府经历。
张祖翼	晚清	字逖先，号磊庵（1849—1917），增贡生。援例县丞，光绪十二年（1886），随贵池刘芝田出使英国、俄罗斯、意大利和比利时等四国。期满回国，保以知县，分发江苏补用，并加五品衔，赏戴花翎。工书法，是晚清时期著名的书法家。
张兆棨	晚清	字庆余，号积之（1850—1901），援例布政司理问（六品）。
张兆良	晚清	字紫珊，号弼庵（1850—1913），军功保举从九品，赏戴花翎，加同知衔，分发江苏，候补知县。
姚虞卿	晚清	字榕生，号二吉（1852—1915），姚庆布第二子，监生。议叙通判，升补直隶苏州知州，在任候补知府，升用道员。
潘卿云	晚清	原名震，字侣松，号雨田（1853—1890），庠生。授同知衔，光绪十一年（1885），选广东封川县知县，因母亲年老，提出就近任职，后来选授河南伊阳县知县。诰赠中宪大夫。
张成祥	晚清	原名传美，字尔俭（1853—1894），武庠生。军功保举，赏戴蓝翎，守备衔，到直隶补用千总。后任庆云县把总。
张传应	晚清	字月明，号书堂（1853—1914），以军功保举五品衔。
张诚	晚清	原名嶙，字笃生（1854—1908），郡庠生。光绪十九年（1893）江南乡试中试，援例郎中，签分户部，补授工商部农务司郎中。援例加级请封，诰授资政大夫。
张传芳	晚清	字郁堂（1856—1885）。援例候选县丞。
张开棠	晚清	字荫南（1856—1895），监生。投效甘肃大营，历保县丞，留甘肃候补，边防保举补缺，后以知县用。光绪二十一年卒。
张开治	晚清	号蓉舫（1857—1882），监生。援例授府经历，分发江西，加五品衔。早卒。

姓名	主要活动年代	生平简介
张兆桂	晚清	字子丹（1858—？），监生。援例授典史，分发江苏补用，授嘉定县典史，捐升通判。民国期间，保免知事，分赣任用。署贵溪县知事。
姚联奎	晚清	字星五，号味莪（1860—？），监生。由县丞指分山东，治河有功，累保直隶州知州，曾上治理黄河三策，为上官所器重，历署济宁州知州，沂州府知府，多政绩，保升道员，赏戴花翎。
张兆棠	晚清	字少畺（1860—？），监生。援例授知县，分发四川试用。
张家齐	晚清	字善怀（1861—1907），国学生。投效江西，保举三品衔，赏戴花翎。后选授宣武都司（清代绿营军官，秩正四品）。
张家隆	晚清	字子杰（1861—1913），军功蓝翎五品衔，尽先补用把总。
张嘉谟	晚清	一名鼎，字莘夫，号汉槎，又号良伯（1863—1904），援例候补知县。
张斗	晚清	字仪北，号坦孙，别号止庵（1863—1907），附贡生。保举候选知县。
张炯	晚清	原名镛，字公实，号笃君（1863—1909），监生。参加光绪十一年（1885）顺天乡试、光绪二十九年河南乡试，两次挑取誊录，保举知县，分发山东补用，加同知衔。后遇覃恩，诰赠奉直大夫，晋赠中宪大夫。
张驲	晚清	原名希圣，字尼生，号惕斋（1863—1913），军功保举县丞，归部选用。
张传义	晚清	原名传艺，字烟波，号安珊（1863—？），承袭骑都尉。由安抚邓咨部引荐，改官通判。投效粤省军营，有功保以知府用，赏戴花翎。
张传芬	晚清	字秋坪（1864—1903），援例授府经历，分发山西候补。以劳绩保举补缺，后来以知县用。不久捐过班知县，加同知衔。
张梅生	晚清	字小春（1865—？），山西候补通判，加盐提举衔，署河东监制同知。民国期间，继续任职。
姚永概	晚清	字叔节，号幸孙（1866—1916），邑庠生。光绪十四年（1888）解元，大挑二等，选授建平县训导，安徽巡抚冯煦奏保耆儒硕彦，学部奏保博学鸿辞，官清史馆协修。
姚康之	晚清	字次侯，号晋生（1866—1906），姚启瑞之子。监生。直隶天津盐漕河捕同知河工，保升知府。
张承志	晚清	字定侯（1867—1909）。监生。援例候选县丞。
张仲麟	晚清	原名治麟，字仲友，号二仲（1871—？），翰林院供事，大清会典告成后，保举分省府经历，签分湖南，特授乾州军民府，经厅苗疆，俸满升用知县。光绪三十四年（1908）遇覃恩，貤赠祖父母、赠父母如其官。

姓名	主要活动年代	生平简介
张承声	晚清	原名传声,字振生(1872—1909),监生。援例授中书科中书,改归道班,指分河南,二品衔,诰授资政大夫。
张家驹	晚清	字伯骏(1872—?),监生。援例授知县,分发江西,代理长宁县知县。遇覃恩,诰封中宪大夫,妻封恭人,父母封如其官。后咨送日本警监学校毕业。
张振达	晚清	原名家振,字寄云,号孝先(1872—?),监生。浙江候补州判。由海运保举知县,加同知衔,并赏戴花翎,署临海县知县。
潘炎	晚清	原名屏周,字飞熊,一字炜煜,号腾溪(1879—1912),由监生,纳粟县丞,赏戴五品蓝翎。
张公益	晚清	原名长生,字壬珊(1882—1911),邑庠生。蓝翎五品衔,直隶候补州同,京师地方审判厅录事。
潘承烈	晚清	字景周,号绍武(1851—1922),文庠生。充任英、法、德、意等国参赞随员。后授盐运使衔,湖北即补知府。历任安徽巡抚总文案;津浦铁路购地局局长等职。
张学勤	晚清	原名传政,字正辅,号震甫(1852—1925),邑庠生。援例授知县,分发江西,赏戴花翎。后任九江府德化县知县。宣统三年(1911),奖升知府,仍留江西候补,并保升用道,加三品衔,晋二品封典。民国时期,继续任职。
张开枚	晚清	字蹇臣,又字简臣,号继皋(1856—1925),邑廪生。军功保举训导,郑工合龙,保举教谕,加六品衔。新疆镇压起义,保以知县候选。
张传绪	晚清	字霁青(1856—1925),附贡生。援例江苏候补知县,加五品衔。诰封奉政大夫。
张传耜	晚清	原名传润,字南岑(1857—1920),监生。援例知县,分发四川,加同知衔。历任青神、资阳等县知县。
张景祜	晚清	字受之(1857—1923),监生。援例两淮候补盐巡检,保升道员。用江苏候补知府,加盐运使衔。诰授中宪大夫。历任江苏甘泉、桃源等县知县,海州、直隶州知州。民国期间,保免知事。任江西万载县知事,代理江苏南汇县知事。署兴化县知事。
张传楫	晚清	字永照,号宿明(1858—1932),军功保举花翎,五品衔。
张兆龄	晚清	字紫九(1861—1922),优廪生。援例授知县,赏戴花翎,四品衔。选授江西分宜县知县。母亲病逝,依例回籍守制。服丧期满,改任直隶龙门县知县。在任候选知府。
姚永朴	晚清	字仲实,号展孙(1861—1939),姚莹之孙,郡廪生。光绪二十年(1894)举人,任凤台县训导,安徽巡抚冯煦奏保耆儒硕彦,学部奏保博学鸿辞,官清史馆纂修。
张传鼎	晚清	字石寿(1863—1930),监生。援例授府照磨,分发江西,补授广信府照磨,加五品衔。

姓名	主要活动年代	生平简介
张家麟	晚清	字云书，号嘉林（1864—1923），附贡生。由保举知县，分发湖南候补。
张传鼐	晚清	字松寿（1864—1930），监生。援例授县丞，分发江西，补授新建县丞。捐升通判，加五品衔。
张耀远	晚清	原名传诗，字颂南（1865—1921），监生。援例授巡检，分发江苏，署扬州府兴化县安丰镇巡检。后捐升通判。
张诒	晚清	原名祖诒，字练先，号献明（1865—1928），军功四品衔。江苏候补直隶州知州。民国期间，保以知事，分发热河任用。
张传寿	晚清	字子寿，号少颠（1865—1929），军功保举参将（正三品）。
张传中	晚清	字道庸，号怡轩（1865—1930），监生。援例授巡检，五品顶戴。
张继善	晚清	字洛一，号轩矗（1866—1919），监生。援例县丞，分发直隶，保升知县，补授顺德府广宗县知县。调补广平府邯郸县知县。再调任广平府曲周县知县。在任候补直隶州知州。补缺后，以知府用。民国期间，任直隶宣化县知事，护理口北道道尹，晋给四等嘉禾章、单鹤章、棠荫章。
张家德	晚清	字松筠，号竹如（1866—1928），军功保举五品衔。
张传鼐	晚清	字椿寿（1867—1921），庠生。援例授知县，花翎，五品衔，分发浙江补用。
张成林	晚清	原名承律，字竹书（1867—1921），军功六品，蓝翎，江苏漕标候补卫千总。
张兆颐	晚清	字悦周（1867—1931），监生。援例候选知县。
张毅	晚清	原名传纶，字稚舫，号小莲（1870—1928），监生。援例授县丞，分发湖北。光绪二十六年（1900），转运军米，案内保升补缺，后来以知县用。
张承熙	晚清	字葵园，号瀛洲（1870—1919），监生。援例授州判。
张延厚	晚清	字公笃，号伯未（1871—？），张祖翼长子，监生。光绪二十六年（1900）、光绪二十七年，庚子、辛丑恩正并科江南乡试中第125名。光绪三十三年考职二等，以直隶州州同，分发直隶补用。后调任京师地方审判厅推事，调补江苏高等审判厅推事。民国元年（1912）升任江宁高等厅检察分厅检察长，民国三年考取知事，分发直隶，调补奉天突泉县知事，调署洮南县知事。授四等嘉禾章。
张循	晚清	字希文，号守亭，监生。援例未入流，分发河南候补，以帮办赈务，加六品衔。光绪十一年（1885），补授陕西直隶州碳石驿驿丞，兼管巡检事。光绪十四年，父亲去世，回籍守制。光绪三十四年卒。
张家驹	晚清	字德俊（？—1902），承袭云骑尉。援例县丞，分发甘肃，补打拉池县丞，保举以知县升用。后署理张掖县知县。
张家玙	晚清民国	字鲁卿（1872—？），监生。援例授县丞，分发江西补用。

姓名	主要活动年代	生平简介
张承煦	晚清民国	字慎甫，号朗轩（1872—1925），监生。援例授县丞。
张起凤	晚清民国	字欣梧（1873—?），广东候补巡检。
张鉴渠	晚清民国	原名传绥，字甲三，号小舫（1874—1930），监生。湖北仕学馆法政科毕业，援例知县，加四品衔，分发湖北，并赏戴花翎。代理武昌府兴国州知州。民国期间，任荆门县知县，奖给五等金鹤章。
张延奂	晚清民国	字君美，号仲甲（1874—1931），张祖翼次子，监生。光绪二十六年（1900）、光绪二十七年，庚子、辛丑恩正并科江南乡试中第133名。光绪三十一年考取吏部誊录。期满，被保以知县，分发湖北补用，加同知衔，赏戴花翎。
张家骥	晚清民国	字仲节，号骧衢（1874—?），监生。参加光绪二十九年（1903）恩科江南乡试，中副榜第16名。宣统二年（1910）举贡保和殿试，复钦点即用班知县，籤分山东。
张冀	晚清民国	字叔阶（1874—?），分发黑龙江省候补知县。
张训谟	晚清民国	原名开会，字允成（1876—?），监生。援例授知县，保升知府，加三品衔，赏花翎。民国奖以简任职，分发江西，历署办税局要差。
张巽	晚清民国	原名家斌，字文伯（1876—?），监生。援例授知县，分发江西补用。
张延爵	晚清民国	原名延爵，字穆父，号叔丁（1877—?），张祖翼三子。监生。援例授县丞，分发直隶。光绪三十二年（1906），考入北洋巡警学堂，毕业后，调京师内外城警厅供职。光绪三十四年，补外城八品警官。宣统元年（1909），被保举以知县，分发河南补用。
张家瑾	晚清民国	字润身（1877—1931），援例授县丞，分发江西试用。民国期间，到甘肃任职。保准以县知事，派往甘肃任用。历任金积、漳县等县知事。
张家益	晚清民国	字耀先，号友生（1877—?），国学生。六等嘉禾章。民国期间，署理湖南武冈县知事。
潘世琛	晚清民国	字瑨华（1878—1921），清花翎知府衔，分省试用同知。历任江苏巡警总局总务科长，安徽巡警总局副提调。江苏、安徽巡警学堂总教习。民国期间，任安徽全省警察总厅厅长、第一区众议院省议会复选监督等职。
张璞	晚清民国	原名蓉，字季裳，号也愚（1879—1930），援例候选知县。
张家骅	晚清民国	原名家德，字慕斋（1880—?），候选授县丞。
张传易	晚清民国	字道南，号熙午（1880—?），监生。四川候补按经历，援例通判，晋加盐提举衔。赏戴花翎。因功议叙补缺，后以同知直隶州升用，加二级。援例加级请封，诰授通议大夫。赠祖父母、父母如其官。
张传纶	晚清民国	字书阁（1882—1932），承袭云骑尉。援例授郎中，签分法部，加花翎，四品衔。补授大理院推事。民国时，继续任职。

姓名	主要活动年代	生平简介
张传缙	晚清民国	字绅言（1882—?），监生。援例分部郎中，花翎，三品衔。后改捐江西候补知府。民国时期，继续任职。
张先捷	晚清民国	字伯埙（1882—?），五品军功，保以府经历选用。
张鸿鼎	晚清民国	原名家鼎，字己振（1882—?），留学日本，明治大学法学学士。考取宣统壬午法政科举人。国会参议院议员，浙江高等审判厅推事，安徽高等审判厅厅长。
张国钧	晚清民国	原名家骐，字少池（1883—?），留学日本经纬学校普通科毕业。援例授县丞，分发湖北。后任湖北竹溪县知事。
张训诰	晚清民国	字绍维，号信成（1887—?），监生。援例候选同知。诰授奉直大夫。
张有培	晚清民国	字养德（1887—?），六品军功。
张传礼	晚清民国	字文轩，号幽斋（1895—1920），承袭云骑尉。安徽抚标候补守备（清代绿营兵军官，秩正五品。）

附录二

主要参考书目

《明史》 张廷玉等编 中华书局 1974年版

《清史稿》 中华书局 1977年版

《清史列传》 王锺翰点校 中华书局 1987年版 2005年第2次印刷

《明实录类纂·安徽史料卷》 武汉出版社1994年版

《清实录》 中华书局 1986影印

《碑传集》 钱仪吉 中华书局 1993年版

《广清碑传集》 钱仲联 苏州大学出版社 1999年版

《桐旧集》 清 徐璈辑 清刻本

《桐城耆旧传》 马其昶撰 毛伯舟点校 黄山书社1990年版

《方苞集》 清 方苞著 刘季高校点 上海古籍出版社 2008年版

《张氏宗谱》 清 刻本

《刘大櫆集》 刘大櫆 上海古籍出版社 1990年版

《桐城陈洲刘氏支谱》 清 刻本

《惜抱轩诗文集》 姚鼐 刘季高 上海古籍出版社 1992年版

《桐城麻溪姚氏宗谱》 清 刻本

《中国文学家大辞典·清代卷》 钱仲联主编 中华书局 1996年版

《中国文学家大辞典·近代卷》 梁叔安主编 中华书局 1997年版

《清代人物生卒年表》 江庆柏 人民文学出版社 2005年出版

《安徽名人辞典》 安徽教育出版社 2008年版

《清朝进士题名录》 江庆柏 中华书局 2007年版

《清代碑传文通检》 陈乃乾 北京图书馆出版社 2003年版

《桐城续修县志》　清　刻本

《桂林方氏宗谱》　清　刻本

《桐城鲁哄方氏族谱》　清　刻本

《潘氏宗谱》　清　刻本

《钱氏宗谱》　清　刻本

《江氏宗谱》　清　刻本

《桐城左氏宗谱》　清　刻本

《戴氏宗谱》　清　刻本

《中国历史大辞典·明史》　上海辞书出版社　1995年版

《中国历史大辞典·清史》　上海辞书出版社　1992年版

《桐城县志》　潘忠荣主编　黄山书社　1995年版

《安徽省博物馆藏画》　胡欣民　文物出版社　2004年版

《桐城派名家评传》　杨怀志、江小角主编　安徽人民出版社　2001年版

《桐城文物精华》　桐城市博物馆、桐城市文物管理所编　安徽美术出版社　2009年版

《吴汝纶全集》　吴汝纶撰　施培毅、徐寿凯点校　黄山书社　2002年版

《高甸吴氏宗谱》　清　刻本

《旧闻随笔》　姚永朴撰　张仁寿点校　黄山书社　1989年版

《清裨类钞》　徐珂编　中华书局　2005年版

后记

　　文化桐城，翰墨飘香。桐城为安徽历史文化名城、知名文化大县，文化底蕴深厚，源远流长。到了清代，桐城更有"冠盖满京华，文章甲天下"之美誉。为弘扬传统优秀文化，构建文明和谐社会，提高桐城知名度，桐城市委、市政府委托安徽省桐城派研究会编撰一套《桐城历史文化丛书》，以期多角度地反映桐城历史文化，向世人展示书香桐城的风采。

　　《桐城历史文化丛书》编委会受命后，邀请专家学者认真座谈策划，拟撰八册。经过两年努力，书稿已成，交付出版社出版。现对八册书稿略作概述。

　　《桐城科举》："龙眠钟秀，代起人豪。"何以能"代起人豪"？原因在于桐城教育事业的发达。在明清两朝，桐城教育远比周边县发达，尊师重教之风尤盛，时至今日仍然如此。教育永远是桐城的一个品牌。《桐城科举》一书，通过翔实的史料，对桐城科举和教育的方方面面作了较详尽、客观的评述，揭示了"桐城人才现象"的根本原因在于发达的教育。全书既有综合概述，也有个例剖析，既有学术性、知识性，又有可读性、趣味性。

　　《桐城明清名宦》：明清两朝，桐城共有举人九百余人，进士两百四十余人，从政为官者千余人。《桐城明清名宦》一书，作者本着"不虚美，不掩恶"的严肃认真的态度，以《明史》、《清史稿》和大量文人著述为依据，概述了他们的政绩和政声。古人云："学而优则仕。"桐城为官者，不仅"学而优则仕"，而且做到"仕而优则学"。正因为如此，他们品格端方，学养深厚，勤政为民，严于律己，为官清正廉洁。在桐城一千多位州县以上官员中少有贪官，这是一个奇迹。因此，《桐城明清名宦》亦可以说是一本反腐倡廉的好教材。

　　《桐城文派概论》："天下高文归一县"，桐城文派雄踞清代文坛两百余

年，俨然为清代文坛盟主。桐城文派是桐城一张鲜亮的名片。桐城文派为什么产生在桐城？又怎样流衍至全国而形成一个庞大的作家集团？桐城文派有哪些成就？对整个清代乃至现代文学产生了怎样的影响？书中均有评述。本书观点鲜明，客观公正，其中有不少独到见解，让人耳目一新。

《桐城明清散文选》：近年来，桐城派文人的作品选集、个人专集等大量出版，但很少有人能读到明代和清代"派外"桐城人的文章。本书除了选有桐城籍作家的名篇佳作，还选有明代左光斗、马孟祯、何如宠、方以智以及清初钱澄之等人的文章，更选有盛世名臣张英、张廷玉等人的佳作。本书另一特色是往往为桐城派研究者所忽视的桐城文人，如孙学颜、姚范、萧穆、徐宗亮、吴闿生等，均有佳作入选。读完此书，你会深信"天下文章其在桐城乎"此言不虚！

《桐城明清诗选》：著名学者钱钟书先生曾说"桐城诗胜于文"，只因文派名声太盛，掩盖了诗派。其实桐城写诗的人超过写文的人。本书从明初方法开始，到清末姚永概为止，遴选了两百余位诗人的优秀诗篇，共千余首，体裁多样，内容丰富，蔚为大观。此书还有一个很大的特色，就是有众多名媛诗作入选，格调高雅，韵味绵长。此外还有村夫樵民佳作，清词丽句，散发泥土芬芳，别有一番韵味！由此，可以看出桐城这方沃土文化底蕴何等深厚！

《桐城现代名家文选》：当代著名学者罗哲文教授评论现代桐城文化时说："看今朝，人文重崛起，再度领风骚。"现代中国学界文坛，桐城作者如林，群星璀璨。受篇幅制约，我们从成千上万的作者中，遴选了朱光潜等十大家的文章约七十篇，通过美学、哲学、古典文论、散文诸多方面的成就，彰显了现代桐城文化的辉煌和繁荣。可以看出：在新的时代，桐城人才辈出，他们继承并发扬了桐城的优秀文化传统，为文化事业的发展作出了巨大的贡献。

《桐城风情》：这是一部极具桐城特色的乡邦文学作品专集，桐城淳朴的民风民俗，桐城人民的聪明才智和深厚的文化底蕴，在本书中得到了较为充分生动的反映。尤其是桐城歌，被国家列入非物质文化遗产名录。桐城歌不仅内容丰富健康，而且形式多样，生动活泼，语言优美，格调高雅，具有很高的文学和艺术价值。本书收录百余首，有鸿篇巨制，有精美短章。本书还收录了多个黄梅戏选段。黄梅戏原本出自湖北黄梅，清末至民国初年传入桐城，此后便落地生根，开花结果，成为了全国五大地方戏剧种之一，并孕育出了著名的黄梅戏表演艺术家严凤英。

《桐城名胜》：桐城享有"冠盖满京华"之称，但桐城人热爱故乡，眷恋故土，不管在外地游宦多久，官有多大，最后都要致仕还乡，落叶归根，所以名人宅第、名人园林、名人刻石、名人墓葬比比皆是，更兼桐城有千年历史，古建筑极具特色，且保存完好。《桐城名胜》图文并茂，通过一幅幅精美的图片，真实地再现了风景如画、山川秀美的文都，人文荟萃、古色古香的名城。

《桐城历史文化丛书》的编撰，得到了中国人民大学教授、著名历史学家戴逸先生的赞许和支持，其乐于出任本套丛书学术顾问，并为之作序；远在万里之外的法国法兰西学院汉学所研究员、著名汉学家戴廷杰博士得知丛书编撰的消息，欣然为之作序，戴廷杰先生对桐城文化情有独钟，尤对桐城派有精深的研究，他为撰写《戴名世年谱》，曾多次来到桐城，与我们谈起桐城派，如数家珍，令人感佩；安徽省人大常委会副主任胡连松先生和中共安庆市委常委、桐城市委书记王强先生为之作序，在此一并感谢。

本套丛书出版，得到安徽省委宣传部、中共安庆市委、安庆市人民政府和中共桐城市委、桐城市政府、安徽出版集团、安徽美术出版社的大力支持，深表感谢。

由于时间紧迫，资料有限，加之撰稿人学识疏浅，水平所限，错误难免，敬请广大读者批评指正。

杨怀志　江小角

二〇一〇年十月